EXPLORANDO AS TEORIAS DA TRADUÇÃO

Direção J. GUINSBURG
Tradução RODRIGO BORGES DE FAVERI, CLAUDIA BORGES DE FAVERI E JULIANA STEIL
Supervisão de texto LUIZ HENRIQUE SOARES E ELEN DURANDO
Preparação LUIZ HENRIQUE SOARES
Revisão ADRIANO C.A. E SOUSA
Capa e projeto gráfico SERGIO KON
Produção RICARDO W. NEVES, SERGIO KON E LIA N. MARQUES.

ANTHONY PYM

Explorando as Teorias da Tradução

PERSPECTIVA

Título do original em inglês
Exploring Translations Theories
Copyright © 2010, 2014 Anthony Pym
All Rights Reserved.
Authorised translation from the English language edition published by Routledge, a member of Taylor & Francis Group.

CIP-Brasil. Catalogação-na-Fonte
Sindicato Nacional dos Editores de Livros, RJ

P998e
    Pym, Anthony, 1956-
    Explorando as teorias da tradução / Anthony Pym ; [tradução Rodrigo Borges de Faveri , Claudia Borges de Faveri , Juliana Steil]. - 1. ed. - São Paulo : Perspectiva, 2017.
    336 p.

    Tradução de: Exploring translation theories
    Inclui bibliografia e índice
    ISBN: 9788527311076

    1. Linguística. I. Faveri, Rodrigo Borges de. II. Faveri, Claudia Borges de. III. Steil, Juliana. IV. Título.
17-42241   CDD: 401.41
                                                CDU: 81'42

01/06/2017   02/06/2017

1ª edição

[PPD]

Direitos reservados em língua portuguesa à

EDITORA PERSPECTIVA LTDA.

AV. BRIGADEIRO LUÍS ANTÔNIO, 3025
01401-000 SÃO PAULO SP BRASIL
TELEFAX: (011) 3885-8388
WWW.EDITORAPERSPECTIVA.COM.BR

2019

Sumário

10	Ilustrações
11	Agradecimentos
13	Prefácio

17 Capítulo 1: O Que É uma Teoria da Tradução?
- 17   1.1. Da Teorização às Teorias
- 21   1.2. Das Teorias aos Paradigmas
- 22   1.3. Como Este Livro é Organizado
- 23   1.4. Por Que Estudar Teorias da Tradução?
- 25   1.5. Como Deveriam Ser Estudadas as Teorias da Tradução?

27 Capítulo 2: Equivalência Natural
- 29   2.1. Equivalência Natural Como um Conceito
- 33   2.2. Equivalência *Versus* Estruturalismo
- 38   2.3. Procedimentos Para a Manutenção da Equivalência Natural
- 47   2.4. Equivalência Baseada em Texto
- 48   2.5. Referência a um *Tertium Comparationis* e a Teoria do Sentido
- 50   2.6. As Virtudes da Equivalência Natural
- 51   2.7. Objeções Frequentes
- 54   2.8. Equivalência Natural como um Subparadigma Histórico

61 Capítulo 3: Equivalência Direcional
- 64   3.1. Dois Tipos de Similaridade
- 66   3.2. Direcionalidade nas Definições de Equivalência

70	3.3.	O Teste da Retradução
72	3.4.	Polaridades da Equivalência Direcional
77	3.5.	Apenas Duas Categorias?
79	3.6.	Teoria da Relevância
84	3.7.	Equivalência Como Ilusão
85	3.8.	As Virtudes da Equivalência Direcional
86	3.9.	Objeções Frequentes

95 Capítulo 4: Propósitos

97	4.1.	A Teoria do Escopo Como Porta Para um Novo Paradigma
100	4.2.	Katharina Reiss, Hans Vermeer e as Origens da Teoria do Escopo
106	4.3.	Justa Holz-Mänttäri e a Teoria da Competência do Tradutor
109	4.4.	A Teoria "Suficientemente Boa" Baseada em Propósitos
112	4.5.	Quem Realmente Decide?
117	4.6.	Algumas Virtudes do Paradigma de Propósitos
118	4.7.	Objeções Frequentes
122	4.8.	Ampliação Para a Análise de Projetos

131 Capítulo 5: Descrições

132	5.1.	O Que Aconteceu à Equivalência?
133	5.2.	Conceitos Teóricos do Paradigma Descritivista
146	5.3.	Normas
151	5.4.	Traduções "Presumidas"
154	5.5.	Prioridade ao Contexto de Chegada
155	5.6.	Universais de Tradução
160	5.7.	Leis
163	5.8.	Estudos de Processo
165	5.9.	Objeções Frequentes
168	5.10.	O Futuro do Paradigma Descritivista

175 Capítulo 6: Incerteza

176	6.1.	Incerteza Por Quê?
179	6.2.	O Princípio da Incerteza

185	6.3.	Perspectivas Deterministas Sobre a Língua Com Teorias Indeterministas da Tradução
193	6.4.	Teorias Sobre Como Conviver Com a Incerteza
210	6.5.	Desconstrução
214	6.6.	Então Como Deveríamos Traduzir?
217	6.7.	Objeções Frequentes

229 Capítulo 7: Localização

230	7.1.	A Localização Como Paradigma
231	7.2.	O Que É Localização?
234	7.3.	O Que É Internacionalização?
238	7.4.	A Localização É Mesmo Algo Novo?
240	7.5.	O Papel das Tecnologias
253	7.6.	A Tradução na Localização
255	7.7.	Objeções Frequentes
258	7.8.	O Futuro da Localização

265 Capítulo 8: Tradução Cultural

266	8.1.	Um Novo Paradigma?
267	8.2.	Homi Bhabha e a Tradução "Não Substantiva"
276	8.3.	Tradução Sem Traduções: Iniciativas Por uma Disciplina Mais Ampla
282	8.4.	A Etnografia Como Tradução
285	8.5.	A Sociologia da Tradução
289	8.6.	Spivak e a Psicanálise da Tradução
291	8.7.	"Tradução Generalizada"
292	8.8.	Objeções Frequentes

301 Pós-Escrito – E Se Todos Eles Estiverem Errados?

305 Referências
321 Índice Remissivo

Ilustrações

Figuras

108	4.1.	Ação tradutiva como uma forma de comunicação transcultural mediada
235	7.1a.	Modelo simplificado de tradução convencional
235	7.1b.	Modelo simplificado de tradução com internacionalização
236	7.1c.	Modelo de localização
264	7.2.	Calendário catalão do Microsoft Windows XP

Tabelas

40	2.1.	Quadro geral dos procedimentos de tradução de Vinay e Darbelnet
45	2.2.	Comparação entre propostas de estratégias de tradução
102	4.1.	Proposta de Reiss para a correlação de tipos textuais com métodos de tradução
123	4.2.	Materiais e informações em uma descrição de procedimentos para tradutores

Agradecimentos

Agradeço aos seguintes editores e autores pela permissão para adaptar materiais de vários tipos:

John Benjamins Publishing Company (Amsterdam/Philadelphia. www.benjamins.com) pelas passagens do meu artigo "Natural and Directional Equivalence in Theories of Translation", publicado em *Target* v. 19, n. 2 (2007), p. 271-294, o qual serve como base para os capítulos 2 e 3;

Ricardo Muñoz Martín, pela Tabela 2.2;

Christiane Nord, pela Tabela 4.1 e pela Figura 4.1;

Daniel Gouadec, pela Tabela 4.2.

Meus sinceros agradecimentos aos meus colegas Esther Torres Simón e Alberto Fuentes Puerta que revisaram o texto e àqueles que ajudaram a revisar partes dele: Gideon Toury, Itamar Even-Zohar, Tal Golfajn, Christiane Nord, José Ramón Biau Gil, Christina Schäffner, John Milton, Serafima Khalzanova, Yukiko Muranaga e Chie Okada. Um bom número de observações válidas foi feito pelos tradutores do livro para o japonês (Kayoko Takeda), português (Fernando Ferreira Alves e Victor Ferreira) e espanhol (Esther Torres Simón, Humberto Burcet Rojas e Ana Guerberef). Os tradutores e seus revisores são os leitores mais minuciosos e dedicados.

Agradecimentos especiais a todos os estudantes e colegas que participaram dos seminários que deram origem a este volume, desde o seu início em 2003: na Universidade Monash, em Melbourne, Austrália; no programa de doutorado em Tradução e Estudos Interculturais na Universidade Rovira i Virgili, em Tarragona, Espanha; e no Instituto de Estudos Internacionais de Monterey, nos Estados Unidos.

Agradecimentos adicionais aos resenhistas da primeira edição deste livro: Dirk Delabastita, Brian Mossop, Hsin-Hsin Tu, Shuhuai Wang, Peng Wang, Shaoshuang Wang, Ernest Wendland, Jonathan Downie, Arzu Eker Rodikakis e Debbie Folaron. Comentários úteis foram recebidos também de Ghodrat Hassani. Esta segunda edição dá resposta a muitas das observações e críticas feitas por eles, embora não a todas – não me foi permitido ampliar o volume.

Também sou extremamente grato pelo apoio editorial proporcionado por Louisa Semlyen e Eloise Cook, as responsáveis pelo título do livro.

Prefácio

Este volume pretende percorrer os principais paradigmas das teorias da tradução no Ocidente a partir dos anos 1960. Adota-se aqui a perspectiva sobre tradução que incorpora a atividade de interpretação (enquanto tradução falada), mas não aborda os problemas por ela suscitados. Trilhar esse percurso não transformará ninguém em um tradutor melhor, pois este volume é voltado para a atividade acadêmica, embora seja acessível para qualquer um interessado nos debates suscitados por aquelas teorias. A ideia fundamental é a de que todas as teorias voltam-se para um único problema principal: a tradução pode ser definida pela noção de equivalência, apesar de haver muitas razões para se admitir que a equivalência não seja um conceito suficientemente estável. Sendo assim, como poderíamos teorizar sobre a tradução para além do conceito de equivalência? O número de respostas a tal questão tem sido maior do que se pode imaginar, sendo, frequentemente, criativas e surpreendentes.

A visão geral aqui adotada é a de que a teoria é um campo de batalha a favor ou contra certos modos de ver a tradução. Não há uma descrição neutra. O objetivo terá sido alcançado sempre que se notar a importância ou mesmo se obtiver prazer com o confronto de ideias ou, melhor ainda, sempre que as questões sobre tradução forem debatidas, de preferência como parte de um projeto pluralista de aprendizagem.

Desde a primeira edição deste livro, eu me tornei agudamente cônscio de que essas teorias em particular são focadas no que chamo de "forma de tradução" do Ocidente. Elas dizem respeito ao tipo de tradução que um cliente pagaria a um tradutor para fazer em qualquer país ocidental, com base em um conjunto de suposições não expressas sobre equivalência (ver 5.4 abaixo). Entretanto, há muitas outras culturas e situações nas quais as noções de tradução não são funcionalmente separadas do que se pode chamar de "adaptação" ou "reescritura" e, assim, não têm de se haver com a equivalência. Logo, há muitas outras formas possíveis de teorizar a tradução e muitas narrativas opcionais. Eu estou apenas contando uma das possíveis histórias. Dito isso, a forma de tradução do Ocidente se disseminou pelo mundo, como um peculiar companheiro de viagem da modernidade e leitores em todos os países estão, hoje em dia, familiarizados com ela, ainda que nos esforcemos para ultrapassá-la.

Esta edição revisada aduziu alguns poucos aspectos ao trabalho original, em especial com respeito às tecnologias de tradução, tradutores voluntários, lógica não linear, mediação, línguas asiáticas e processos de pesquisa. Porém, não são grandes mudanças – apenas pequenos regalos ao longo do percurso.

O livro segue alguns dos melhores trabalhos introdutórios na área. *Introducing Translation Studies* (Introdução aos Estudos de Tradução: Teorias e Aplicações), de Jeremy Munday (2001/2008/2012), e *Introducing Interpreting Studies* (Introdução aos Estudos de Interpretação), de Franz Pöchhacker (2004), são indispensáveis. Meu objetivo, aqui, é o de me concentrar, mais precisamente, sobre as *teorias* principais que os outros livros cobrem, deixando de lado muito das pesquisas e aplicações, e fazer com que essas teorias relacionem-se umas com as outras tão diretamente quanto possível. Isso significa que se fará um trabalho crítico mais amplo do que aquele que as introduções geralmente fazem. Significa, também, que vários campos de investigação, em especial aqueles que não têm feito grandes contribuições originais para a área, foram deixados de lado. Alguns leitores poderão se surpreender porque não encontrarão aqui nenhum tratamento a respeito da pesquisa empírica sobre adaptação, multimídia ou as maneiras como a tradução tem sido tratada a partir da perspectiva dos estudos de gênero, por exemplo.

Todos esses estudos são, também, parte dos estudos da tradução. Eles adotam muitos dos conceitos e dos métodos de suas disciplinas vizinhas, mas não desempenham papel importante no desenvolvimento das teorias da tradução enquanto tais. Assim, nós os deixamos para os seus respectivos volumes introdutórios. De forma similar, está ausente a análise das possíveis forças sociais por trás dos vários paradigmas e por que eles se desenvolveram historicamente. Esse tipo de investigação também ficou para outra oportunidade (por exemplo, Pym, 2011).

O presente volume segue, ainda, o *The Translation Studies Reader* (Guia de Estudos da Tradução), editado por Lawrence Venuti (2000/2004/2012), juntamente ao *The Interpreting Studies Reader* (Guia de Estudos de Interpretação), editado por Franz Pöchhacker e Miriam Shlesinger (2001). Ambos apresentam um conjunto fantástico de textos fundamentais. Meu objetivo não é o de substituí-los: qualquer um que queira saber a respeito da teorização sobre tradução deve ler seus teóricos principais, em seu contexto e sua complexidade particulares. Apenas pelo conhecimento das fontes primárias, com seus textos fundamentais, pode-se, de fato, perseguir os caminhos do pensamento crítico.

Capítulo 1

O Que É uma Teoria da Tradução?

Neste capítulo, explicamos o que queremos dizer com os termos "teoria" e "paradigma", além de como a teorização pode ser relacionada à prática da tradução. Detalhamos, também, a estrutura dos capítulos que compõem o volume, as razões para se estudar as teorias sobre a tradução, e as maneiras pelas quais este livro pode ser utilizado como parte de um processo de aprendizagem.

1.1. Da Teorização às Teorias

Os tradutores teorizam o tempo todo. Quando identificam um problema de tradução, normalmente precisam decidir a partir de uma série de soluções possíveis que se apresentam a eles. Digamos que você precise traduzir do inglês o termo *tory*, utilizado para designar o Partido Conservador, ou um de seus membros, tanto na Grã-Bretanha quanto no Canadá. Dependendo da situação, você irá considerar o uso do próprio termo em inglês e incluir informação para explicá-lo, ou incluir uma nota de rodapé, ou fornecer uma tradução equivalente à definição do termo, palavra por palavra – por exemplo, "Partido Conservador", ou, "membro do Partido Conservador", ou mencionar o nome de um partido político conservador correspondente na cultura de chegada, ou, ainda, simplesmente manter o termo e sua referência problemática na língua e cultura de chegada. Todas essas opções poderiam ser legítimas, dados o contexto, o objetivo e o público-leitor apropriados. A sua formulação (a *geração* de traduções possíveis) e a escolha mais apropriada dentre elas (a *seleção* de uma escolha definitiva para a tradução) pode ser uma operação complexa e difícil de ser realizada; ainda assim, os tradutores fazem exatamente isso o tempo todo, quase de imediato. Sempre que realizam tal operação, sempre que escolhem uma possibilidade e não outra, eles colocam em jogo uma série de ideias a respeito do que é a tradução e de como deve ser realizada. Eles estão teorizando.

O termo "teoria" deriva, provavelmente, do grego *theã*, significando "vista" + o sufixo *–horan*, "ver" ou "observar". Assim, teorizar seria "voltar-se para uma determinada perspectiva" (a palavra "teatro" tem a mesma origem). Uma teoria apresenta uma cena em que os processos de geração e seleção acontecem. Os tradutores estão, desse modo, não apenas constantemente teorizando, mas também fazendo-o em vários tipos de cenas conceituais.

Esse tipo de teorização, interna, privada, torna-se pública quando os tradutores debatem a respeito do que eles fazem. Ocasionalmente, eles teorizam em voz alta quando falam com outros tradutores ou com seus clientes, algumas vezes com seus estudantes ou professores. Às vezes, essa teorização em voz alta pode envolver não mais do que poucos termos compartilhados a respeito daquilo de que se está tratando. Por exemplo, aqui farei referência ao "texto de partida" (*start text*) como aquele que está sendo traduzido, e ao "texto de chegada" (*target text*), como aquele que está sendo produzido. Por extensão, pode-se falar de "língua de partida" e "língua de chegada", ou ainda, "cultura de partida" e "cultura de chegada". "Traduzir" seria, então, um conjunto de processos que conduziriam à passagem (de textos, da língua, da cultura) de um lado para outro[1].

---

[1] Os termos "fonte" (*source*) e "alvo" (*target*) também são utilizados para se fazer referência às posições "de partida" e "de chegada", respectivamente. Contudo, nem sempre eles são intercambiáveis. Existem contextos em que o uso de um dos dois pares é preferível, por motivos de composição. Também não é o caso de se manter o uso uniforme ao longo da tradução apenas por uma questão de homogeneização conceitual. Sendo assim, utilizaremos alternadamente um dos dois pares quando nos parecer mais apropriado para a melhor compreensão e fluência do texto. (N. da T.)

A utilização desses termos significa que já estamos fazendo uso de uma teoria? Esses nomes-para-coisas inter-relacionados tendem a dar origem a *modelos de tradução* e esses modelos nunca são neutros – frequentemente ocultam algumas ideias-guia bastante poderosas e que podem formar uma cena coerente o bastante para ser chamada de "teoria". Por exemplo, aqui estou eu dizendo "texto de partida" onde outros dizem "texto-fonte" (*source text*), não apenas porque está de acordo com algumas poucas línguas europeias (*Ausgangstext, texte de départ, texto de partida, testo di partenza*), mas, mais importante, porque diz algo acerca das outras perspectivas da tradução. Como poderíamos alegremente assumir que o texto a partir do qual fazemos a tradução não é ele mesmo feito de traduções, fragmentos retrabalhados de textos anteriores, tudo amarrado em infinitas redes translacionais? Por que assumir certo tipo de "fonte" natural ou prístina, de alguma forma como um rio brotando da terra? Daí "de partida" como expressão que pode dizer algo no nível de teoria. Porém, então, por que parar aí? Por que nossos termos deveriam reduzir a tradução a um fenômeno de apenas dois lados ("partida" e "chegada")? E cada chegada, alvo, é apenas uma conexão possível para ações e objetivos ulteriores em outras culturas e línguas? Assim, um texto pode conter elementos de mais de uma língua e cultura. Em todos esses aspectos, geralmente, há mais do que apenas dois lados envolvidos. Além disso, quando combinamos os conceitos "de chegada" e "alvo" com o prefixo "trad-", presente no termo "tradução"[2], percebemos que eles elaboram uma cena deveras *espacial* na qual nossas ações vão de um lado para outro. Os conceitos formados sugerem que a ação dos tradutores afeta a cultura de chegada, mas não a cultura de partida, graças a uma transitividade que se dá no espaço. Não seria essa uma estranha suposição? As palavras estão certamente começando a parecer uma teoria.

Compare tal cena com *anuvad*, um termo sânscrito e hindi para referir-se à tradução escrita e que significa, me foi dito, "repetição"

---

2 Em inglês, "trans", ver, por exemplo, o sentido do termo "translação" que sugere a passagem de algo de um lado para outro. (N. da T.)

ou "dizer depois" (ver Chesterman, 2006 e Spivak, 2007, p. 274). Conforme esse termo alternativo, a diferença principal entre o texto de um lado e o texto do outro poderia se dar não no espaço, mas no tempo. A tradução seria, portanto, entendida como um processo de atualização e elaboração constantes, em vez de algum tipo de deslocamento físico através das culturas.

Nossas denominações inter-relacionadas formam cenas, e essas cenas tornam-se teorias a respeito do que poderia ou deveria ser uma tradução.

Isso não significa que todo o nosso processo de teorização interna seja constantemente transformado em objetos públicos. Quando os tradutores falam entre si, eles, na maioria das vezes, aceitam os termos em comum sem muita polêmica. Enganos evidentes são, em geral, esclarecidos com rapidez através da referência ao uso, ao conhecimento linguístico ou ao senso comum. Por exemplo, deveríamos corrigir um tradutor que identificasse o termo *tory* com a ideologia política de extrema-esquerda. Qualquer discussão subsequente sobre o assunto poderia ser interessante, mas não dependeria muito de teoria da tradução (de teoria política, talvez, mas não de ideias a respeito da tradução). Apenas quando há *desacordos sobre modos diferentes de tradução* é que a teorização privada tende a se tornar objeto público de teorização. Se tradutores diferentes produzissem versões alternativas para *tory*, um deles poderia argumentar que a tradução deveria explicar a cultura de partida (usaria, então, o termo em inglês e acrescentaria uma longa nota de rodapé). Outro poderia afirmar que a tradução deveria tornar as coisas compreensíveis para a cultura de chegada (nesse caso, usaria apenas a expressão "o principal partido de direita"). Um terceiro poderia considerar que a tradução deveria ressituar todas as coisas na cultura de chegada (este, então, forneceria o nome de um partido conservador naquela cultura). E um quarto tradutor talvez insistisse que em virtude de o texto de partida não tratar principalmente de política, não haveria por que perder tempo com um detalhe desses (e apagaria tranquilamente todas as referências ao termo).

Quando esses tipos de embates acontecem, a teorização prática transforma-se em teorias explícitas. Os argumentos mostram-se como representando posições teóricas diferentes. Algumas vezes, as discussões tomam um determinado caminho e duas posições que inicialmente pareciam opostas, vão se tornar compatíveis no seio de uma teoria mais ampla. Frequentemente, entretanto, os adeptos de uma determinada perspectiva teórica irão se manter em suas posições, levando sua argumentação adiante. Ou pior, decidem que todos os outros são loucos e interrompem qualquer discussão.

1.2. Das Teorias aos Paradigmas

Quando a teorização torna-se teoria, algumas delas desenvolvem denominações e explicações para vários aspectos da tradução (incluindo caracterizações para supostas impropriedades em outras teorias). Quando esse estágio é alcançado, faz sentido nos referirmos a *paradigmas*, entendidos como conjuntos de princípios que subjazem grupos diferentes de teorias (Kuhn, 1962). Isso acontece, particularmente, quando descobrimos ideias gerais, relações e princípios para os quais há coerência interna e um ponto de partida compartilhado. Por exemplo, um conjunto de teorias utiliza em comum os termos "fonte", "alvo" e "equivalência". Elas estão de acordo que o termo "equivalência" denomina uma relação substancial entre a "fonte" e o "alvo"; seu ponto de partida em comum é a comparação de textos de partida com textos-alvo. Indivíduos que fazem uso dessas teorias de equivalência podem discutir sobre tradução, uns com os outros, de maneira bastante proveitosa. Eles compartilham os mesmos conceitos vagos e ideias gerais a respeito dos objetivos de uma tradução. Podem até mesmo alcançar algum tipo de consenso a respeito de vários tipos de equivalência. Eles estão teorizando dentro de um único paradigma.

Por outro lado, algumas vezes encontramos pessoas debatendo sobre problemas de tradução e chegando sempre a não mais do que um constante desacordo. Nesses casos, os termos estão, provavelmente, relacionados a paradigmas diferentes, com pontos de partida diferentes. Por exemplo, um tipo de descrição baseia-se em comparações entre traduções e não traduções (ambas na mesma língua).

Aqueles que se envolvem com tal atividade produzem resultados que poderiam interessar aos psicolinguistas (o fato de que a linguagem usada em tradução é diferente da linguagem usada em não traduções). Essa descoberta, porém, parecerá quase completamente irrelevante para qualquer um que esteja trabalhando dentro do paradigma da equivalência. Se a linguagem das traduções é diferente, o teórico da equivalência poderá, ainda assim, tranquilamente argumentar que ela não deveria ser diferente. Cada um dos lados continua, assim, a disputa, sem considerar a perspectiva oposta. Os paradigmas entram em conflito. O resultado pode ser a tensão contínua (um debate sem resolução), a revolução (um dos paradigmas se sobrepõe ao outro) ou a ignorância mútua (os investigadores optam em seguir adiante por caminhos separados). Meu objetivo é superar certa ignorância mútua.

1.3. Como Este livro É Organizado

Este livro é organizado em termos de paradigmas em vez de teorias individuais, teóricos ou escolas. Trataremos de paradigmas baseados na equivalência, propósitos, descrições, incerteza, localização e tradução cultural. A equivalência é subdividida em dois subparadigmas, correspondendo à equivalência "natural" e "direcional". Fazemos isso a fim de enfatizar a complexidade da ideia de equivalência, uma vez que alguns teóricos atuais procuram desqualificá-la como sendo ingênua e ultrapassada.

A ordem dos paradigmas é apresentada de forma aproximadamente cronológica, começando nos anos 1960 e vindo até os dias de hoje, com exceção do paradigma da incerteza, o qual se encontrará presente por todo o caminho. O conflito básico entre a incerteza e a equivalência constitui o problema fundamental em relação ao qual todos os outros paradigmas se posicionam, cada um como uma resposta parcial.

Tal ordenamento não significa que as teorias novas foram automaticamente substituindo as mais antigas. Se isso fosse verdade, o leitor poderia ir diretamente para o último capítulo do livro. Pelo contrário, detive-me consideravelmente sobre o problema da equivalência justamente para indicar sua complexidade e longevidade – muito da teoria da equivalência está presente no paradigma da localização e em nossa tecnologia. As teorias podem, com certeza, tornarem-se mais exatas do ponto de vista descritivo e mais amplas em suas predições conforme acumulam conhecimento. Às vezes, isso acontece no campo da tradução, sempre que novas teorias tentam acomodar as perspectivas de teorias anteriores. Por exemplo, a teoria alemã do escopo pode incorporar o paradigma da equivalência como sendo apropriado em cenários especiais. Esse tipo de acumulação não é, entretanto, encontrado com respeito ao paradigma da incerteza (incluindo a desconstrução), o qual consideraria tanto a equivalência quanto o propósito como essencialismos indefensáveis. Em tais casos, podemos de fato falar de paradigmas consideravelmente diferentes sem precisar tentar encaixar um dentro do outro. Esses paradigmas diferenciam-se já nas questões fundamentais a respeito do que é a tradução, o que ela pode ser e como os tradutores deveriam resolver os seus problemas. Quando os paradigmas se confrontam, frequentemente se usa a palavra "tradução" para se referir a fenômenos bastante diferentes. O debate, nesse caso, pode então se tornar vago, pelo menos até que algum dos lados se esforce para superar sua posição inicial. Apenas quando é feito um esforço para se compreender uma nova perspectiva sobre tradução é que poderá haver uma teorização pública produtiva.

Assim, você terá de ler bem mais do que apenas o último capítulo.

1.4. Por Que Estudar Teorias da Tradução?

Por que estudar as teorias? Educadores e professores assumem, algumas vezes, que os tradutores que conhecem teorias variadas realizarão seu trabalho de maneira melhor do que aqueles que não as conhecem. Até onde sei, não há evidência empírica para confirmar essa afirmação e há boas razões para se duvidar de sua validade. Todos os tradutores teorizam, não apenas aqueles que são capazes de expressar seu conhecimento teórico em termos técnicos. Na verdade, é possível que tradutores não treinados possam realizar seu trabalho mais rapidamente e de maneira mais eficiente pelo fato de saberem menos a respeito de teorias complexas. Eles possuem menos dúvidas e não desperdiçam tempo refletindo sobre o óbvio. Por outro lado, um certo nível de consciência a respeito de teorias variadas pode possibilitar algum benefício prático na confrontação de problemas em relação aos quais não há soluções preestabelecidas e para os quais uma boa dose de criatividade se faz necessária. O conhecimento teórico pode propor questionamentos produtivos e, algumas vezes, sugerir respostas bem-sucedidas. As teorias podem ainda servir como valiosos agentes de mudança, em especial quando transportadas de uma cultura profissional para outra, ou, então, quando elas desafiam o pensamento local (por exemplo, a ideia de tradução como "dizer depois" presente no sânscrito). A explicitação e a divulgação do produto da atividade de teorização podem contribuir para tornar as pessoas conscientes de que a tradução é algo complexo, difícil o suficiente para ser estudada seriamente nas universidades, melhorando, assim, a imagem pública de tradutores e intérpretes.

Ter ciência de uma gama de teorias pode também ajudar a tradução como profissão de uma forma mais direta. Quando ocorrem desentendimentos, as teorias ajudam os tradutores fornecendo ferramentas valiosas não apenas para que eles possam defender seus posicionamentos, mas também para ajudá-los a encontrar posições alternativas. As teorias podem simplesmente nomear objetos teóricos que não tenham sido considerados anteriormente. Se um cliente reclamar que o termo *tory* desapareceu de uma certa tradução, o tradutor poderia alegar ter lançado mão do recurso da "correspondência compensatória" ao comparar o partido britânico com um partido da mesma orientação ideológica na cultura de chegada, duas páginas adiante. O cliente, provavelmente, não ficará de todo convencido, mas começará a perceber que nem todos são capazes de resolver problemas da forma como você o faz. Na verdade, um pouco de teoria poderia ser tão útil para o cliente quanto para o tradutor. Quanto mais termos e ideias você tem, mais você e seu cliente poderão explorar as possibilidades de tradução.

Algum conhecimento de uma variedade de teorias também pode ser de ajuda no processo de tradução em si. No começo deste capítulo, eu apresentei um cenário simples: um problema é identificado; possíveis soluções são geradas; uma solução é escolhida. Trata-se de um modelo (um conjunto de denominações relacionadas), não de uma verdade transcendente. Nos termos desse meu modelo, uma pluralidade de teorias pode ampliar o alcance de soluções em potencial que venham a ser imaginadas pelos tradutores. Em relação à seleção, teorias podem também fornecer um largo espectro de razões para se escolher uma solução e descartar o resto e, também, para defender tal solução quando necessário. Algumas teorias são bastante apropriadas ao aspecto *gerativo*, uma vez que elas fazem a crítica das opções mais óbvias e nos fazem pensar a respeito de um conjunto mais amplo de fatores. Abordagens descritivistas, desconstrucionistas e de tradução cultural podem todas se encaixar bem aí. Outros tipos de teoria são necessários para satisfazer o aspecto *seletivo* da tradução, quando é preciso fazer escolhas entre as alternativas disponíveis. É nesse momento que reflexões éticas, a respeito dos objetivos básicos da tradução, podem fornecer algumas diretrizes. Infelizmente, esse segundo tipo de teoria, que deveria fornecer as razões para a tomada de decisões seletivas, tornou-se fora de moda em alguns círculos. É por esse motivo que nos arriscamos na pluralidade, na tentativa de reestabelecer o equilíbrio.

1.5. Como Deveriam Ser Estudadas as Teorias da Tradução?

Já que os tradutores estão sempre teorizando, seria errado separar a teoria da prática à qual ela pertence. Os principais usos da teoria ocorrem nos debates a respeito das diferentes maneiras de se resolverem problemas de tradução. Pode-se promover esse tipo de confronto com base nas traduções que você e outros já tenham feito. Descobriremos que, em determinados momentos, um grupo de tradutores não concordará com outro. Se você é um professor, faça com que os grupos debatam os tópicos de discordância e sugira os termos e os conceitos apropriados para o debate, assim que os alunos demonstrarem ter necessidade deles. Dessa maneira, os alunos abordarão as teorias apenas quando tiverem necessidade de o fazer. Aulas a respeito de teorias e paradigmas específicos podem fazer uso desse modelo para a realização de seus fins práticos.

Infelizmente, nossas instituições educacionais possuem a tendência de separar a teoria da prática, com frequência exigindo um curso separado de teoria da tradução. Se necessário, isso pode ser feito. Entretanto, as teorias e suas implicações deveriam, ainda assim, serem apresentadas a partir da necessidade surgida em tarefas práticas, estruturadas como processos de descoberta. Este livro foi planejado para permitir esse tipo de atividade. Antes de concluir cada capítulo, relaciono algumas *objeções frequentes*, a maioria das quais não apresenta nenhuma solução evidente, e a sua ocorrência não é tão frequente como gostaríamos que fosse. Ao final de cada capítulo, sugiro alguns *projetos e atividades* que podem ser realizados em sala de aula ou solicitados como tarefa. Não são fornecidas soluções para os problemas apresentados e, em muitos casos, não há soluções corretas. Sugestões de debates e atividades estão disponíveis na página da internet relativa ao livro. Claro que os exemplos fornecidos precisam ser adaptados para o uso em aulas em contextos específicos. Mas o mais importante é que as atividades deveriam ser integradas ao processo de aprendizagem; deveriam ser apresentadas, provavelmente, no período inicial da aula, em vez de serem usadas como apêndice ao final.

Em certo sentido, o desafio deste livro é o de contrariar a fixidez de sua forma impressa. O aprendizado real de uma teoria, mesmo para o autodidata, deveria se dar na forma do diálogo e do debate.

Se houver necessidade de mais, o sítio da internet associado a este volume (<http://www.tinet.cat/~apym/publications/ETT/index.html>) apresenta palestras em vídeo, materiais suplementares e *links* para páginas de mídia social em que você pode participar.

Capítulo 2

Equivalência Natural

Este capítulo parte da ideia de que aquilo que podemos dizer em uma determinada língua *pode* ter o mesmo valor (mesmo peso ou função) quando for traduzido para outra língua. A relação entre o texto de partida e a sua tradução será de equivalência (igual valor), onde "valor" pode estar no nível da forma, da função ou em algum nível intermediário entre elas. A equivalência não estabelece que as línguas são todas iguais; ela apenas estabelece que os valores podem ser os mesmos. As várias teorias que compartilham tal suposição podem ser enquadradas em um paradigma da equivalência, o qual pode, por sua vez, ser dividido em dois subparadigmas. No presente capítulo, nos concentraremos no subparadigma que assume que os elementos com mesmo valor existem previamente ao ato de tradução. A princípio, isso significa que não faz diferença se traduzimos a partir da língua A para a língua B ou vice-versa: em ambos os sentidos pode-se alcançar o mesmo valor. Essa equivalência "natural" encontra-se em oposição ao que denominamos, no próximo capítulo, de equivalência "direcional". A equivalência natural encontra-se na base de um corpo de pensamento amplo e bem estruturado e que mantém relações próximas com a linguística aplicada. Ele mantém relações ainda com aquilo que constitui as crenças sobre tradução de muitos tradutores, clientes e usuários de tradução. Deve, portanto, ser considerado em toda a sua complexidade. Por um lado, as teorias sobre a equivalência natural foram uma resposta intelectual à visão estruturalista que tomava as línguas como visões de mundo.

Por outro, propuseram listas de soluções visando alcançar a equivalência e pretendendo descrever o que os tradutores fazem. Aqui, deteremo-nos com detalhe na lista de soluções de tradução proposta por Vinay e Darbelnet (1958/1972). Essas listas foram, durante seu período de vigência, uma resposta a um problema importante relacionado à linguística estrutural.

> **PRINCIPAIS TÓPICOS ABORDADOS NESTE CAPÍTULO:**
> - A equivalência é uma relação de mesmo valor entre um segmento de um texto de partida e um segmento de um texto alvo.
> - A equivalência pode ser estabelecida em qualquer nível linguístico, desde a forma até a função.
> - Supõe-se que a equivalência natural exista entre línguas ou culturas previamente ao ato de traduzir.
> - A equivalência natural não seria afetada pela direcionalidade: ela deveria ser a mesma se a tradução ocorre de uma língua A para uma língua B ou vice-versa.
> - A linguística estrutural, especialmente aquela que vê as línguas como visões de mundo, consideraria teoricamente impossível a equivalência natural.
> - O paradigma da equivalência soluciona esse problema ao considerar níveis inferiores aos sistemas linguísticos. Isso pode ser conseguido focalizando-se na significação contextual, em vez de no significado sistêmico, através da análise componencial, pressupondo-se referência a um *tertium comparationis*, assumindo-se a possibilidade de desverbalização ou, ainda, ao se considerar o valor de diferenciação (*markedness*).
> - De acordo com Vinay e Darbelnet, há várias categorias de procedimentos pelos quais se pode manter a equivalência.
> - O subparadigma da equivalência natural é de natureza histórica, uma vez que ele assume a produção de textos estáveis em línguas com a mesma capacidade de expressão.

O termo "equivalência" tornou-se, em várias línguas europeias, um elemento das teorias da tradução no hemisfério ocidental na segunda metade do século xx. O seu período áureo foi durante os anos 1960 e 1970, particularmente no contexto da linguística estrutural. O termo, de modo geral, assume que em algum nível um texto de partida e a sua tradução podem compartilhar os mesmos valores ("equi+valência" significa "mesmo valor"), e que essa semelhança seria aquilo que diferencia traduções de outros tipos de texto. Dentro desse paradigma, falar em diferentes tipos de tradução é o mesmo que considerar diferentes tipos de equivalência. Nos anos 1980, entretanto, o paradigma da equivalência passou a ser considerado como simplório ou limitado em escopo. Mary Snell-Hornby, por exemplo, descartou a equivalência enquanto promotora de "uma ilusão de simetria entre as línguas que dificilmente existiria além do nível de uma aproximação vaga e que distorceria os problemas básicos da tradução" (1998, p. 22).

Assumimos aqui a visão não muito popular de que o paradigma da equivalência foi e continua sendo muito mais rico do que certas intenções de descartá-lo rapidamente poderiam sugerir. Ele possui o mérito de ocupar um lugar importante relativamente a outros paradigmas mais recentes na teoria da tradução. E isso porque a teorização sobre a equivalência, se olharmos de perto, envolve duas formas de conceitualização concorrentes, as quais denominamos de equivalência natural em oposição à equivalência direcional. A inter-relação entre essas duas noções permite o desenvolvimento de sutilezas consideráveis em algumas teorias, tanto recentes quanto mais antigas. Ela também dá origem a certa confusão, não apenas inerente a algumas teorias da equivalência em si mesmas, mas em relação a muitos dos atuais argumentos contra a equivalência. Antes de mais nada, devemos compreender em que implica a equivalência natural.

2.1. Equivalência Natural Como um Conceito

A maioria dos debates sobre a equivalência dizem respeito a mal-entendidos comuns. Por exemplo, *Friday the 13th* (*sexta-feira 13*) é o dia do azar em culturas de língua inglesa, mas não na maioria das outras culturas. Em espanhol, o dia do azar é *Tuesday the 13th* (*terça-feira 13*). Assim, quando traduzimos o nome que se refere a essa data, precisamos saber com precisão o tipo de informação que é solicitada. Se estivermos apenas nos referindo ao calendário, o uso do termo *Friday* será suficiente; se estivermos nos referindo ao assunto que aquele dia representa, isto é, a má sorte, então uma tradução apropriada seria provavelmente *Tuesday the 13th* (*martes 13* ou *martes y 13*, em espanhol). Exemplos desse tipo estão presentes em todas as culturas do mundo. A cor do luto é geralmente o preto em países do Ocidente, porém no Oriente é, na maioria das vezes, o branco. Mover a cabeça para cima e para baixo geralmente serve como um sinal de concordância em países da Europa Central, mas significa discordância em países como a Turquia. Todos esses exemplos maçantes povoam os manuais de tradução.

O conceito de equivalência subjaz todos esses exemplos: todos eles pressupõem que uma determinada tradução terá o mesmo valor (em algum aspecto) que seu texto de partida correspondente. Algumas vezes esse valor encontra-se ao nível da forma (como no caso em que o conjunto de duas palavras é traduzido por outras duas palavras); algumas vezes encontra-se no âmbito da referência (sexta-feira sempre será o dia anterior ao sábado); às vezes ao nível da função (a função "azar no dia 13" corresponde à sexta-feira em inglês e outras línguas ocidentais, mas à terça-feira em espanhol). A equivalência não precisa afirmar com exatidão qual o tipo de valor se supõe que seja o mesmo em cada caso; ela apenas afirma que se pode alcançar uma relação de mesmo valor em um nível ou outro.

A ideia de equivalência é de natureza muito simples. Infelizmente acabou se tornando bastante complexa, seja como conceito ou como teoria.

Quanto ao termo, parece que o primeiro uso de "equivalência" em sentido técnico de teoria da tradução servia para descrever o tipo de relação que nos permite equacionar, de maneira aproximada, a expressão *Friday the 13th*, em inglês, com a expressão *martes 13*, em espanhol. No momento em que *friday* se transforma em *martes*, há uma relação de equivalência, porque se considera que ambas ativam aproximadamente a mesma função cultural. Foi nesse sentido que Vinay e Darbelnet usaram o termo *équivalence* em 1958 e que Vázquez-Ayora referiu-se ao termo *equivalencia* em 1977. Isto é, no período inicial das teorias contemporâneas da equivalência, o termo se referia a apenas um tipo de opção de tradução dentre vários (em seguida nos deteremos em várias das alternativas de procedimento descritas por Vinay e Darbelnet). A equivalência era determinada pela função (no nosso exemplo, o valor "dia do azar"), o que representa precisamente o oposto do sentido atribuído por Snell-Hornby quando ela fala de "simetria entre as línguas". Nesse período inicial, a equivalência se referia àquilo que poderia ser realizado nos casos em que não havia simetria precisa entre formas linguísticas. Daí deriva muita confusão.

Não demorou muito para que outros teóricos, em particular o linguista e especialista americano em estudos bíblicos Eugene Nida, começassem a falar de diferentes tipos de equivalência. O mesmo Nida, por exemplo, poderia considerar a expressão *martes 13*, em espanhol, como passível de ser traduzida de duas maneiras diferentes: tanto como *Tuesday the 13th* quanto como *Friday the 13th*. A primeira opção seria denominada de "equivalência formal" (ou "correspondência formal", uma vez que ela imita a forma daquilo que é dito em espanhol); a segunda seria aquilo que Nida chama de "equivalência dinâmica" (ou "equivalência funcional", uma vez que ela ativa a mesma ou semelhante função cultural). Assim que os teóricos começaram a falar de diferentes tipos de equivalência, o significado do termo "equivalência" tornou-se perceptivelmente muito mais abrangente, fazendo referência valorativa em qualquer nível. É nesse sentido amplo que fazemos uso do termo no presente livro.

Ao nível prático, nem por isso as coisas são mais simples. Consideremos, por um instante, os programas de televisão que envolvem competição e premiações, populares no mundo todo. O público inglês conhece bem um desses programas, chamado *The Price is Right*. Em francês o mesmo se chama *Le Juste Prix*, e, em espanhol, *El Precio Justo*. A equivalência entre os nomes, no caso, não se dá no âmbito da forma (quatro palavras são convertidas em três e a rima se perde), mas ela pode ocorrer ao nível da função. Em alemão, o mesmo programa chama-se *Der Preis ist Heiss*, o qual opera uma alteração semântica (ele pode ser retraduzido por *The Price is Hot*, como na brincadeira infantil "está quente/está frio", em que se usa uma das duas expressões quando um dos participantes se aproxima ou se afasta do objeto escondido e que deve ser encontrado). A denominação em alemão mantém, de maneira criativa, a rima entre as palavras, que poderia ser o mais importante na expressão. Essa possibilidade de tradução poderia ser considerada bem "quente" na abordagem que faz da equivalência.

Se começamos a selecionar exemplos como esse e tentamos mostrar aquilo que se mantém e aquilo que muda, logo descobrimos que uma tradução pode ser equivalente a várias coisas diferentes. Por exemplo, no programa de auditório *Who Wants to be a Millionaire?* (cujo título tem sua estrutura mantida em várias línguas), os participantes possuem uma série de *lifelines* em inglês, *jokers* em francês e alemão, e um *comodín* (coringa) em espanhol. Embora todos representem diferentes metáforas e imagens, eles possuem alguma coisa em comum. Descrever o que possuem em comum pode ser uma tarefa difícil. O mais curioso é que a referência a "milionário" se mantenha mesmo que a conversão para moedas locais torne a quantia total do valor bastante diferente umas das outras. Uma vez que o programa foi produzido originalmente na Grã-Bretanha, a versão americana deveria talvez traduzir a unidade monetária de euro para dólar. Essa operação produziria o título *Who Wants to Win $1,867,500* ? O título é certamente menos chamativo. Equivalência nunca foi realmente uma questão de valores exatos.

É segundo tal perspectiva que faz algum sentido falarmos daquilo que é "natural" em relação à equivalência. Por que razão ninguém calcula o valor exato de dinheiro que será concedido como prêmio? Porque nós precisamos daquilo que é *usualmente* dito na cultura de chegada. Se houver concordância a respeito do fato de que o termo "milionário" funciona apenas como querendo dizer "muito mais dinheiro do que a maioria de nós pode imaginar ter legalmente", então tudo que precisamos na língua de chegada é de um termo comum que corresponda a essa noção um tanto vaga. Uma expressão comum, de um lado, deveria corresponder a uma expressão comum, do outro.

Claro, a teoria se torna um pouco mais sofisticada quando nos damos conta de que nem tudo que encontramos nos textos de partida seja sempre natural ou comum. Se tudo fosse comum, os textos seriam tão enfadonhos que haveria muito pouco motivo para que fossem traduzidos. Poderíamos então supor que o que quer que se apresente como incomum (melhor dizendo, marcado) de um lado, seja traduzido como algo do mesmo modo raro (marcado), do outro lado. A noção de "marcado", entretanto, apenas diz que algumas coisas são naturais, enquanto outras são menos naturais. Dessa forma se mantém a teoria da equivalência natural.

2.2. Equivalência Versus Estruturalismo

Na segunda metade do século XX, teóricos da tradução ocuparam-se principalmente de problemas do tipo apresentado acima no contexto da linguística estrutural. Uma tradição de pensamento que vai de Wilhelm von Humboldt até Edward Sapir e Benjamin Whorf propunha que *línguas diferentes expressavam diferentes visões de mundo*. Essa tradição viria a ser combinada com as ideias do linguista suíço Ferdinand de Saussure, que nos primeiros anos do século XX propôs uma explicação para o funcionamento das línguas à medida que elas formariam sistemas significativos apenas em termos das diferenças entre os itens que as compunham. A palavra *sheep*, por exemplo, possui um determinado valor em inglês pelo fato de não designar uma vaca (ou qualquer outro animal que possua um nome) e pelo fato de não se referir a *mutton*, que representa a carne e não o animal (Saussure, 1974, p. 115). Em francês, por outro lado, a palavra *mouton* serve para designar tanto o animal quanto sua carne.

Relações desse tipo entre termos eram consideradas como estruturas diferentes. As línguas eram vistas como sistemas compreendendo estruturas dessa natureza (e, portanto, sistemas diferentes).

O *estruturalismo* afirmava a necessidade de se estudar as relações em vez de se tentar analisar as coisas por si mesmas. Não nos voltemos para as ovelhas propriamente; não perguntemos o que se faz com elas; não questionemos a prática de comer sua carne. Observe-se apenas as relações, as estruturas, as quais tornam as línguas significativas. Assim, conforme o estruturalismo linguístico, dever-se-ia concluir que as palavras *sheep* e *mouton* possuem valores bastante diferentes. Elas não servem, portanto, para traduzir uma à outra com qualquer grau de certeza. Na verdade, uma vez que línguas diferentes classificam o mundo de modos diferentes, nenhuma palavra poderia ser completamente traduzível fora de seu próprio sistema linguístico. A equivalência não deveria ser possível.

Esse tipo de teoria linguística é de pouca serventia para alguém que deseje traduzir programas de televisão. Tampouco serve para se entender como, de fato, as traduções são levadas a cabo. Assim, algo parece estar errado com a linguística. Como o teórico francês Georges Mounin argumentou, no início dos anos 1960, "se as atuais teses a respeito das estruturas lexicais, morfológicas e sintáticas forem levadas em consideração, deve-se concluir que a tradução é impossível de ser realizada. Ainda assim, tradutores existem, traduzem e o produto de seu trabalho tem se mostrado útil" (1963, p. 5). Ou a tradução não era, de fato, possível ou as teorias linguísticas então vigentes eram inadequadas. Foi a partir desse ponto que se desenvolveram as principais teorias da equivalência. Elas tentavam explicar aquilo que os linguistas de então não poderiam, ou, de alguma forma, não pretendiam explicar.

Consideremos, por um momento, os tipos de argumentos que poderiam ser levantados. O que diríamos, por exemplo, a alguém que afirmasse que todo o sistema da cultura espanhola (não apenas sua língua) atribui significado à expressão *martes 13* de tal modo que ela jamais poderia ser reproduzida pelo sistema que inclui a língua inglesa? *Martes y 13* é, por exemplo, o nome artístico utilizado por uma dupla de comediantes populares na televisão espanhola. Ou o que diríamos aos poloneses que, certa vez, argumentaram que se o leite bebido por eles fosse fervido antes de ser tomado, a palavra que usariam para designar esse tipo de leite jamais poderia ser traduzida pelo termo comum *milk*, usado em inglês (ver Hoffman, 1989)? Na verdade, se levarmos a abordagem estruturalista ao limite, nunca poderemos ter certeza de que entenderemos qualquer coisa fora dos nossos próprios sistemas linguísticos e culturais. Muito menos poderemos traduzir aquele pouco que nos for compreensível.

As teorias da equivalência devem ser postas para funcionar nesse ponto. Abaixo temos alguns dos argumentos que foram utilizados para tratar tal conjunto de problemas:

- **SIGNIFICAÇÃO:** Dentro das abordagens linguísticas, sempre foi importante que se prestasse atenção ao que se estava referindo quando se falava em "significado". Saussure de fato introduziu a distinção entre o "valor" de uma palavra (o qual é atribuído em relação ao sistema linguístico) e a sua "significação" (a qual é manifestada no uso real da língua). Mencionando um exemplo bastante conhecido a partir do jogo de xadrez, o valor do rei é a soma de todos os movimentos que pode executar, enquanto a sua significação dependerá da posição que ocupe em um determinado momento de uma partida real. O valor dependerá, assim, do sistema linguístico (ao qual Saussure dá o nome de *langue*), enquanto a significação dependerá do uso fatual da linguagem (ao qual Saussure chamou de *parole*). Para teóricos como Coseriu, essas denominações poderiam ser equiparadas à distinção existente em alemão entre *Sinn* (significado estável) e *Bedeutung* (significação momentânea). Se a tradução não pudesse reproduzir o primeiro, ainda assim poderia ser capaz de transmitir a última. Em francês, por exemplo, não há uma palavra para *shallow* (raso) – como na expressão *shallow water* –, mas sua significação pode ser transmitida pela conjugação de duas outras palavras *peu profond*, pouco profundo (ver Coseriu, 1978). As estruturas linguísticas podem ser diferentes, mas, ainda assim, a equivalência é possível entre elas.
- **USO DA LÍNGUA:** Alguns teóricos olharam então mais de perto para o nível do uso da língua (*parole*) em vez de para o sistema

linguístico (*langue*). Saussure havia realmente afirmado que não poderia haver estudo sistemático da *parole*, mas teóricos como Werner Koller (1979/1992) sentiam-se preparados para desconsiderar essa afirmação. Se um fenômeno como a equivalência podia ser demonstrado e analisado, então deveria haver sistemas que estavam além daquele da *langue*.

- **NÍVEIS TEXTUAIS:** Outros chamaram a atenção para o fato de que a tradução se dá não em relação a palavras isoladas, mas em relação a textos e estes possuem vários níveis linguísticos. O linguista escocês John Catford (1965) mostrou como a equivalência não precisaria se dar em todos os níveis ao mesmo tempo, que ela poderia ser escalonada. Poderíamos, assim, buscar pela equivalência em nível fonético de um texto, nos âmbitos lexical, sintagmático, sentencial, em relação à função semântica e assim por diante. Catford observou que grande parte do processo de tradução opera sobre um ou vários desses níveis, de modo que "ao longo de um texto, a equivalência pode variar para cima ou para baixo na escala" (1965, p. 76). Trata-se, nessa perspectiva, de uma teoria da equivalência de caráter abrangente e dinâmico.

- **ANÁLISE COMPONENCIAL:** Dentro da semântica lexical, uma abordagem semelhante consistia em listar todas as funções e valores relacionados com um item em um determinado texto de partida, e, então, observar quantos desses eram identificados em seus equivalentes no texto de chegada. Esse tipo de análise componencial consideraria o termo *mouton* como + animal/+ carne [comestível]/– carne de animal jovem (*agneau*); *mutton* como + carne/– carne de animal jovem (*lamb*); e *sheep* como + animal. Desse modo, você poderia fazer suas opções de tradução de acordo com os componentes ativos no texto fonte em questão. Poderíamos inclusive fazer mais: o termo *lifeline* poderia ser vertido para algo como + metáfora divertida/+ modo de resolver um problema com a sorte no lugar da inteligência/+ sem garantia de sucesso/+ necessidade de apoio humano externo/+ náutico. Poderíamos, então, descobrir que as traduções para os termos *joker* e *wild-card* reproduzem pelo menos três dentre os cinco componentes, sendo assim equivalentes nesse grau e nada mais. Não haveria nenhuma garantia, entretanto, de que pessoas diferentes identificariam exatamente esses mesmos componentes, uma vez que esses valores são construídos por meio de interpretações.

Todas essas ideias são problemáticas. Ainda assim, todas defendiam a existência da tradução diante da linguística estrutural.

EXEMPLO DE ANÁLISE COMPONENCIAL COMPARADA

A linguística comparada pode fornecer maneiras para se isolar componentes semânticos. Bascom (2007) fornece a seguinte análise dos equivalentes possíveis para o termo *key* (em inglês) e o termo *llave* (em espanhol):

Wrench	Llave (inglesa)
Faucet	Llave (de grifo)
Key	Llave (de porta)
Piano key	Tecla de piano
Computer key	Tecla de ordenador
Key of a code	Clave de um código
Key of music	Clave de música

Conforme essa análise, o termo espanhol *llave* corresponderia exclusivamente ao componente "instrumento de torção"; enquanto o termo *tecla* corresponde ao componente "objeto a ser pressionado" e o termo *clave* apenas serve como equivalente para *key* quando um sentido abstrato ou metafórico está em questão. Tal distinção entre esses componentes não parece ocorrer em inglês.

2.3. Procedimentos Para a Manutenção da Equivalência Natural

Outra forma de se advogar em favor da tradução seria registrar e analisar os equivalentes que podem ser, de fato, encontrados no mundo real. Um dos textos mais divertidos da teoria da tradução é a introdução ao livro *Stylistique comparée du français et de l'anglais*, de Vinay e Darbelnet, publicado originalmente em 1958. Os dois linguistas franceses encontram-se em uma viagem de carro de Nova York para Montreal e observam as sinalizações ao longo do caminho:

> Logo chegamos à fronteira canadense, lá a língua de nossos antepassados soa como música para os ouvidos. A autoestrada canadense é construída a partir dos mesmos princípios das americanas, com a exceção de que a sinalização é bilíngue. Depois da indicação SLOW, escrita na superfície da pista com letras enormes, aparece LENTEMENT, a qual ocupa toda a largura da autoestrada. Um advérbio um tanto inconveniente. Pobres dos franceses, nunca imaginaram forjar um advérbio apenas utilizando o adjetivo *lent*... mas, pensemos, *lentement* é de fato equivalente a *slow*? Começamos a ficar em dúvida, como sempre ocorre quando se passa de uma língua para outra, ou quando a nossa expressão SLIPPERY WHEN WET ressurge, após uma curva, em francês como GLISSANT SI HUMIDE. Uau!, como diria o Cavaleiro Solitário, façamos uma parada neste SOFT SHOULDER, felizmente não afagado por nenhuma tradução e meditemos sobre esse *si*, esse *if*, ele próprio mais escorregadio do que um hectare de gelo. Nenhum falante monolíngue de francês teria jamais produzido essa frase ou mesmo pintado sobre a estrada aquele longo advérbio terminando em *–ment*. Chegamos então ao ponto crucial da questão, uma espécie de nó entre duas línguas. Claro – *parbleu!* – em vez de *lentement* [advérbio, como em inglês], deveria ter sido usado *ralentir* [verbo no infinitivo, como na França]! (1958/1972, p. 19.)

Qual tipo de equivalência se está buscando no caso? O tipo que os dois linguistas na verdade encontram é exemplificado pelo longo advérbio francês *lentement*, o qual expressa praticamente a mesma coisa que o advérbio inglês *slow*. Ele se diferencia pela extensão, mas aparentemente há espaço na estrada para ele. O que preocupa os linguistas é que o signo *lentement* não é o que os sinais na França dizem. Para eles, o equivalente deveria ser o verbo *ralentir*, uma vez que seria ele que teria sido usado se não se estivesse traduzindo a partir do inglês (e se o Canadá se situasse dentro da França). Portanto, esse segundo tipo de equivalência é chamado de "natural". É aquela que línguas e culturas diferentes parecem dar origem a partir de seus próprios sistemas. Essa equivalência natural é também idealmente recíproca, como pingue-pongue: *slow* deveria resultar em *ralentir*, o qual deveria, por sua vez, resultar em *slow* e assim por diante.

Equivalentes naturais existem, mas raramente em estado bruto. Como defendeu Otto Kade (1968), eles são na maioria das vezes a matéria-prima da terminologia, das palavras padronizadas que são *forjadas* para que correspondam umas às outras. Todos os campos de conhecimento especializado possuem suas terminologias; o tempo todo criam-se de forma artificial equivalentes naturais. Vinay e Darbelnet, contudo, buscam equivalentes caracterizados como naturais precisamente porque esse tipo de equivalentes, ao que tudo indica, se desenvolveu sem a interferência de linguistas, tradutores, ou a influência de outras línguas. Para esse tipo de naturalismo, as melhores traduções são aquelas às quais se chega quando não se está de fato traduzindo. Tal tipo de raciocínio é utilizado sempre que se está a procura de soluções em "textos paralelos" (textos na língua alvo, não traduzidos, sobre o mesmo assunto que o texto fonte).

No final dos anos 1950 e ao longo dos anos 1960, a equivalência era em geral entendida dessa maneira. O problema básico não era demonstrar o que era essa coisa, ou o que se queria fazer com ela (Vinay e Darbelnet provavelmente deveriam ter perguntado quais as melhores palavras para fazer com que os canadenses diminuíssem a velocidade). O problema era descrever as maneiras pelas quais a equivalência poderia ser alcançada em todas as situações em que não havia soluções naturais evidentes.

Vinay e Darbelnet propuseram exemplos a fim de definir sete procedimentos gerais (*procédés*, embora alguns se refiram a eles por "estratégias") que poderiam ser usados nesse tipo de tradução. Como aquilo que eles classificaram eram na verdade os *resultados* textuais do processo de solução de problemas, aqui eu os chamarei de "soluções de tradução". A tabela abaixo é uma versão dos principais tipos de solução.

	LEXEMA	EXPRESSÃO	FRASE
1. Empréstimo	Fr: bulldozer Ing: fuselage	Fr: science-fiction Ing: à la mode	Fr: five o'clock tea Ing: bon voyage
2. Decalque	Fr: Économiquement faible Ing: normal school	Fr: Lutétia palace Ing: Governor General	Fr: compliments de la saison Ing: take it or leave it
3. Tradução literal	Fr: encre Ing: ink	Fr: l'encre est sur la table Ing: the ink is on the table	Fr: quelle heure est-il? Ing: what time is it?
4. Transposição	Fr: expéditeur Ing: from	Fr: depuis la revalorisation du bois Ing: as timber becomes more valuable	Fr: défense de fumer Ing: no smoking
5. Modulação	Fr: peu profond Ing: shallow	Fr: donnez un peu de votre sang Ing: give a pint of your blood	Fr: complet Ing: no vacancies
6. Correspondência (*équivalence*)	Fr: (militar) la soupe Ing: (militar) tea	Fr: comme un chien dans un jeu de quilles Ing: like a bull in a china shop	Fr: château de cartes Ing: hollow triumph
7. Adaptação	Fr: cyclisme Br. Ing: cricket Am. Ing: baseball	Fr: en un clin d'oeil Ing: before you could say Jack Robinson	Fr: bon appetit! Ing: Hi!

TABELA 2.1 Quadro geral dos procedimentos de tradução de Vinay e Darbelnet (1958/1972, p. 55; tradução nossa)

Cada um dos sete tipos é ilustrado com exemplos nos três níveis do discurso. Os procedimentos distribuem-se desde o mais literal (no início da lista) até o que comporta maior grau de recriatividade (no fim da lista). Vinay e Darbelnet, na verdade, descrevem a progressão como ocorrendo do mais fácil para o mais difícil, o que faz sentido, se considerarmos que as situações indicadas ao final da lista são aquelas em que o tradutor provavelmente terá o maior número de opções a sua escolha.

Ainda que os linguistas não tenham nenhuma evidência das medidas que um tradutor pode tomar para resolver problemas de tradução, um modelo simples está, não obstante, implícito: o tradutor pode inicialmente fazer uso do procedimento "literal"; se isso não funcionar, ele pode tanto subir alguns níveis na tabela (aproximando-se do texto de partida) quanto descer alguns (aproximando-se da cultura-alvo). Isso significa que nem todas as soluções são necessariamente consideradas adequadas para se alcançar a equivalência natural – em qualquer dos casos, espera-se apenas que os tradutores façam o melhor que puderem. Por exemplo, o uso de "empréstimos" e "decalques" é legítimo apenas quando não há nenhum equivalente natural disponível (os exemplos da tabela 2.1 não visam traduzir uns aos outros). A "tradução literal", que nesse caso significa o simples processo de transposição palavra por palavra, é bastante possível entre línguas cognatas, mas que pode frequentemente ser bastante enganadora, uma vez que as línguas estão cheias de falsos cognatos (formas lexicais, frasais, sintáticas que parecem significar o mesmo que suas semelhantes, mas que possuem funções distintas em línguas diferentes). Literalismo é o procedimento que institui o termo francês *lentement* como equivalente do termo *slow*, em inglês, e isso está longe de ser o que Vinay e Darbelnet consideram natural. As soluções que realmente interessam aos linguistas são a "transposição" (em que ocorre uma transformação de categorias gramaticais) e a "modulação" (em que são feitos ajustes para satisfazer diferentes convenções discursivas). As duas soluções restantes dizem respeito a ajustes culturais: a "correspondência" (chamada *équivalence* na versão francesa) englobaria todos os provérbios e referentes correspondentes (como sexta-feira 13), e a "adaptação" faria assim referência a diferentes elementos com funções culturais aproximadamente equivalentes: o ciclismo é para os franceses o que o críquete é para os britânicos, ou o beisebol para os americanos, dizem. Nessa parte da tabela, há muitos equivalentes disponíveis que são bastante vagos e os tradutores podem passar horas explorando as possibilidades (quem sabe, para os ingleses, a jardinagem represente aquilo que para os italianos é representado pelo número de amantes que se tem). No fim das contas, as soluções de Vinay e Darbelnet vão desde formas artificiais ou marcadas, em um extremo, até formas vagas, porém naturais em outro. Os linguistas, desse modo, foram capazes não apenas de teorizar a equivalência natural como algo desejável, mas também de, implicitamente, identificar a necessidade prática dos tradutores em produzir também outros tipos de soluções.

Além da lista de soluções gerais, Vinay e Darbelnet elaboraram uma série de "efeitos prosódicos" que resultaria delas. Isso deu origem a uma nova lista de soluções estilísticas, as quais operariam mais próximas do nível sentencial. Na maioria dos casos, pode-se observar como o tradutor respeita as restrições impostas pela língua de chegada, sem muitas alternativas dentre as quais escolher:

- **AMPLIFICAÇÃO**: a tradução faz uso de um número maior de palavras do que o texto de partida para expressar a mesma ideia. Por exemplo: *the charge against him* [a acusação contra ele] (quatro palavras) torna-se *l'accusation portée contre lui*, a qual, retraduzindo-se, torna-se: *the charge brought against him* [a acusação apresentada contra ele] (cinco palavras). Quando a amplificação é obrigatória, seu efeito é chamado "diluição". Por exemplo: *le bilan* (*the balance*) [o balanço] torna-se *the balance sheet* [a folha de balanço] (1958/1972, p. 183). Essa categoria também se aplica ao que Vinay e Darbelnet chamam *étoffement* – possivelmente "complementação" ou "alongamento" (1958/1972, p. 109s.), em que um termo do texto de chegada precisa do apoio gramatical de outro termo. Por exemplo: *to the trains* [acesso aos trens] torna-se *accès aux quais* [acesso às plataformas], em que a preposição em francês *à*, que corresponde ao *to* em inglês, precisa do apoio gramatical do substantivo *accès*.

- **REDUÇÃO** (*économie*): o oposto da "amplificação". Basta tomar os mesmos exemplos apresentados acima em sentido contrário.
- **EXPLICITAÇÃO**: procedimento pelo qual a tradução fornece especificações que estão apenas implícitas no texto de partida (1958/1972, p. 9). Por exemplo: *students of St. Mary's* torna-se *étudiantes de l'école St. Mary*, na qual se especifica que os estudantes são do gênero feminino e que *St. Mary* é um colégio (1958/1972, p. 117).
- **IMPLICITAÇÃO**: o contrário da "explicitação" (a direcionalidade do exemplo acima pode ser revertida, se for de conhecimento comum na cultura de chegada que *St. Mary* é uma escola para garotas).
- **GENERALIZAÇÃO**: quando um termo específico é traduzido como sendo mais geral. Por exemplo: *mutton* (a carne) torna-se *mouton* (tanto o animal quanto a carne; ou, então, o termo *alien*, do inglês americano, torna-se *étranger* – o qual engloba os conceitos *foreigner* [estrangeiro] e *alien* [que não faz parte].
- **PARTICULARIZAÇÃO**: o contrário da "generalização" (basta reverter os exemplos acima).

Vinay e Darbelnet fornecem, na verdade, mais procedimentos do que esses. Contudo, os apresentados acima devem ser suficientes para ilustrar uma série de questões. Primeiro, tais categorias parecem querer dizer quase a mesma coisa: a tradução pode fornecer mais (amplificação, explicitação, generalização) ou menos (redução, implicitação, particularização). Segundo, esses termos vêm sendo usados em todo o paradigma da equivalência, mas de modos diferentes. Kinga Klaudy (2001), por exemplo, utiliza o termo "explicitação" para tudo aquilo que representa "a mais", e "implicitação" para tudo aquilo que representa "a menos". Terceiro, o fator dominante em todos esses casos é a natureza da língua alvo, melhor dizendo, as *diferenças sistêmicas* entre as línguas-fonte e alvo. O tradutor fica assim sem muitas opções. É por isso que os exemplos fornecidos podem todos ser lidos em ambos os sentidos. Mesmo quando Vinay e Darbelnet afirmam que o francês é mais "abstrato" do que o inglês, de modo que ocorrerá um maior número de generalizações quando se traduz para o francês, a diferença serve para preservar o equilíbrio entre as línguas; não se trata de algo que afeta os processos cognitivos do tradutor. Nesse sentido, Vinay e Darbelnet defendem, consistentemente, as virtudes da equivalência natural.

Há certo número de teorias que apresentam listas de soluções como essa. O trabalho de Vinay e Darbelnet foi inspirado em Malblanc (1944/1963), que comparou o francês e o alemão. Por sua vez, eles se tornaram uma das referências de Vázquez-Ayora (1977), que trabalhou com o espanhol e o inglês. Vários tipos de procedimentos que objetivavam a manutenção da equivalência foram descritos pela tradição russa, incluindo Fedorov (1953), Shveitser (1973/1987) e Retsker (1974), além de Malone (1988), nos Estados Unidos. Todos eles foram resumidos em Fawcett (1997). Quando Muñoz Martín compara as várias formas de categorizar aquilo que ele chama de "soluções de tradução" (Tabela 2.2), o aspecto que mais desperta o interesse é, talvez, o de que possa haver tantas formas de dividir o mesmo espaço conceitual. Os termos utilizados para as soluções claramente ainda não foram padronizados. Então, de novo, a melhor evidência para a confirmação da existência desse subparadigma é o fato de que esses e muitos outros linguistas concordam ser esse o espaço em que os termos e conceitos se fazem necessários.

As listas de tipos de soluções tendem a fazer sentido quando são apresentadas em conjunto com exemplos selecionados a dedo. Por outro lado, quando analisamos uma tradução e tentamos dizer exatamente quais tipos de soluções foram usadas e onde, em geral nos deparamos com o fato de que várias categorias explicam a mesma relação de equivalência, e que algumas relações não se encaixam apropriadamente em nenhuma categoria. Vinay e Darbelnet reconhecem o problema:

> A tradução (afixada a uma porta) da indicação *private* por *défense d'entrer* [entrada proibida] é ao mesmo tempo transposição, modulação e correspondência. É uma transposição porque o adjetivo *private* é traduzido por um sintagma nominal; é uma modulação porque a afirmação assume a função de

um aviso [...], e é uma correspondência porque a tradução foi produzida voltando-se para a situação, sem se preocupar com a estrutura da sentença em língua inglesa. (1958/1972, p. 54.)

VINAY & DARBELNET (1958)		VÁZQUEZ-AYORA (1977)		MALONE (1988)	
[menor] ← Dificuldade → [maior]	Empréstimo	[menor grau de] → Tradução propriamente dita ← [maior grau de]	Tradução literal	Equiparar	Igualdade A → E
	Decalque				Substituição A → S
	Tradução literal				
	Transposição		Oblíqua	Transposição	Reordenar AB → BA
	Modulação			Modulação	
	Correspondência (équivalence)			Equivalencia	
	Adaptação			Adaptação	
Grau de dificuldade não especificado	Amplificação		Secundária	Amplificação	Reajustar	Amplificação A → AB
	Implicitação			Omissão		Redução AB → A
	Compensação			Compensação		
	Explicitação			Explicitação	Reembalar	Difusão A∩B → A|B
	Diluição					Condensação A|B → A∩B
	Particularização			Convergência B/C → A	Ziguezaguear	Divergência A → B/C
	Generalização					Convergência B/C → A

TABELA 2.2 Comparação entre propostas de estratégias de tradução, adaptado de Muñoz Martín (1998)

Se três categorias explicam o mesmo fenômeno, são elas de fato necessárias? Haveria potencialmente tantas categorias quanto há equivalentes? Estamos diante de um problema teórico ao qual retornaremos no próximo capítulo.

Questões até mesmo mais sérias são levantadas quando tentamos aplicar essas categorias na tradução entre línguas europeias e asiáticas. Voltando para a tabela 2.1, consideremos por um instante a lista tradicional de tipos de soluções. Já que Vinay e Darbelnet estavam trabalhando com o francês e o inglês, eles poderiam ter mais ou menos assumido que o procedimento comum padrão é a "tradução literal", e que apenas quando esse procedimento não funcionasse o tradutor procuraria por soluções alternativas na região superior do quadro ("empréstimo" ou "decalque"); ou por soluções mais difíceis um pouco mais abaixo ("transposição", "modulação" etc.). O chinês, o japonês e o coreano, contudo, não possuem as relações sintáticas explícitas como as línguas românicas ou germânicas, de modo que o procedimento padrão se encontra com mais frequência ao nível da "transposição", que no da "tradução literal", além de que é bastante difícil estabelecer qualquer distinção consistente entre a "transposição" e a "modulação". Ao mesmo tempo, o japonês e o chinês (e talvez o coreano, em menor escala) são línguas abertas a empréstimos quando se trata de temas inovadores de natureza internacional, de modo que os "empréstimos" e os "decalques" tornam-se maneiras bem mais frequentes e aceitáveis de se produzir equivalência em assuntos dessa natureza. Disso resulta que, se por exemplo estamos traduzindo *do* chinês para o inglês a respeito de um assunto internacional, o texto de partida poderá parecer ter tantos empréstimos do inglês que se tornará difícil descrever o que estamos fazendo com eles – seria o caso de criarmos uma nova categoria de "empréstimos devolvidos"? Por outro lado, se olharmos par o alto da tabela 2.1, o termo "empréstimo" é claramente inadequado para situações nas quais o tradutor pode escolher entre transcrição (Macdonald's é escrito assim mesmo em muitas línguas), transliteração (Макдоналдс, em russo) e imitação fonética (マクドメルド, em japonês). As teorias linguísticas tradicionais de equivalência têm de ser aprimoradas se tiverem de ser aplicadas além de idiomas cognatos.

2.4. Equivalência Baseada em Texto

Já observamos que John Catford (1965) via a equivalência como sendo, na maioria das vezes, "escalonada" – no sentido em que ela não se estabelece em todos os níveis linguísticos ao mesmo tempo. Conforme o tradutor vai passando pelo texto, o nível de equivalência pode ir aumentando ou diminuindo, desde a função, passando pela sentença, desta para o termo, até o morfema, por exemplo, de acordo com várias restrições presentes no texto de partida. O catálogo com os tipos de solução de Vinay e Darbelnet (tabela 2.1) não contradiz essa perspectiva, uma vez que as soluções correspondem à mesma hierarquia de níveis linguísticos. A preferência de Vinay e Darbelnet é por uma direção descendente, a fim de incrementar a naturalidade, porém outro teórico poderia da mesma forma argumentar em favor da direção ascendente.

Uma das mais desenvolvidas teorias desse movimento duplo é a de Werner Koller, cujo livro texto em ciência da tradução chegou à quarta edição e muitas reimpressões entre 1979 e 1992. Koller propõe cinco contextos de enquadramento para as relações de equivalência: "denotativo" (baseado em fatores extralinguísticos), "conotativo" (baseado no modo de expressão do texto de partida), "normativo-textual" (respeitando ou transformando normas linguísticas e textuais), "pragmático" (que diz respeito ao receptor do texto de chegada) e "formal" (sobre as qualidades formais e estéticas do texto de partida). Essas categorias sugerem que o tradutor seleciona o tipo de equivalência mais apropriado à função dominante no texto de partida. Esse protagonismo do texto de partida situa a abordagem geral de Koller sob as asas da "equivalência natural", uma vez que o texto de partida determina quando a equivalência "pragmática" é necessária.

A teórica alemã Katharina Reiss (1971/2000) dizia coisas muito parecidas durante o mesmo período. Sua abordagem identifica três tipos (informativo, expressivo e operativo), e ela então argumenta que cada um dos tipos exige que a equivalência seja encontrada no seu nível de correspondência (dando a importância devida ao conteúdo, à forma ou ao efeito). A teoria de Reiss é normalmente classificada como funcionalista (ver 4.2 abaixo), mas o básico de sua abordagem não está totalmente fora de lugar aqui. Como em Koller, o fator decisivo considerado é nada menos do que a natureza do texto-fonte.

2.5. Referência a um Tertium Comparationis e a Teoria do Sentido

Todas essas teorias são um tanto vagas a respeito do funcionamento da equivalência natural. Em geral, elas assumem que há uma amostra de realidade ou de pensamento (um referente, uma função, uma mensagem) que se situa no lado de fora de todas as línguas e a qual duas dessas línguas podem fazer referência. Esse seria um terceiro elemento de comparação, um *tertium comparationis*, que estaria disponível para os dois lados envolvidos. O tradutor, assim, vai do texto de partida para esse elemento e deste para seu texto de chegada correspondente. Chegaríamos a traduções artificiais se passássemos direto do texto de partida para o de chegada, como no caso de *slow* resultando em *lentement*, como vimos acima.

Talvez a abordagem mais conhecida desse processo seja aquela formulada por Danica Seleskovich. Para ela, uma tradução só pode ser natural se o tradutor conseguir esquecer completamente a forma do texto de partida. Ela recomenda "ouvir o sentido", ou "desverbalizar" o texto de partida para que se tome consciência apenas do sentido, o qual pode ser expresso em qualquer língua. Esse é o fundamento do que é conhecido por "teoria do sentido" (*théorie du sens*) (Seleskovich e Lederer, 1984). De nosso ponto de vista, trata-se de um modelo processual de equivalência natural.

A grande dificuldade dessa teoria encontra-se no fato de que se um sentido é desverbalizado, como vamos saber de que sentido se trata? No instante em que o indicamos para alguém, atribuímos a ele uma forma semiótica de um tipo ou de outro. E não existem formas – nem mesmo os pequenos símbolos, imagens ou diagramas que algumas vezes são utilizados – que possam ser consideradas verdadeiramente universais. Assim, não há como provar que existem coisas como "sentidos desverbalizados". A expressão "ouvir o sentido" descreve indubitavelmente um estado mental que intérpretes simultâneos pensam alcançar, mas aquilo que eles escutam pode ser um sentido sem uma forma? Essa teoria continua sendo uma metáfora vaga com fortes virtudes pedagógicas.

Note-se que modelos processuais como o de Seleskovich estimulam os tradutores a *não* olhar atentamente para as formas linguísticas e seus detalhes, enquanto métodos linguísticos como os de Vinay e Darbelnet e similares fundamentam-se em uma atenta comparação rigorosa das formas entre duas línguas. O tradutor ideal de Seleskovitch vai passar mentalmente da forma de partida ao sentido universal e daí para a forma-alvo. Vinay e Darbelnet, entretanto, implicitamente modelam o tradutor a primeiro selecionar a tradução mais próxima da forma de partida e apenas depois afastar-se do literalismo se necessário. Desverbalização ou literalismo, qual modelo é mais correto? Essa bem pode ser a questão central do paradigma da equivalência natural. Pesquisas sobre o processo cognitivo real dos tradutores podem elucidar a questão, mas há muitos fatores envolvidos: a publicidade pode requerer algo como a desverbalização; tradutores técnicos devem começar do literalismo; e trabalhar com línguas europeias e asiáticas (operando no nível padrão de transposição e modulação), pode requerer algo entre ambos.

É triste que não se tenha feito pesquisa empírica o bastante para contrastar e refinar esses modelos tão básicos. Uma das razões para isso parece ser que a "teoria do sentido" tem sido advogada por treinadores/instrutores de intérpretes de conferência, ao passo que o método comparativo tem sido desenvolvido, quase que exclusivamente, por linguistas, num diferente mundo acadêmico. Os linguistas irão comparar não apenas frases isoladas e campo associativo, mas também convenções pragmáticas e discursivas, além de modos de organização textual. Adeptos da linguística aplicada como Hatim e Mason (1990, 1997) ampliam assim o nível de comparação, mas não tentam descobrir o que acontece de verdade na mente do tradutor.

Para a mais idealista das equivalências naturais, o objetivo último é encontrar a solução preexistente à tradução que reproduza todos os aspectos daquilo que precisa ser expresso. Abordagens naturalistas, desse modo, não perdem tempo em definir o que é a tradução. Não há muita análise dos limites da tradução, nem se considera realmente o fato de tradutores possuírem objetivos diferentes. Tais questões são de alguma maneira decididas pela própria equivalência. Tradução é simplesmente tradução. Nem sempre é assim, porém.

2.6.   As Virtudes da Equivalência Natural

A equivalência natural é a teoria imprescindível relativamente à qual todos os outros paradigmas serão abordados neste livro. Seu papel é fundador, pelo menos em relação à narrativa que estamos construindo aqui – em breve veremos o viés histórico que constitui a ideia de equivalência natural. Todos os paradigmas expostos nos capítulos a seguir apontam algum aspecto negativo da equivalência natural. Buscando algum equilíbrio, permitam-me brevemente mencionar alguns de seus pontos positivos:

1. Num contexto em que o estruturalismo parecia querer tornar a tradução teoricamente impossível, o conceito de equivalência natural serviu para a defesa da tradução enquanto uma vital prática social.
2. Em um período de especulação abstrata sobre estruturas, sistemas e significados, os teóricos da equivalência natural foram à caça do que podia ser feito com a linguagem real. Se olharmos para virtualmente qualquer um dos teóricos aqui mencionados, a primeira coisa que veremos é que seus textos estão cheios de exemplos.
3. A fim de organizar os dados dessa forma recolhidos, os teóricos geralmente produziram listas de soluções de fato utilizadas pelos tradutores. Esses resultados provaram ser valiosos no treinamento de tradutores.
4. Apesar de certas noções como "mesmo valor", *tertium comparationis* ou "desverbalização" serem muito idealistas, sua função

operacional corresponde a ideias bastante difundidas a respeito do que é a tradução. Se há um consenso geral entre profissionais e clientes de que uma tradução deveria refletir a equivalência natural (independentemente da escolha de termos para realizar a tradução), então uma teoria que expressa essa expectativa realiza uma função social de muito valor. Apenas quando possuímos termos específicos para representar esse consenso é que podemos começar a testar sua viabilidade.

2.7. Objeções Frequentes

Aqui resumiremos os principais debates dentre os que abordamos até aqui. Cabe a você decidir se concorda com essas críticas.

2.7.1 "A Equivalência Natural Pressupõe uma Simetria Inexistente"

No início deste capítulo vimos a crítica de Snell-Hornby à equivalência com base no fato de que ela produziria "uma ilusão de simetria entre as línguas". Gostaríamos de compreender essa crítica como a afirmação da posição dos (linguistas) estruturalistas que percebem as diferentes línguas enquanto diferentes maneiras de classificação do mundo. A ideia de equivalência natural rejeita tal fato? Provavelmente não, pelo menos se olharmos para a variedade de procedimentos formulados por Vinay e Darbelnet ou se seguirmos as teorias dos traços "marcados" vs. "não marcados", ou se a análise componencial for usada para descrever as diferenças, assim como as semelhanças, entre as línguas. Por outro lado, Snell-Hornby poderia estar se referindo a supostas simetrias entre funções e, nesse caso, sua afirmação parece válida: teóricos da equivalência natural tendem a assumir que todas as línguas possuem a mesma capacidade expressiva (ver 2.8, abaixo).

2.7.2 "Os Testes de Equivalência Não Possuem Base Psicológica"

Métodos como a análise componencial ou a identificação de tipos de solução podem, até certo ponto, explicar os pares equivalentes que encontramos, mas não podem pretender representar os processos mentais e o modo de pensar dos tradutores. Como argumenta Jean Delisle (1988, p. 72-73), esses métodos são como explicações linguísticas, sem nenhuma referência aos processos cognitivos exibidos pelos tradutores. Isso significa que seu uso em situações pedagógicas poderia ser equivocado e até mesmo contraprodutivo. Questões semelhantes a essa poderiam ser igualmente formuladas a respeito da condição empírica de processos como a "desverbalização".

2.7.3 "Informação Nova Não Pode Ser 'Natural'"

Se o papel dos tradutores é o de produzir informação nova em uma determinada língua ou cultura, então não se pode esperar que essa informação seja "natural". Uma vez que ideias e técnicas novas vão requisitar termos e expressões novas, as traduções possuirão marcas que seus respectivos textos de partida não possuem. Esse argumento normalmente se torna um problema de terminologia: a tradução deveria usar empréstimos do texto de partida, ou termos novos deveriam ser criados a partir dos recursos considerados naturais na língua de chegada? A ideologia da equivalência natural demonstraria certa preferência pela segunda opção, mas a velocidade da transformação tecnológica e os desequilíbrios entre os idiomas estão levando os tradutores a usar empréstimos e outros recursos semelhantes, especialmente oriundos da língua inglesa. Há pouca evidência de que as línguas estão sofrendo algum efeito maléfico devido a tal situação (como geralmente se afirma). Idiomas tendem a morrer quando não recebem nenhuma tradução.

2.7.4 "A Naturalidade Acoberta o Imperialismo"

Se uma tradução leva novas formas de pensamento a uma cultura, qualquer tentativa de apresentar essas formas novas como naturais é fundamentalmente enganosa. Poderia Nida de fato agir como se o Deus cristão já estivesse presente nas inúmeras culturas para as quais a *Bíblia* foi traduzida? Quando o "cordeiro de Deus" torna-se a "morsa de Deus" para os leitores da cultura inuíte, o *Novo Testamento* simplesmente deixa de fazer referência à Palestina do século I. A natureza do texto de partida é assim ocultada, os leitores inuítes estão sendo enganados e estamos diante de uma "ilusão de simetria" de natureza ideológica muito mais poderosa do que qualquer uma à qual Snell-Hornby pudesse estar dirigindo suas críticas. A essa altura, a tradução foi reduzida a um problema de mercado (para críticas semelhantes do pensamento de Nida, ver Meschonnic, 1973, 2003; e Gutt, 1991/2000).

2.7.5 "A Naturalidade Estimula o Paroquialismo"

Embora a equivalência pudesse ser baseada no nível literal do texto fonte, ou em funções de algum tipo, o subparadigma da equivalência natural favorece preferencialmente traduções que de fato não soam como traduções. Ernst-August Gutt (1991/2000), por exemplo, argumenta que a função equivalente produz uma naturalidade ilusória, que apresenta equivocadamente a tradução como se ela não fosse uma. Para ele, seria melhor procurarmos por equivalentes que dessem certo trabalho ao leitor. Uma variante do argumento de antidomesticação é apresentado pelo tradutor e crítico norte-americano Lawrence Venuti (particularmente 1998), que se ocupa não tanto com o modo como culturas minoritárias podem ser enganadas, mas com os efeitos da naturalidade ("fluência") no modo como culturas majoritárias percebem o resto do mundo. Se todas as culturas forem expressas em inglês contemporâneo fluente, a cultura anglo-americana passará então a acreditar que todo o mundo é igual a ela própria. Para Venuti, uma tradução não natural ("resistente") deveria fazer uso de formas que não são frequentes na língua de chegada, sejam ou não essas formas equivalentes a qualquer coisa no texto de partida. Nesse sentido, o argumento diz respeito primordialmente ao modo como se deveria escrever, e, apenas secundariamente, a como se deveria traduzir.

A maioria dessas questões será desenvolvida nos capítulos subsequentes.

2.8. A Equivalência Natural Como um Subparadigma Histórico

A fim de concluir este capítulo, gostaria de insistir que a equivalência natural é uma ideia profundamente histórica, muito embora ela pareça expressar certo senso comum. Noções como a de "mesmo valor" pressupõem que línguas diferentes expressem (ou, pelo menos, possam expressar) valores que podem ser comparados e, em alguma medida, listados. Isso não quer dizer que todas as línguas pareçam e soem da mesma maneira ou que precisemos assumir a "ilusão de simetria" de Snell-Hornby. Mas é preciso admitir que línguas diferentes encontram-se, de algum modo, no mesmo nível.

Essa questão é fácil de ser elaborada em relação às línguas nacionais de hoje: inglês, francês, russo, árabe, japonês e híndi não são, de modo algum, simétricas, porém possuem aproximadamente as mesmas capacidades expressivas. Não se está argumentando com isso que qualquer uma dessas seja inerentemente inferior em relação às outras. Entretanto, se de fato acreditássemos que uma língua fosse inferior, ou talvez menos desenvolvida em termos de seu sistema ou em relação a alguma área do discurso, como seria possível defender a ideia de equivalência natural como um ideal para traduções para essa língua?

A crença na igualdade expressiva das línguas era bastante rara no pensamento europeu anterior ao Renascimento. Grande parte do pensamento medieval assumia uma *hierarquia entre as línguas*, em que algumas eram consideradas intrinsecamente melhores do que outras. No topo, estavam as línguas de inspiração divina (o hebraico da *Bíblia*, o grego do *Novo Testamento*, o árabe e, algumas vezes, o sânscrito). Em seguida vinham as línguas das traduções divinamente reveladas (o grego da *Septuaginta*, o latim da *Vulgata*), depois os vernáculos nacionais, e, por último, os dialetos regionais. Isso, geralmente, significava que a tradução era vista como uma forma de enriquecer a língua de chegada com os valores de uma língua de partida superior. Muitas traduções passavam, no sentido descendente dessa hierarquia, do hebraico para o grego ou latim ou, ainda, deste para as línguas vernáculas. Enquanto tal hierarquia se manteve, argumentos a favor da equivalência (certamente, sem o uso do termo) tiveram papel sem importância no pensamento sobre tradução.

Por motivos históricos semelhantes, a ideia básica da equivalência era dificilmente sustentável antes da existência da *imprensa*. Antes dela, o texto de partida não era uma entidade estável. Os textos sofriam constantes mudanças durante o processo de reprodução através da cópia – cada copista fazia suas adaptações e modificações. E antes da padronização dos vernáculos nacionais, cada pequena mudança também refletia as numerosas variações dos dialetos regionais. Havia usualmente não apenas um texto de partida esperando ser traduzido, mas uma série de manuscritos diferentes, contendo várias camadas resultantes de diferentes processos de recepção. A tradução era entendida como uma extensão desse processo. Por que tentar ser equivalente se não havia nada estável a que ser equivalente?

A imprensa e o surgimento dos vernáculos padronizados contribuíram para a concepção da equivalência. Na verdade, o termo "equivalência" não era de modo algum utilizado. Geralmente encontramos em seu lugar discussões sobre fidelidade, em geral em relação a um determinado autor, mas também em relação a um sentido, intenção ou função que poderia ser encontrada em certo texto considerado estável.

De acordo com a mesma lógica, a relativa desvalorização da equivalência enquanto conceito poderia estar relacionada ao surgimento das tecnologias eletrônicas, através das quais os textos contemporâneos estão constantemente mudando, sobretudo pelas atualizações em sites de internet, documentação de programas de computador e de produtos. Sem um texto estável, a que poderia uma tradução ser equivalente? Assim, na era do inglês internacional e das fortes línguas vernáculas, não teríamos criado uma nova hierarquia de idiomas (ver 7.8 abaixo)?

Sob essa perspectiva histórica, a equivalência natural não pode de fato fornecer qualquer garantia de uma tradução "verdadeira" ou "válida". Ainda assim, ela se mantém como um conceito poderoso.

Resumo

Este capítulo iniciou pela defesa do paradigma da equivalência contra aqueles que, por engano, o reduzem à crença de que todas as línguas são estruturadas por um padrão comum. O capítulo, contudo, conclui com uma consideração um tanto negativa. Indicamos alguns dos elementos que o subparadigma da equivalência natural tende a deixar de lado. Argumentamos que o ideal de uma equivalência preexistente baseia-se em condições históricas relativas a uma cultura da imprensa e a línguas vernaculares. Vimos ainda como a noção comum de "mesmo valor" só pode angariar validade intelectual em oposição à crença estruturalista de língua como visão de mundo. Observamos de que modo a equivalência natural pode ser descrita como uma ilusão e um equívoco. Tais avaliações críticas certamente não significam que o conceito de equivalência natural possa simplesmente ser deixado de lado. Talvez, o mais importante para se guardar a respeito sejam os tipos de solução de tradução e de modos de análise. Termos como "modulação", "explicitação", "compensação", "marcado" e "análise componencial" formam a metalinguagem básica das abordagens linguísticas. Eles precisam ser conhecidos e compreendidos. De fato, os debates acerca da equivalência natural dizem respeito a muitos dos principais problemas da forma de tradução do Ocidente e o fazem de maneiras que nem sempre poderiam ser classificadas de ingênuas. Uma vez absorvidos os princípios básicos desse subparadigma, todos os outros paradigmas podem ser compreendidos como respostas a ele.

Sugestões de Leitura

A terceira edição de *Translation Studies Reader* (Venuti, 2012) possui apenas um texto de Nida sobre equivalência (textos de Vinay, Darbelnet e de Catford figuravam nas edições anteriores, mas foram excluídos), o que pode indicar o quanto a teoria principal se afastou das crenças operacionais na prática profissional. Munday (2012) situa Vinay e Darbelnet, e também Catford, no capítulo sobre mudanças (*shifts*; "produto e processo", na segunda edição), o qual para nós pertence ao paradigma descritivista. As teorias mais básicas de equivalência natural são bem resumidas em *Translation and Language: Linguistic Theories Explained*, de Peter Fawcett (1997). Os textos clássicos estão geralmente disponíveis e mantêm um nível de legibilidade bastante alto, graças ao grande número de exemplos utilizados, quando se trata desse subparadigma. Uma boa biblioteca deveria conter Catford (1965), Vinay e Darbelnet (1958 e edições subsequentes, incluindo a edição inglesa de 1995) e alguma coisa de Nida (sua teoria geral se encontra em *Toward a Science of Translating*, de 1964). Há, atualmente, um abundante número de críticos da equivalência natural. Poucos dentre eles, entretanto, têm se dado o trabalho de ler em detalhe os textos fundacionais, ou procurado entender a atmosfera intelectual em que aquele subparadigma se desenvolveu.

SUGESTÕES DE PROJETOS E ATIVIDADES

Apresentamos aqui uma lista de sugestões para atividades que podem ser realizadas em sala de aula – ou por diversão. Em alguns casos, as atividades objetivam a consolidação da consciência sobre as teorias apresentadas no capítulo. Em outros, entretanto, procura-se ampliar a percepção de problemas que irão surgir nos capítulos seguintes.

1. Considere a seguinte definição de tradução: "a tradução consiste na *reprodução* na língua do receptor dos *equivalentes naturais mais próximos* da língua de partida da mensagem" (Nida e Taber, 1969, p. 12). O que aconteceria se o texto de partida contivesse elementos que

são sobrenaturais ou específicos de uma cultura antiga? Encontre exemplos para esse caso em passagens do *Antigo Testamento*.
2. Considere as placas de sinalização em sua língua materna. Quais dentre elas resultam de processos de equivalência natural? (considere, de início, a placa com o sinal PARE).
3. No contexto cultural da recente colonização espanhola no México, um frei dominicano dá a seguinte ordem:

> Ordeno que todos os freis desta congregação, durante os sermões, catequismos, conversas pessoais entre si, com espanhóis ou indígenas, evitem o uso dos nomes *Cabahuil* ou *Chi*, ou qualquer que seja o caso, e que usem o nome *Dios* para explicar aos nativos a natureza do único e verdadeiro Deus (citado por Remesal, 1966, p. 2.277).

Qual nome os missionários deveriam usar para se referir a Deus?

4. Use o Google Tradutor para fazer retrotraduções (por exemplo, do português para o chinês e para o português novamente, daí voltando ao chinês, sempre o mesmo texto). O que acontece com a equivalência? Quais os procedimentos de tradução envolvidos? Quais procedimentos fazem-se necessários para que a tradução seja melhorada?
5. Escolha um termo que pareça problemático. Encontre ou proponha várias possíveis traduções dele. Procure fazer uma análise componencial das funções desse termo em seu contexto original. Quantos componentes são encontrados nas traduções? Quantos se perderam? Quais foram os ganhos?
6. Para o mesmo termo escolhido anteriormente, selecione seu equivalente mais frequente e faça uma análise comparativa de ambos os termos, como no exemplo dos termos *key vs. llave*, acima. Essa análise revela componentes semânticos que não eram evidentes na língua de partida?
7. A versão italiana do programa televisivo de perguntas e respostas *Who Wants to be a Millionaire?* (Quem quer ser um milionário?) chamava-se originalmente, quando iniciou em 1999, *Chi vuol esser miliardario?* (Quem quer ser um bilionário?); depois tornou-se *Chi vuol esser milionario?* (Quem quer ser um milionário?). Por que razão foi feita essa mudança? Com que tipo de equivalência estamos lidando no caso?

8. Observe os nomes de programas televisivos de perguntas e respostas em sua língua. Quais deles lhe parecem mais naturais? Faça uma busca na internet e veja quais dentre eles já são traduções. Que tipo de equivalência pode explicá-las?
9. Observe os termos usados, em sua língua, para se referir a *websites*, *webpages* e à tecnologia de internet. Quantos deles são evidentemente traduções? Quantos poderiam ser considerados traduções naturais? Descreva os procedimentos pelos quais eles foram produzidos (observe os termos usados na tabela 2.1, acima). Há alguma diferença entre os termos oficiais e aqueles normalmente usados pelas pessoas?
10. Considere os termos usados na sua língua materna para *USB drive*, *pen drive*, *memory stick* ou outras combinações. Há algum termo padrão em inglês a partir do qual foi feita a tradução para sua língua materna? Pode-se afirmar que a equivalência natural ainda funciona quando temos vários termos possíveis na língua de partida? Quem fez essas traduções?

Capítulo 3

Equivalência Direcional

Este capítulo examina um conjunto de teorias que têm por base a equivalência, mas que *não* assumem que a relação de equivalência seja natural ou recíproca. Para essas teorias, ao se traduzir da língua A para a língua B, retraduzindo depois da língua B de volta para a língua A, o resultado na língua A não será necessariamente o ponto do qual se começou. Isso quer dizer que a "direcionalidade" é uma característica chave da equivalência tradutória, e que as traduções são, portanto, resultados de decisões ativas realizadas pelos tradutores. Enquanto o subparadigma da equivalência natural desenvolve categorias de procedimentos de tradução, o subparadigma da equivalência direcional tende a considerar apenas dois polos opostos, para dois modos opostos de traduzir (em geral, "livre" em oposição a "literal", embora existam várias versões desses conceitos). Uma vez que os tradutores devem decidir como irão traduzir, nada garante que duas traduções do mesmo texto sejam iguais. A lógica dessa perspectiva aparecerá nas teorias de similaridade, na tipologia da equivalência de Kade e nas dicotomias clássicas de estratégias de tradução. Encerraremos o capítulo com uma breve apresentação da teoria da relevância, que não deixa de ser uma teoria da equivalência, e com uma análise da equivalência como uma funcional ilusão social. Afinal, as crenças a respeito da equivalência podem ser mais importantes do que a comprovação de que a equivalência de fato existe.

> **PRINCIPAIS TÓPICOS ABORDADOS NESTE CAPÍTULO:**
>
> - A equivalência direcional é uma relação assimétrica onde a criação de um equivalente ao se traduzir de determinada maneira não implica que a mesma equivalência será criada ao se traduzir de outra maneira.
> - As teorias da equivalência direcional admitem que o tradutor tem uma escolha entre várias estratégias de tradução e que essas estratégias não são ditadas pelo texto de partida.
> - As soluções de equivalência direcional tendem a ser apresentadas em termos de dois polos opostos, em que um polo se aproxima da forma do texto de partida e o outro propõe alterações que se afastam dessa forma. Por exemplo, "correspondência formal" opõe-se a "equivalência dinâmica".
> - Apesar de geralmente haver mais de duas maneiras de traduzir, a redução a duas faz parte do modo como a tradução tem sido vista na tradição ocidental. As duas polaridades decorrem de uma suposta fronteira cultural e linguística.
> - A equivalência direcional pode descrever o modo como uma tradução representa seu texto de partida. Isso envolve categorias como tradução "ilusória" *versus* "anti-ilusória" (Levý), em que uma tradução "ilusória" é aquela que não demonstra ser uma tradução.
> - A teoria da relevância pode ser utilizada para descrever as crenças que as pessoas têm a respeito das traduções. A equivalência é uma crença na "semelhança interpretativa" (Gutt).
> - A equivalência direcional também pode ser entendida como uma ficção social que promove confiança na comunicação transcultural.

Eu trapaceei no capítulo anterior. Deixei de fora um dos tipos de solução mais importantes apresentados por Vinay e Darbelnet:

- **COMPENSAÇÃO:** "Procedimento no qual o teor de toda a peça é mantido, ao se tocar, em um desvio estilístico, a nota que não poderia ser tocada da mesma forma e no mesmo lugar como na sua fonte" (1972, p. 189). Por exemplo, o francês deve escolher entre o pronome de segunda pessoa informal ou formal (*tu* ou *vous*); o inglês contemporâneo não pode fazer o mesmo. Para fazer a distinção, quando pertinente, o tradutor pode optar por uma troca do sobrenome pelo nome próprio ou recorrer a um apelido, como em "Meus amigos me chamam de Bill", para verter "*On se tutoie...*" (significando, "nós podemos usar o pronome informal de segunda pessoa..."). A compensação também pode ser usada para indicar vários pontos de ênfase (por exemplo, usar o itálico em inglês para apresentar uma ênfase sintática do francês) ou para apresentar a troca de uma variedade linguística para outra (exemplos podem ser encontrados em Fawcett, 1997).

Deixei de fora a compensação porque ela força os limites do que pode ser considerado "equivalência natural". Quando o uso da segunda pessoa informal no francês é apresentado, como em "Me chame de Bill", há a crença subentendida de que os dois idiomas têm a capacidade de expressar relações informais *versus* formais, mas não há garantia de que "Me chame de Bill" será vertido de volta ao francês como "*On se tutoie*". Poderia ser vertido de inúmeras formas. Então, aqui temos um novo tipo de problema: certa solução funciona em uma direção, mas não necessariamente na outra. Estamos lidando com um tipo de equivalência peculiarmente *direcional*.

Visto mais de perto, esse tipo de equivalência direcional pode insinuar-se também em outras partes de Vinay e Darbelnet. Considere o exemplo de *explicitação* fornecido por eles, no qual "estudantes na St. Mary's'se tornam, explicitamente, estudantes do sexo feminino na tradução do francês (uma vez que a língua obriga o substantivo a ser masculino ou feminino). Compare isso com um exemplo muito discutido de Hönig e Kussmaul (1982/1996), em que o termo "Eton" é vertido em alemão como "eine der englischen Eliteschulen" ("uma das escolas inglesas de elite" – ver 4.4 abaixo). Isso poderia ser considerado amplificação, uma vez que usa mais palavras para transmitir a ideia, e explicitação, já que explicita a informação que leitores ingleses podem vincular ao termo "Eton". A informação adicional, entretanto, não está em busca de equivalência natural e não é considerada, propriamente, "explicitação", no sentido em que Vinay e Darbelnet usam o termo. Isso se deve à *direcionalidade* não ser recíproca (ver Folkart, 1989). Você pode ir do inglês ao alemão com algum grau de certeza, mas irá a frase "uma das escolas inglesas de elite", necessariamente, trazer-lhe de volta para "Eton"? Provavelmente não, uma vez que há muitas escolas dentre as quais escolher com essa qualificação. A direcionalidade está desempenhando um papel muito mais importante aqui, ao começarmos a pensar sobre o que os *usuários* da tradução de fato precisarão saber. Isso é algo de que as teorias de equivalência natural estão cientes, mas não levam em conta sistematicamente – está lá nos exemplos, mas não escolhido no processo de teorização. Estamos lidando com um tipo de equivalência que floresceu num tipo ligeiramente diferente de teorização.

3.1. Dois Tipos de Similaridade

O teórico de tradução inglês Andrew Chesterman (1996, 2005) defende que a relação entre as traduções e seus textos de partida pode ser vista em termos de "similaridade" em vez de equivalência. Ele então assinala que há diferentes tipos de similaridade. Poderíamos dizer, por exemplo, que, embora geralmente se acredite que as traduções sejam semelhantes a seus textos de partida, eles nem sempre são considerados semelhantes a suas traduções. Isso é estranho. A relação "ser semelhante a/parecido com" pode ser pensada de duas maneiras. Primeiro, a mesma qualidade é considerada igualmente presente em ambos os lados, de forma que *Friday the 13th* em inglês é semelhante a *martes 13* em espanhol, e na ordem inversa a mesma relação pode ser percebida. Por outro lado, podemos dizer que uma filha se parece com sua mãe (no sentido de que ela herdou características), contudo, dificilmente diríamos que a mãe se parece com sua filha (cronologicamente, é improvável que ela herdasse características de sua filha). Nesse segundo caso, a relação é assimétrica, com diferentes papéis e expectativas em jogo nos dois lados.

Chesterman vê essas relações como dois tipos diferentes de similaridade. Ele representa a "similaridade divergente" assim:

$$A \to A', A'' \{...\}$$

Essa poderia ser a maneira como o tradutor vê a tarefa de traduzir: um novo texto é produzido, sendo este semelhante a seu texto de partida em alguns aspectos; no entanto, não substitui o texto de partida (os textos continuam a existir), e é uma de muitas representações possíveis (versões alternativas são imagináveis, e pode haver outras traduções no futuro). O mais óbvio aqui é a direcionalidade que segue do texto de partida ao texto de chegada, do mesmo modo que segue de mãe para filha, sendo que não mantém a mesma posição de causalidade na ordem inversa.

Chesterman então apresenta a "similaridade convergente" assim:

$$A \leftrightarrow B$$

Essa poderia ser a maneira como uma tradução é vista por seus destinatários, que esperam ver também em B o que buscam em A. É o caso de *Friday 13th* e *martes 13*.

Chesterman sugere que essas relações de similaridade podem ser capazes de substituir as teorias da equivalência. Poderíamos questionar, contudo, se as teorias da equivalência já não tinham, há muito tempo, lidado com esses tipos de relações, ainda que não tenha utilizado os mesmos nomes.

Segundo os ideais do que chamamos de equivalência natural, a relação entre termos funcionaria do mesmo modo que a "similaridade convergente", operando igualmente bem em ambas as direções. Seria possível seguir de *Friday 13th* para *martes 13* e de volta precisamente para *Friday 13th*, com total confiança na legitimidade de cada passo. E também certamente há outro tipo de equivalência que entra em jogo tão logo admitimos que, em determinadas circunstâncias, um tradutor poderia optar por *Tuesday the 13th* em inglês (talvez para explicar alguma coisa sobre a cultura espanhola). Isso poderia ser traduzido de volta para o espanhol como *martes 13* (*Tuesday the 13th*), mas também seria imaginável a opção *viernes 13* (*Friday the 13th*). Qualquer escolha que lançarmos será uma entre uma série de possibilidades. Nesse segundo conjunto de circunstâncias, a equivalência natural não fornece mais o mesmo grau de certeza. Entramos no mundo das relações assimétricas, onde movimentos unidirecionais se assemelham à "similaridade divergente" de Chesterman. Suspeitamos que há muitas teorias que veem a equivalência (não propriamente similaridade) como sendo caracterizada pela mesma direcionalidade.

Se a equivalência natural forma um lado do paradigma da equivalência, a "equivalência direcional" será o outro lado.

3.2. Direcionalidade nas Definições de Equivalência

A partir do final dos anos 1950, muitas definições de tradução referiram-se à equivalência, especialmente no âmbito da linguística aplicada. Já vimos uma dessas definições, onde o termo "natural" foi o que mais nos chamou a atenção:

> Traduzir consiste em *reproduzir* na língua receptora o *equivalente natural mais próximo* da mensagem na língua de partida. (Nida e Taber, 1969, p. 12; grifos nossos.)

Considere-se tal definição em termos de direcionalidade. Note-se que o termo "equivalente" é apenas da mensagem na língua de partida, de modo que não se trata de a mensagem original ser o equivalente da tradução. Nesse sentido, o conceito de equivalência seria direcional. Ao mesmo tempo, contudo, o verbo "reproduzir" sugere que o equivalente natural de fato existe antes do ato da tradução, na configuração das próprias línguas ou culturas. Assim, a definição retém algo do idealismo da equivalência natural. Em outras palavras, essa linha de pensamento parece ser natural e direcional ao mesmo tempo.

Podemos experimentar esse tipo de análise em mais algumas das definições anteriores (grifos nossos):

A tradução pode ser definida assim: a *substituição* de material textual em uma língua (LF) por *material equivalente* em outra língua (LA). (Catford, 1965, p. 20.)

[A tradução] *leva* de um texto na língua de partida para um texto na língua de chegada *um equivalente o mais próximo possível* e pressupõe uma compreensão do conteúdo e do estilo do original. (Wilss, 1982, p. 62.)

Observem-se atentamente as definições. Em cada caso, o termo "equivalente" descreve um lado apenas, o lado de chegada. Os processos ("substituir", "levar" e "reproduzir" nos exemplos de Nida e Faber) são profundamente direcionais: a tradução vai de um lado para outro, mas não faz o caminho de retorno. Definições semelhantes abundam. Parece, então, que a direcionalidade que Chesterman encontra nas relações de similaridade também podem ser encontradas em algumas teorias da equivalência.

Usaremos o termo "equivalência direcional" para nos referirmos a todos aqueles casos em que um equivalente está situado mais em um lado do que em outro, ao menos na medida em que teorias deixam de referir-se aos movimentos que poderiam se realizar nas duas direções. O termo "equivalência natural", assim, refere-se a teorias que admitem a possibilidade de um movimento bidirecional igualmente equilibrado. Ambos os tipos de equivalência parecem integrar o mesmo paradigma, uma vez que parece não ter havido maiores conflitos entre os dois campos. Por exemplo, tanto a naturalidade como a direcionalidade precisam ser consideradas se quisermos abranger tudo o que acontece nos títulos de programas de competição e premiações exibidos na TV (veja-se quantas vezes o termo "milionário" remete implicitamente aos sonhos na língua inglesa). Ou, ainda, quando Vinay e Darbelnet apresentam sua lista de soluções de tradução (tabela 2.1), os exemplos seguem aproximadamente do direcional na parte superior à naturalidade na parte inferior. Os teóricos almejavam concentrar-se na equivalência natural (e na natureza íntima do francês e do inglês), mas contentaram-se em listar exemplos que contavam uma história um pouco diferente.

Agora, se considerarmos as definições acima e questionarmos a que o texto de chegada é equivalente, encontraremos uma interessante série de respostas: "elementos de uma língua", "material textual", "a mensagem", "texto na língua de partida". As teorias desse grupo parecem concordar em algumas coisas (equivalentes do lado de chegada, direcionalidade), mas não em outras (a natureza da coisa a traduzir). Seus debates não são sobre a equivalência em si, mas sobre a natureza e localização do seu valor.

Em qualquer teoria, examine-se a definição de tradução e se procure ver o que ela está supondo, depois, o que está omitindo. O que se encontra normalmente aponta os pontos fortes e fracos de toda a teoria. Nesse caso, o ponto forte dessas definições, sejam fundamentadas na naturalidade ou na direcionalidade, é que elas têm um termo (equivalência) que distingue uma tradução de todas as outras coisas que podem ser feitas na comunicação interlingual (reescrita, comentário, síntese, paródia, etc). O ponto fraco é, sobretudo, não explicarem por que tal relação seria somente unidirecional em alguns casos, ou bidirecional em outros. Além disso, elas muitas vezes não decidem se o equivalente é igual a uma posição ou valor dentro de uma língua, a uma mensagem, a um texto com conteúdo e estilo, ou a tudo isso, mas em ocasiões diferentes.

As relações de equivalência têm necessariamente de ser unidirecionais? Essa pergunta foi levantada muitos anos atrás em um elegante texto teórico do estudioso de Leipzig, Otto Kade. Kade (1968) sugeriu que a equivalência ao nível da palavra ou frase ocorre de quatro modos: "um por um", como no caso dos termos técnicos estáveis; "um por vários", quando os tradutores precisam escolher entre alternativas (como no caso de *lifeline*, por exemplo); "um por parte", quando os equivalentes disponíveis são correspondentes apenas parciais, ou "um por nenhum", quando os tradutores precisam criar uma nova solução (inventando neologismos ou emprestando um termo estrangeiro, como na parte superior da tabela de Vinay e Darbelnet). Kade descreve as relações de um por um como equivalência total e considera os termos técnicos seus exemplos mais evidentes – para mim, elas envolvem um processo de decisões relacionado mais à terminologia e à fraseologia do que à tradução como tal. Essas relações são obviamente bidirecionais: podemos ir da língua A à língua B e de volta para a A. Elas se encaixam no ideal de equivalência natural. Os casos de um por vários e um por parte, no entanto, seriam profundamente *direcionais* na prática, pois não há garantia de que o retorno nos trará de volta ao mesmo lugar. Kade entende a equivalência de um por vários como sendo *baseada em escolha* (*fakultativ* em alemão), enquanto a equivalência de um por parte é considerada *aproximada* (*approximativ*). O problema do tipo um por nenhum parece ser ainda mais direcional.

A teoria abrangente de Kade é, em última análise, do tipo direcional, uma vez que limita a reciprocidade absoluta aos termos técnicos (provavelmente os itens menos "naturais" existentes na língua). Ela efetivamente integra a "equivalência natural" como um caso ímpar dentro do modelo "direcional", incorporando um modo de teorização no outro. Mais tarde veremos a abordagem *Skopos* fazer a mesma coisa com o paradigma da equivalência inteiro.

OS TIPOS DE EQUIVALÊNCIA PROPOSTOS EM KADE

Otto Kade (1968) propõe quatro tipos de equivalência. A seguir, nossos termos para esses tipos, com exemplos possíveis:

- **UM POR UM** (*Eins-zu-Eins*): um item na língua de partida corresponde a um item na língua de chegada. Por exemplo, *Lion* em inglês corresponde a *Löwe* em alemão, e essa relação pode ser considerada "equivalência total", na medida em que nenhuma das culturas tem relações estreitamente diferentes no que se refere a leões. Os exemplos mais exatos são os termos técnicos, como os nomes dos elementos químicos.
- **UM POR VÁRIOS OU VÁRIOS POR UM** (*Viele-zu-Eins*): um item em uma língua corresponde a vários na outra língua. Há duas maneiras de entender isso. Por exemplo, a palavra em inglês *key* corresponde a *llave*, *tecla* e *clave* em espanhol (ver capítulo 2). No contexto, porém,

o tradutor geralmente saberá de que tipo de chave se trata e terá poucas escolhas reais a fazer (o que justifica o fato de o exemplo integrar o subparadigma da equivalência natural). Um outro exemplo seria o termo em espanhol *competencia* (domínio de atividade exclusivo a um organismo governamental ou administrativo), que poderia ser traduzido por *responsibility*, *mandate*, *domain*, *competence* e assim por diante. A menos que um equivalente de um por um tenha se estabelecido em uma determinada situação (por exemplo, *competencia = competence*), o tradutor terá de escolher entre as alternativas. O resultado será uma "equivalência baseada em escolha".

- **UM POR PARTE** (*Eins-zu-Teil*): somente equivalentes parciais estão disponíveis, resultando em "equivalência aproximada". Por exemplo, o termo em inglês *brother* não tem equivalente completo em chinês, japonês ou coreano, pois os termos correspondentes precisam especificar se se trata de um irmão mais velho ou mais novo. Qualquer que seja a escolha realizada, a equivalência será, portanto, apenas aproximada.

- **UM POR NENHUM** (*Eins-zu-Null*): não há equivalente disponível na língua de chegada. Por exemplo, a maioria das línguas não tinha um termo para *computer* um século atrás. Quando o termo precisou ser traduzido, os tradutores puderam usar um circunlóquio (uma frase para descrever o objeto), criar um termo a partir da língua de chegada (por exemplo, *ordinateur* em francês e *ordenador* em espanhol ibérico), ou emprestar a forma do inglês (*Computer* em alemão, *computer* em dinamarquês, компютър em búlgaro, ou *computadora* em espanhol latino-americano). Algumas culturas preferem importar ou representar termos estrangeiros; outras preferem criar novos termos a partir de seu próprio repertório.

3.3. O Teste da Retradução

Para verificar se um equivalente é natural ou direcional, o teste mais simples é a retradução, que consiste em traduzir de volta para a língua de partida e depois comparar as duas versões na língua de partida. Quando a equivalência natural prevalece, podemos ir de *friday* para *viernes* e novamente para *friday*, de forma que não faz diferença qual termo é o de partida e qual a tradução. Ocorre que a correspondência existia de alguma forma antes do ato da tradução. Mais precisamente, a transferência da semana de sete dias judaico-cristã aconteceu vários milênios antes do nosso ato de tradução, de modo que agora a direcionalidade original parece natural. *Essa naturalidade é, com certeza, uma ilusão* (em termos históricos, todos os equivalentes provavelmente resultam da mesma força e autoridade que se supõe no caso dos termos técnicos de um por um como descritos em Kade). Essa ilusão, contudo, teve grande influência ideológica sobre muitas teorias da tradução. No que se refere ao azar, podemos de fato ir de *Friday the 13th* para *martes 13* e retornar, e podemos convencer as pessoas de que a equivalência está de alguma forma escrita na natureza de nossos sistemas culturais. O mesmo tipo de teste pode funcionar para *Le juste prix*, e até mesmo para *Der Preis ist heiss*, se definirmos atentamente os níveis nos quais estamos trabalhando. Mas a retradução não se aplica a tudo. Por exemplo, o que dizer dos *lifelines* que se tornam *jokers* e *wild cards*, mas que poderiam ser tantas outras coisas? Eles também podem justificar-se, de algum modo, como naturais? Além disso, o que dizermos de *Friday the 13th* que se reconhece em Taiwan (disseram-me) não por ter sempre pertencido a sua cultura, mas por ter lá chegado com o título de um filme de terror? Alguns tipos de equivalência se referem ao que se faz em uma língua antes da intervenção do tradutor (por isso a ilusão do natural); outras se referem ao que os tradutores podem fazer na língua (por isso a direcionalidade do resultado).

"Direcional" e "natural" são os termos que estamos usando aqui para descrever os diferentes conceitos elaborados por teorias da tradução; não são palavras usadas pelas próprias teorias. Ainda assim, ajudam a entender um terreno confuso. Como vimos, a maioria das questões vindas da linguística estruturalista ocupa-se estritamente da equivalência natural, ou de sua busca. Quando mencionamos o exemplo *sheep* e *mounton* de Saussure, falamos sobre as palavras traduzirem uma à outra. O mesmo vale para leite polonês e dias de azar universais. Nesse paradigma linguístico, será indiferente se o termo for de partida ou de chegada. Por outro lado, para as

71

definições de tradução acima, a equivalência é algo que resulta de um movimento direcional.

A referência à direcionalidade foi talvez o modo mais profundo pelo qual o problema da linguística estruturalista foi resolvido.

3.4. Polaridades da Equivalência Direcional

A maioria das teorias da equivalência direcional não relaciona procedimentos ou níveis linguísticos (como nas teorias baseadas na equivalência natural); em vez disso, separa diferentes tipos de equivalência. Tais teorias também consideram diferentes tipos de tradução, girando em torno do mesmo tema, pois se traduz de modos bem diferentes dependendo do nível em que se deseja que a equivalência funcione.

Muitas das teorias tratadas aqui estão fundamentadas em apenas dois tipos de equivalência, às vezes apresentadas na forma de dicotomia rígida (pode-se traduzir de um modo ou de outro). Essa abordagem geral remonta a Cícero, que conceituou o mesmo texto conforme traduzido do grego para o latim de duas maneiras diferentes – *ut interpres* (como um intérprete literalista) ou *ut orator* (como um orador público) (Cícero, 46CE/1996). Isto é, literal ou livremente. Observe-se que a distinção não necessariamente corresponde a uma diferença nítida entre equivalência natural e direcional. No máximo, a tradução mais livre pode ser a mais natural na língua de chegada, enquanto a tradução mais literal é a que mais provavelmente apresentará direcionalidade recíproca – mas nada garante. É por isso que estamos inclinados a ver a dicotomia como parte de uma teoria direcional da tradução, uma vez que Cícero não estava particularmente interessado no caso de alguém traduzir discursos do latim de volta para o grego. O ponto importante é que a denominação dessas duas diferentes maneiras de traduzir necessariamente supõe a existência de algum valor que permanece estável entre elas; são diferentes traduções da mesma coisa. Tratava-se de uma conceitualização fundamental da equivalência, apesar de não usar o termo.

Dicotomias como a de Cícero percorrem toda a teoria da tradução ocidental. O teólogo e tradutor alemão, do início do século XIX, Friedrich Schleiermacher (1813/1963) afirmou que as traduções podiam ser ou *estrangeirizantes* (*verfremdend*) ou *domesticadoras* (*verdeutschend*, germanizante). Ele descreveu os dois famosos movimentos possíveis da seguinte maneira: "[o]u o tradutor deixa o autor em paz, tanto quanto possível, e leva o leitor até o autor, ou o tradutor deixa o leitor em paz, tanto quanto possível, e leva o autor até o leitor" (1813/1963, p. 63). Embora Schleiermacher preferisse a opção estrangeirizante, assim como Cícero preferia o método *ut orator* ou o método domesticador, ambas as abordagens reconhecem a possibilidade de uma escolha.

A mais conhecida teoria da equivalência elaborada nesse sentido talvez seja a desenvolvida pelo linguista e erudito bíblico estadunidense Eugene Nida. Pode parecer paradoxal, pois vimos que a posição de Nida sobre a tradução incorpora a naturalidade. Seu argumento geral, no entanto, mostra claramente que a Bíblia pode ser traduzida de forma a atingir ou a "equivalência formal" (seguindo de perto as palavras e os padrões textuais) ou a "equivalência dinâmica" (procurando recriar a função que as palavras podem ter tido em seu contexto original). Como visto anteriormente, o termo *agnes dei* pode tornar-se *lamb of God* no cristianismo em língua inglesa, mas também pode ser *seal of God* para uma cultura inuíte que conhece muito de morsas, porém não dispõe de muitos cordeiros. A última tradução seria um caso extremo de equivalência dinâmica – não há garantia de que *seals* (selos) o levarão aos *lambs* (cordeiros). Por outro lado, o nome *Bet-lehem* significa *house of bread* (casa do pão) em hebraico, de modo que poderia ser traduzido assim se quiséssemos alcançar equivalência dinâmica nesse nível. Nesse caso, nossos tradutores da *Bíblia* tradicionalmente optam pela equivalência formal, mesmo que utilizem a equivalência dinâmica em outro ponto do mesmo texto. É claro que não é tão simples: o árabe para *Bet-lehem*, *Beit Lahm*, significa *house of meat* (casa da carne) – então para qual termo devemos estabelecer equivalência?

Observamos que, em suas definições, Nida afirma estar em busca de um equivalente natural, que estaria mais do lado dinâmico do que do lado formal. Essa é, de fato, a sua preferência ideológica, uma vez que a equivalência dinâmica, a ilusão do natural, ajusta-se bem a objetivos evangélicos. A certa altura, Nida brincou com a ideia de frases nucleares de Chomsky no papel de *tertium comparationis*, a terceira coisa subjacente à qual os segmentos tanto do texto de partida como do texto de chegada seriam equivalentes. A teoria geral, no entanto, em particular no que se refere a suas aplicações práticas, mantém-se visivelmente direcional. Nida tratava sobretudo da tradução da Bíblia para línguas de culturas que não são tradicionalmente cristãs. Qual equivalente natural se poderia estabelecer para o nome de Jesus ou o de Deus em uma língua na qual nunca haviam sido mencionados? A maioria das soluções na verdade são relativas a uma noção direcional de equivalência, não a uma noção natural.

Um tipo semelhante de dicotomia percebe-se no crítico de tradução inglês Peter Newmark (1988), que diferencia entre tradução "semântica" e "comunicativa". A tradução semântica voltaria o olhar para os valores formais do texto de partida e os conservaria o máximo possível; a tradução comunicativa olharia à frente, para as necessidades do novo destinatário, adaptando-se a elas tanto quanto necessário. As preferências de Newmark tendem para o lado semântico, especialmente no que diz respeito ao que ele chama de textos de referência. Em tese, contudo, os tradutores devem escolher entre transmitir um aspecto ou outro do texto de partida. Não existe necessariamente, assim, a suposição de apenas um equivalente natural, e o resultado é, de modo geral, uma teoria direcional.

Na maioria das vezes, essas dicotomias teóricas são apresentadas como maneiras segundo as quais os tradutores trabalham. Obviamente, não estão no mesmo plano das listas de tipos de solução que encontramos em teorias da equivalência natural. As categorias, aqui, normalmente referem-se a abordagens do texto como um todo, em oposição aos muitos procedimentos linguísticos que as teorias naturalistas situam no nível da sentença ou mesmo abaixo.

Amplas dicotomias direcionais também podem se basear no modo como uma tradução representa seu texto de partida. Por exemplo, o teórico tcheco Jiří Levý (1963/2011) identificou traduções "ilusórias" e "anti-ilusórias". Quando se lê uma tradução ilusória, não se tem consciência de que se trata de uma tradução, pois ela foi tão bem-adaptada à cultura de chegada que poderia passar por um texto original. Para muitas concepções comuns, isso é um ideal: uma tradução é bem-sucedida quando não se nota que é uma tradução. Uma tradução anti-ilusória, por sua vez, conserva algumas características do texto de partida, deixando que o leitor perceba que é uma tradução. Essa oposição básica foi formulada por uma série de outros teóricos. A teórica alemã Juliane House (1997) se refere a traduções "manifestas" e "encobertas", em que "manifesta" significa que os destinatários estão conscientes de que estão interagindo com uma tradução, e "encoberta" significa que não estão conscientes disso. Christiane Nord (1997, p. 47-52) prefere os termos "documental" e "instrumental" para descrever diferentes traduções, pois as traduções podem funcionar ou como uma representação explícita do texto anterior (nesse sentido, como um documento) ou pode reestabelecer a função comunicativa (como um instrumento). O teórico israelense Gideon Toury (1980, 1995a) fala de traduções "adequadas" (ao texto de partida) ou "aceitáveis" (em termos das normas de recepção). O teórico e tradutor estadunidense Lawrence Venuti (1995), retomando Schleiermacher, chama de "fluentes" as traduções do tipo domesticador por ele identificadas na prática corrente de tradução para o inglês, e as contrapõe às traduções "resistentes", que se esforçam para quebrar essa ilusão. Todas essas dicotomias moldam uma escolha feita pelo tradutor, escolha não necessariamente determinada pelo texto traduzido.

> **POLARIDADES DA EQUIVALÊNCIA DIRECIONAL**
>
> Muitas teorias da equivalência direcional baseiam-se em duas maneiras opostas de traduzir, muitas vezes admitindo que há outros modos possíveis entre os dois polos. As estratégias que mencionam nem sempre são as mesmas, e alguns teóricos têm preferências diametralmente opostas, porém todos consideram pares de estratégias. Temos aqui uma lista sucinta:
>
> | | | |
> |---|---|---|
> | Cícero: | *ut interpres* | *ut orator* |
> | Schleiermacher: | estrangeirização | domesticação |
> | Nida: | formal | dinâmica |
> | Newmark: | semântica | comunicativa |
> | Levý: | anti-ilusória | ilusória |
> | House: | manifesta | encoberta |
> | Nord: | documental | instrumental |
> | Toury: | adequação | aceitabilidade |
> | Venuti: | resistente | fluente |

    Todos esses termos funcionam no paradigma da equivalência. Em todos os casos, as duas maneiras de traduzir podem ser percebidas como que representando algum aspecto ou função do texto de partida. Isso significa que os teóricos da tradução têm dito sempre a mesma coisa através dos séculos? Na verdade, não. As relações entre os polos foram pensadas de várias maneiras diferentes. Para ver isso, apliquem-se as oposições aos exemplos simples que usamos. Se considerarmos *martes 13*, sabemos que uma tradução de equivalência formal indicaria *Tuesday 13th* e que uma tradução de equivalência dinâmica levaria a *Friday the 13th*. Agora, qual das duas traduções é estrangeirizante? Qual delas é domesticadora? Qual delas está levando o leitor? Qual delas leva o autor? Sem outras informações, parece impossível dizer. Ou melhor, ambas as traduções poderiam ser domesticadoras a seu modo. Se quiséssemos algo estrangeirizante (anti-ilusória, manifesta, documental, adequada, resistente), teríamos de pensar em dizer algo como *bad luck martes 13th*, *Tuesday 13th, bad luck day*, ou mesmo

Tuesday 13th, bad-luck day in Spanish-speaking countries. Esse tipo de tradução é equivalente? Com efeito, não no nível da forma (na última alternativa, acrescentamos uma frase inteira). Poderíamos afirmar a equivalência em termos de função? Dificilmente. Afinal, uma simples frase referencial tornou-se toda uma explicação cultural, em um ponto onde o texto de partida não precisa dar nenhuma explicação. Alguns diriam que a explicação não é equivalente, pois nossa versão é longa demais para ser uma tradução. Outros poderiam defender que esse tipo de alongamento é apenas tornar explícito um conhecimento cultural que estava implícito, e já que esse conhecimento cultural é o mesmo, a equivalência ainda predomina. Nossa versão poderia, nesse sentido, ser uma tradução muito boa.

Nesse ponto, a equivalência natural fica ameaçada. A direcionalidade passa a ser mais importante; poderíamos suficientemente usá-la para justificar um alongamento ou redução textual significativa. O paradigma da equivalência, porém, tende a hesitar nesse ponto. Até que ponto a inserção de informação explicativa permite a manutenção da equivalência? Não existe um consenso definido. O debate então se volta para o que seria ou não uma tradução. E essa é uma questão que o paradigma da equivalência nunca foi de fato projetado para abordar – apenas aceitou uma resposta.

3.5. Apenas Duas Categorias?

Existe um motivo que justifique o fato de muitas teorias direcionais da equivalência terem apenas duas categorias? A maioria dos problemas da tradução pode realmente ser resolvida em mais de duas maneiras? As abordagens naturalistas tendem a ter muito mais de duas categorias (Vinay e Darbelnet, por exemplo, listaram sete procedimentos principais; Koller identifica cinco tipos; Reiss trabalha com três). Como explicaríamos esse profundo binarismo no sentido direcional? Eis algumas possibilidades.

Em primeiro lugar, pode haver algo profundamente binário dentro da própria tradução baseada em equivalência. Para compreender isso, traduza-se a seguinte frase para outra língua que não seja o inglês (de preferência que não seja o neerlandês ou o alemão nesse caso!):

1. *The first word of this very sentence has three letters.*

Em francês seria:

2. *Le premier mot de cette phrase a trois lettres.*

Aqui, a equivalência no nível da palavra está boa, mas a equivalência funcional se perdeu (uma vez que a primeira palavra não tem mais três letras, mas duas). Uma autorreferência verdadeira tornou-se uma autorreferência falsa (ver a análise desse exemplo em Burge, 1978). Então como a frase em inglês deveria ser traduzida? Pode-se tentar o seguinte:

3. *Le premier mot de cette phrase a deux letters.*

O texto diz que a primeira palavra da frase em francês tem duas letras. Perdemos a equivalência com o inglês no nível da palavra, mas mantivemos a verdade da autorreferência. Nossa tradução parece ter transitado do anti-ilusório para o ilusório, do documental para o instrumental, e assim por diante. No exemplo, parece haver apenas essas duas possibilidades disponíveis: um tipo de equivalência ou a outra? Pense nisso.

Um segundo motivo para a existência de apenas duas categorias pode ser encontrado em Friedrich Schleiermacher, que defendeu haver apenas dois métodos básicos de tradução: ou se leva o autor até o leitor, ou o leitor até o autor. Estranhamente, Schleiermacher afirmava que não era possível mesclar as duas. Isso porque "assim como devem pertencer a um país, as pessoas também devem aderir a uma língua ou a outra, ou ficarão perdidos em um terreno intermediário" (1963, p. 63). Aparentemente, os tradutores não podem trilhar os dois caminhos; devem decidir entre situar seus textos em um país ou em outro.

Analisando esses dois motivos, vemos que eles dizem a mesma coisa. A tradução tem dois lados, e assim duas possibilidades de alcançar a autorreferência, e dois lugares possíveis a partir dos quais o tradutor pode falar. Isso indicaria que a equivalência direcional é uma linha de pensamento especialmente eficaz para determinados tipos de tradução, e que esses tipos, com apenas dois lados básicos, são em particular eficazes para manter as pessoas em um lado ou em outro, em línguas ou países separados. Seria esse o objetivo último de toda tradução?

Os binarismos são estritamente necessários? Sem dúvida, parece que a ideologia do "um lado ou o outro" está sobremaneira ancorada no nacionalismo ocidental. Os problemas práticos da tradução, no entanto, raramente são assim tão simples. Considerem-se as dificuldades de traduzir um *curriculum vitae*. Adapta-se o formato convencional dos currículos na cultura de chegada? Ou se reproduz a forma do texto de partida? A solução em geral é mista, uma vez que a primeira opção dá muito trabalho, e a segunda quase sempre desfavoreceria o dono do currículo. Atualmente, porém, há muitos currículos em bancos de dados que podem ser impressos em uma série de formatos e línguas diferentes (inglês, espanhol e catalão, no caso de nossa própria universidade). Os resultados são de alguma forma equivalentes a alguma coisa; por certo, parecem traduções; sua produção, no entanto, não parece concordar com qualquer dos parâmetros direcionais relacionados antes. Nesses casos, a tecnologia parece ter nos devolvido a uma equivalência "natural" de um tipo particularmente artificial.

3.6. Teoria da relevância

O linguista e consultor de tradução alemão Ernst-August Gutt (1991/2000) propõe uma elegante teoria que trata dos principais problemas da equivalência direcional. Ao examinar as teorias da equivalência natural, Gutt diz que, em princípio, não existe um limite para os tipos de equivalência que elas podem estabelecer.

Cada decisão de tradução poderia precisar de sua própria teoria da equivalência. Todas essas teorias, portanto, têm sérias falhas, uma vez que, em princípio, uma teoria deveria ter menos termos do que o objeto que ela descreve.

A fim de superar essa dificuldade, Gutt analisa não a língua ou as traduções como tais, mas os tipos de coisas em que as pessoas acreditam a respeito de traduções. Ele identifica então diferentes tipos de tradução, utilizando dois passos binários:

- Como em House (ver acima), "traduções manifestas" são textos marcados e recebidos como traduções, enquanto "traduções encobertas" seriam algo como a adaptação de publicidade para um novo público, que pode também não ser uma tradução. Destinatários de uma tradução encoberta não terão nenhuma crença em especial sobre sua equivalência ou não equivalência, então Gutt não se interessa por essas traduções.
- Dentro da categoria das traduções manifestas, consideradas propriamente como traduções, há dois tipos: a "tradução indireta" abrange todos os tipos de traduções que podem ser feitas sem referência ao contexto original do texto de partida; a "tradução direta" seria então do tipo que se refere a esse contexto. Nos termos de Gutt, a tradução direta "cria uma presunção de uma semelhança interpretativa completa" (1991/2000, p. 196). Quando recebemos uma tradução direta, pensamos que entendemos o que os destinatários do original entenderam, e essa crença não está subordinada a qualquer comparação dos detalhes linguísticos.

Nesse ponto, a crítica da equivalência natural (muitas categorias possíveis) nos remete a duas categorias conhecidas (direto *versus* indireto). E essas duas, agora podemos ver, são muito típicas da equivalência direcional. Só isso já justificaria entender Gutt como um teórico da equivalência.

O que torna a abordagem de Gutt especialmente interessante aqui é o modo como ele explica a equivalência direcional: uma crença na "semelhança interpretativa". Ele considera a língua uma fragilíssima representação do sentido, não mais do que um conjunto de chaves comunicativas que os destinatários devem interpretar. Quando passa a explicar como essa interpretação acontece, Gutt recorre ao conceito de "implicatura", formulado pelo filósofo H. Paul Grice (1975)[1]. A ideia básica aqui é que não nos comunicamos apenas pela linguagem, mas pela relação entre língua e contexto.

Considere-se o seguinte exemplo analisado por Gutt:

1. TEXTO: Mary: A porta de trás está aberta.
2. CONTEXTO: Se a porta de trás está aberta, podem entrar ladrões.
3. IMPLICATURA: Deveríamos fechar a porta de trás.

Se conhecemos o contexto, percebemos que o texto de partida é uma sugestão ou instrução, não apenas uma observação. O que está sendo dito (as palavras em si do texto de partida) não é o que está sendo intencionado (a *implicatura* produzida por essas palavras em interação com o contexto). Grice explica que tais implicaturas funcionam pela quebra de várias máximas; aqui, a máxima é a "relevância". Se conhecemos o contexto e as máximas, podemos alcançar a implicatura. Do contrário, não entenderemos o que está sendo dito. Note-se que as máximas de Grice não são regras para a produção de boas enunciações; são antes normas que são com frequência quebradas para produzir implicaturas. As máximas efetivas podem, assim, variar amplamente de cultura para cultura. Essa variabilidade é algo de que os linguistas Dan Sperber e Deirdre Wilson (1988) tendem a se esquivar quando reduzem a análise griceana a uma única máxima: "seja relevante". Eles então criam a teoria da relevância, dizendo que, de fato, todo sentido é produzido pela relação entre língua e contexto. É a partir da teoria da relevância que Gutt desenvolve sua visão da tradução.

---

[1] Informações que o locutor fornece de forma implícita numa elocução. O termo de Henry Paul Grice (1913-1988) foi utilizado primeiramente no artigo "Logic and Conversation"(1967), no qual ele formulou sua teoria das implicações conversacionais com base na distinção entre o significado do falante e o literal. (N. da E.)

> **MÁXIMAS DE GRICE**
>
> A seguir estão as máximas de Grice. Sua não observação cria implicaturas.
>
> - **MÁXIMA DE QUANTIDADE**: Não dê nem mais nem menos informação a seu ouvinte do que o necessário para um entendimento completo da mensagem pretendida.
> - **MÁXIMA DE QUALIDADE**: Não informe erradamente seu ouvinte; ou seja, diga o que você acredita ser verdadeiro e não diga nada em que não acredite ser verdadeiro.
> - **MÁXIMA DE REFERÊNCIA**: Seja relevante. Não diga nada que não seja relevante à conversação.
> - **MÁXIMA DE MODO**: Comunique sua mensagem de um modo ordenado e claro, sem ambiguidade e palavreado desnecessário.
>
> Tais máximas podem ser bem específicas de uma dada cultura (parecem particularmente inglesas). No entanto, a ideia geral de que a implicatura vem da não observância de máximas não será específico a uma cultura. Toda cultura é livre para acrescentar as máximas que quiser, e então quebrá-las.

Voltando ao exemplo da "porta de trás", ao traduzir o texto (1) teríamos de saber se o destinatário da tradução tem acesso ao contexto (2) e à máxima em ruptura. Se tivermos certeza dos dois tipos de resultados, podemos apenas traduzir as palavras do texto, produzindo algo como uma equivalência formal. Do contrário, podemos preferir traduzir a implicatura, de algum modo transferindo a função, o que as palavras aparentemente significam. A noção de implicatura pode, assim, dar-nos dois tipos de equivalência, condizente com dois tipos de tradução. A dicotomia fundamental da equivalência direcional persiste.

Gutt, na verdade, não quer que esses dois tipos de tradução fiquem no mesmo patamar. Ele pergunta como a enunciação de Mary poderia ser relatada (ou traduzida). Há, no mínimo, duas possibilidades:

4. Relato 1: A porta de trás está aberta.
5. Relato 2: Deveríamos fechar a porta de trás.

Gutt assinala que qualquer desses relatos será bem-sucedido se o destinatário tiver acesso ao contexto de partida; podemos então estabelecer equivalência nesses dois níveis. O que acontece, contudo, quando o novo destinatário não tem acesso ao contexto de partida? E se eles sabem algo a respeito de possíveis ladrões? E se eles estão mais interessados em que as crianças possam entrar em casa quando voltarem da escola? Se o relator estiver trabalhando nesse contexto, apenas o segundo relato (5), aquele que transfere a implicatura, poderá ser bem-sucedido. O relato ainda nos indicará que a porta de trás deveria estar fechada, mesmo se há dúvidas sobre o motivo. Gutt, porém, prefere a tradução direta para permitir a interpretação em termos do contexto de *partida* somente. Ele optaria pelo primeiro relato (4). Para ele, algo no segundo relato (5) não possibilitaria considerá-lo uma tradução.

A aplicação da teoria da relevância de Gutt pode ser considerada idiossincrática nesse ponto, o que pode ser atribuído a seu interesse especial pela tradução da *Bíblia*. Ao insistir que a interpretação deveria ocorrer em termos do contexto de partida, Gutt efetivamente desconsidera muito da equivalência dinâmica que Nida quis utilizar para fazer os textos bíblicos se comunicarem com novos públicos. Gutt insiste não apenas que o contexto original é o que conta, mas também que isso "torna a explicação de implicaturas desnecessária, bem como indesejável" (1991/2000, p. 175). No fim, "é responsabilidade do público compensar essas lacunas" (ibid.). Faça o destinatário trabalhar! Nos termos de nosso exemplo, o destinatário do segundo relato deve ser esperto o suficiente para pensar nos ladrões. Somente se houvesse um sério risco de interpretação equivocada o tradutor deveria informar o público sobre lacunas contextuais, acrescentando, talvez, "pois poderia haver ladrões".

A essa altura, o paradigma da equivalência tornou-se bem diferente da comparação de línguas ou da contagem de palavras nas frases. A aplicação da teoria da relevância mostra que a equivalência é algo que funciona mais no nível das crenças, da ficção, ou de possíveis processos de pensamento ativados na recepção de uma tradução. Trata-se de uma profunda mudança de foco. Se soubéssemos mais sobre o modo como as pessoas realmente recebem as traduções, essa nova abordagem poderia superar muitos dos problemas enfrentados pela equivalência à época da linguística estruturalista.

3.7. Equivalência Como Ilusão

Por que não concordar com Gutt quando ele diz que as traduções, quando aceitas como tal, criam uma presunção de semelhança interpretativa completa? Essa presunção circunscreveria todo o fenômeno da equivalência. Sob tal prisma, não haveria mais necessidade de aprofundar a questão; nem mesmo testar segmentos de língua de acordo com algum critério linguístico. Equivalência seria sempre equivalência presumida e nada mais.

Nesse ponto, a posição de Gutt é aparentemente próxima à de Toury (1980, p. 63-70, 1995/2012), para quem todas as traduções manifestam equivalência apenas porque são traduções. A tarefa é então analisar o que as traduções realmente são (e aqui a equivalência deixa de ser um problema para Toury). A equivalência segundo Gutt também está bastante alinhada com Pym (1992/2010), à diferença que Pym destaca que a crença na equivalência é histórica, compartilhada e produtiva em muitas situações: "[o] tradutor é um criador de equivalência, um profissional comunicador que trabalha para pessoas que pagam para acreditar que, tanto quanto seja pertinente, B é equivalente a A" (1992a/2010, p. 47).

Gutt, Toury e Pym concordariam que a *equivalência é uma estrutura de crença*. De modo paradoxal, esse tipo de consenso aproximado também marca logicamente o fim da equivalência como um conceito central. Se a equivalência não é outra coisa além de crença, linguistas podem arriscar-se na pragmática, pesquisadores descritivistas podem coletar e analisar desvios de tradução e historiadores, da mesma forma, podem considerar a equivalência como uma ideia pertinente apenas para uma conjuntura específica de fatores sociais e tecnológicos. Todos esses caminhos afastam o debate da própria equivalência; minimizam a disputa entre natural e direcional, sufocando a dinâmica interna do paradigma.

A equivalência parece estar morta, exceto para o desconstrucionista ocasional que leu pouca teoria da tradução e precisa lançar mão de sofismas. Nesse caso, a história não acabou.

3.8. As Virtudes da Equivalência Direcional

Uma vez que a equivalência direcional faz parte do paradigma geral da equivalência, ela compartilha muitas das virtudes que relacionamos para a equivalência natural no capítulo anterior. Podemos, ainda assim, acrescentar os seguintes pontos positivos:

1. A equivalência direcional não produz grandes suposições ideológicas sobre o que é natural, sobre a verdadeira natureza das línguas, ou sobre as traduções serem linguisticamente conservadoras (o que tende a ser o efeito da equivalência natural). Sua bagagem ideológica mais leve significa, por exemplo, que pode ser aplicada sem ser contestada a situações onde há relações hierárquicas entre as línguas.
2. Esse conjunto de ideias é geralmente mais amplo do que a equivalência natural, reconhecendo que os tradutores têm um amplo leque de alternativas e admitindo que os fatores que influenciam suas escolhas não se restringem àqueles do texto de partida. Afinal, se há diferentes equivalentes a escolher, os critérios de seleção virão de algum lugar próximo do tradutor. Nessa medida, a equivalência direcional torna-se bastante compatível com o paradigma do escopo que veremos no próximo capítulo.
3. Algumas teorias da equivalência direcional têm clara consciência de que as traduções criam ilusões e podem ser analisadas como tal. Isso, contudo, pode ser uma desvantagem para aqueles teóricos que prefeririam ver equivalência baseada em sólidos critérios empíricos.

4. A equivalência direcional resolve definitivamente a aparente impossibilidade da tradução postulada pela linguística estruturalista. A equivalência torna-se altamente possível e existem muitas maneiras de alcançá-la.
5. Ao apresentar suas grandes polaridades, a equivalência direcional prepara o terreno para as discussões sobre a ética dos tradutores. É por isso que muitos dos teóricos aqui mencionados expressaram opiniões fortes sobre como se deveria traduzir.
6. Em alguns casos, as mesmas grandes polaridades abrem um espaço onde o tradutor precisa decidir entre um tipo ou outro de equivalência, sendo que o teórico não diz qual modo o tradutor deve adotar. Nesses casos (em Levý, House ou Toury, por exemplo), o subparadigma abre caminho para investigação empírica adicional. Em vez de dizer aos tradutores como traduzir, os teóricos podem verificar como eles de fato traduzem, em diferentes culturas e em diferentes períodos históricos. Isso leva ao paradigma descritivo (capítulo 5, infra).

Essas virtudes pertencem à própria equivalência direcional ou apenas às teorias de equivalência direcional? A questão é legítima, desde que decidimos categorizar *teorias*, mas os exemplos de direcionalidade ao longo do caminho deste estudo se referem a traduções reais. Assim, a equivalência direcional é algo que ocorre nas traduções ou apenas nas teorias de tradução? Nossa resposta é a seguinte: uma vez que a equivalência nada mais é que uma estrutura de crenças, ela é sempre o resultado da teorização. Isto é, não há diferença substancial entre os dois lados da questão. A maior virtude, no entanto, deve estar nas teorias que tratam da direcionalidade com maior lucidez.

3.9. Objeções Frequentes

Alguns dos problemas históricos relacionados ao paradigma da equivalência serão tratados nos próximos capítulos, uma vez que havia outros paradigmas operando à época e foi a partir deles que muitos debates surgiram. Consideremos, no entanto, algumas das objeções que envolveram a equivalência direcional como tal.

3.9.1. "A Equivalência Pressupõe uma Simetria Entre Línguas"

Mary Snell-Hornby, como vimos no capítulo anterior, criticou o conceito de equivalência como uma "ilusão de simetria entre línguas" (Snell-Hornby, 1988, p. 22). Agora temos condições de perceber que sua crítica pode ser válida no que se refere a alguns aspectos da equivalência (aqueles ligados a uma ideologia do uso natural comum), porém, pouco se aplica às teorias da equivalência direcional. As teorias da equivalência natural analisavam as línguas, basicamente, combatendo o paradigma da linguística estrutural. As teorias direcionais, por sua vez, referem-se ao nível do uso criativo da língua, esforçando-se para analisar a *parole* em vez da *langue*. Quanto a promover uma ilusão, a situação muda de figura ao aceitarmos que muito do que os usuários acreditam sobre traduções é de fato ilusório, e que essas ilusões podem ser analisadas como tal. Ou seja, as ilusões não vêm das teorias, mas do uso social propriamente.

3.9.2. "As Teorias da Equivalência Direcional São Desnecessariamente Binárias"

Vimos que a maioria das teorias nessa área funciona com base em polaridades amplas. O teórico francês Henri Meschonnic (1973, 2003) afirma que essas oposições (em especial a distinção entre equivalência formal e dinâmica feita por Nida) se originam em uma oposição mais básica entre forma e conteúdo, ou na separação do significante e do significado como integrantes do signo de Saussure. Meschonnic considera que essas divisões não são válidas, pois os textos funcionam nos dois níveis ao mesmo tempo, como discurso marcado pelo ritmo: "uma forma de pensar [*une pensée*] faz alguma coisa com a língua, e é isso que será traduzido. Aqui, a oposição entre *fonte* e *alvo* não será mais pertinente" (Meschonnic, 1999, p. 22). Essa crítica parece não nos levar além do paradigma da equivalência. Simplesmente aponta um tipo de restrição especialmente exigente (a reprodução de efeitos discursivos), altamente desejável para a tradução de textos sagrados, filosóficos e literários.

3.9.3. "As Teorias da Equivalência Tornam o Texto de Partida Superior"

Essa é uma crítica ao estilo de Vermeer (1989a, 1989b/2004), a partir da abordagem do escopo, a qual veremos no próximo capítulo. Quando perguntamos a que uma tradução é equivalente, a resposta envolve em geral algo do texto de partida. O texto de partida seria então um fator determinante na relação de equivalência, e o paradigma da equivalência tende, então, a considerar o texto de partida como superior à tradução. Por outro lado, a partir do momento em que as teorias direcionais destacam a pluralidade de equivalentes possíveis, alguns critérios adicionais são necessários para que tradutor possa fazer opções balizadas entre esses equivalentes. O paradigma da equivalência identifica, porém não investiga esses critérios adicionais, e nesse sentido permite que o texto de partida mantenha sua aparente superioridade.

3.9.4. "A Equivalência Não É Eficiente; A Similaridade É Suficiente"

Essa é a posição geral de Andrew Chesterman, citado no início deste capítulo. Deveríamos falar de similaridade ou de equivalência? Chesterman afirma que "similaridade adequada é o suficiente – adequada a um determinado objetivo, em um determinado contexto [...] o que foge a isso seria um uso ineficiente de recursos" (1996, p. 74). Em outras palavras, o paradigma da equivalência faz o tradutor trabalhar mais do que o necessário. De novo, temos de perguntar quem exatamente está percebendo a equivalência (ou a similaridade). Um dos padrões de Chesterman ("similaridade divergente", o qual incorporamos à equivalência direcional) parece funcionar aos olhos do tradutor (e provavelmente aos olhos de outros que possam adotar essa posição). O outro padrão ("similaridade convergente", ou equivalência natural) é, para Chesterman, uma relação estabelecida por qualquer pessoa que de fato esteja comparando os dois textos. Tal comparação é extremamente trabalhosa e a custo eficiente! Nesses termos, a equivalência seria apenas uma suposição de similaridade feita pelo usuário final da tradução, que não tem nenhum acesso à fonte. Para o tradutor, por sua vez, consciente da direcionalidade e da pluralidade, a similaridade pode ser de fato suficiente, sendo que não haveria motivo para se esforçar no sentido de alcançar uma imaginária equivalência absoluta (que parece ser o único tipo que Chesterman considera quando associa perfeita e total transferência de sentido a ilusão de equivalência total). Para o usuário, porém, a equivalência pode ser uma ficção conveniente que ameniza as suspeitas de não similaridade. Uma vez que daria muito trabalho conferir de fato a validade das decisões do tradutor, simplesmente aceitamos a tradução como equivalente, como um ato de confiança no tradutor. A ilusão da equivalência na verdade reduziria o esforço cognitivo no momento de uso do texto. Além disso, se os tradutores tiverem consciência do modo como a equivalência funciona na recepção, poderão reduzir e direcionar seus esforços conforme necessário. Em outras palavras, a ilusão da equivalência pode permitir um uso bastante eficiente dos recursos.

Os teóricos que trabalham no paradigma da equivalência provavelmente não vencerão todos esses debates. Eles deveriam poder, contudo, realizar os seus, e até mesmo encontrar algumas inconsistências nos paradigmas que vieram depois.

Resumo

Este capítulo iniciou assinalando o fato, um tanto estranho, de que uma relação de similaridade pode depender da direcionalidade (já que não se costuma considerar a mãe parecida com a filha). Essa relação introduz uma série de teorias sobre como os tradutores decidem como traduzir. Por exemplo, pode-se escolher o caminho da "equivalência dinâmica" ou da "equivalência formal" (na terminologia de Nida). A história da teoria da tradução oferece muitas versões dessa oposição básica, muitas vezes fazendo diferentes recomendações sobre qual dos polos é melhor. No fim do capítulo, abordamos as opções da teoria da relevância, em especial conforme aplicada à tradução por Gutt. A "crença na semelhança interpretativa" por parte do usuário do texto pode ser vista como um conceito ativo no subparadigma da equivalência direcional, pois o usuário depende fortemente da direcionalidade. Ao mesmo tempo, a abordagem de Gutt alinha-se a algumas teorias que enfatizam a função social da equivalência como ilusão compartilhada, uma ficção social que se torna produtiva na prática da comunicação transcultural. Apesar de que pouquíssimos teóricos desse subparadigma compartilhariam dessa visão (a maioria acredita estar descrevendo fatos sociais conforme a tradição linguística), a ideia de uma ilusão funcional torna o conceito de equivalência compatível com outros paradigmas que trataremos nos próximos capítulos. Esses paradigmas mais recentes selecionam, na verdade, tópicos da equivalência direcional.

Fontes e Sugestões de Leitura

A terceira edição de *The Translation Studies Reader* (Venuti, 2012) inclui textos fundamentais de Jerônimo, Schleiermacher e Nida. Munday (2012) menciona as principais polaridades da equivalência direcional no capítulo sobre equivalência e efeito equivalente, apresentando mais exemplos do que oferecemos aqui. Existem relativamente poucos textos didáticos sobre teorias da equivalência direcional, sobretudo em comparação com as teorias mais linguísticas da equivalência natural. Textos importantes como o de Kade também são bastante difíceis de encontrar. Textos fundadores, como os de Cícero, Schleiermacher e outros, estão nas principais antologias. Pode-se fazer uma produtiva leitura de *Translation and Relevance* (1991/2000), de Gutt. E o primeiro capítulo de

The Translator's Invisibility, de Venuti (1995), apresenta uma rica mescla entre discussão e sugestões sobre os efeitos da equivalência. Para um debate muito mais virulento, uma seleção de textos de Henri Meschonnic encontra-se disponível em inglês (2003/2011) e em português (2010).

> **SUGESTÕES DE PROJETOS E ATIVIDADES**
>
> 1. O eclesiástico e tradutor latino Jerônimo (Hieronymus) afirmava que traduzia sentido por sentido, exceto no caso da Bíblia, onde trabalhou palavra por palavra porque "há mistério na própria ordem das palavras" ("Epístola a Pammachius"). A que teorias da equivalência isso pode ser relacionado? Devemos ter diferentes teorias para diferentes textos? Verifique o que Jerônimo, na *Vulgata*, coloca para o termo hebraico *almá* em *Isaías* 7, 14. Compare o último com outros equivalentes disponíveis.
> 2. A frase *La primera palabra de esta misma frase tiene dos letras* poderia ser traduzida como *The first word of the sentence in Spanish has two letters*. De que tipo de equivalência se trata? A frase em inglês é uma tradução ou uma explanação?
> 3. *The first word of this sentence has three letters* pode efetivamente ser traduzida para uma língua que não tem palavras ou artigos de três letras?
> 4. Compare diferentes traduções (na mesma língua) de um parágrafo. As diferenças indicam diferentes tipos de equivalência?
> 5. Para as frases a seguir, afirme quais das máximas de Grice (ver 3.6 acima) estão sendo quebradas e proponha ao menos duas traduções diferentes para cada frase.
>   > Texto: Juliette is the sun (ver Appiah, 2000).
>   > Contexto: The speaker loves Juliette.
>   > Texto: Frequently had arguments ("Objeções Frequentes")
>   > Contexto: This book.
>   > Texto: She was given a violin lesson for free, with no strings attached
>   > Contexto: A stand-up comic.
> 6. Foi sugerido que as máximas de Grice (ver 3.6 acima) são específicas da cultura de língua inglesa. Por exemplo, a "máxima de quantidade" é coerente com a recomendação inglesa "seja breve e simples"

(o princípio KISS: "Keep it short and simple"). O princípio italiano correspondente poderia ser "seja longo e completo" (KILC: "Keep it long and complete", ver Katan 1999, 2000). Qual dessas máximas você acha que pode ser operacional na cultura? Lembre-se que uma máxima é válida quando sua transgressão produz uma implicatura.

7. Encontre um poema que foi criativamente traduzido na língua materna do estudante (de preferência uma tradução que não desafie o paradigma da equivalência). Então apresente a tradução como se fosse o texto de partida e o texto de partida como se fosse a tradução. Peça ao grupo que avalie a tradução. Eles acharão a suposta tradução inferior ao que acreditam ser o texto de partida? Por quê?

8. Toda a classe traduz o mesmo texto para sua língua materna. Depois verificar-se-á em quais pontos do texto todos concordam sobre o mesmo equivalente e em quais pontos há muitos equivalentes diferentes (esse é um experimento da análise de rede de escolhas proposto por Campbell, 2001). Faz sentido chamar um tipo de equivalência "natural" e o outro "direcional"? Os pontos com muitos equivalentes necessariamente correspondem ao que é mais difícil de traduzir?

9. Considere o mesmo texto de partida da atividade 7 acima. Agora, como no capítulo 2, use os programas de tradução automática Babelfish e Google Tradutor para fazer retraduções do texto várias vezes (por exemplo, passando do inglês para o alemão e do alemão para o inglês). Em quais pontos a equivalência deixa de ser direcional (ou seja, quando entramos na relação tipo pingue-pongue da equivalência natural, onde vamos para trás e para frente entre as mesmas opções)? Por que alcançamos esses pontos? Existe mais direcionalidade na tradução humana ou na tradução automática? Por quê?

10. Cada estudante escreve um texto breve sobre um tópico a que estão estreitamente relacionados (o momento mais feliz de suas vidas, ou o momento em que mais tiveram medo), em sua língua materna. Outros estudantes então traduzirão esses textos (na língua materna *deles*, se a turma for mista). Os primeiros estudantes recebem suas traduções de volta e devem avaliá-las. Como eles se sentem ao serem traduzidos? As teorias da equivalência têm alguma ligação com seus sentimentos? Geralmente, não importa o grau de exatidão da tradução, a experiência será considerada mais real no texto de partida. O que isso indica sobre a natureza da equivalência? (Nossos agradecimentos a Andrew Chesterman por essa tarefa.)

11. Como extensão da atividade 10 acima, a tradução será revisada por um terceiro estudante e pelo autor do texto de partida. Quem fará mais alterações na tradução? Por quê? O que isso diz sobre a natureza da equivalência?

12. Conforme sugerido no capítulo sobre equivalência natural, considere os termos usados em sua língua para sites de internet (por exemplo sítio, página da rede, navegador, navegar, surfar). Como esses termos surgiram em sua língua? Se partiram de uma equivalência de um para um (ver 3.2 acima), foram emprestados de uma língua estrangeira ou criados? Esses termos indicam uma hierarquia global de línguas? Que estratégia a sua cultura prefere? Que estratégia ela *deveria* preferir?

13. Para filósofos: as expressões "equivalência natural" e "equivalência direcional" constituem ainda outra polaridade binária (como em 3.4)? Teremos falhado em ultrapassar a tradição ocidental?

Capítulo 4

Propósitos

Este capítulo volta-se para um grupo de teorias que são geralmente opostas ao paradigma da equivalência. Tais teorias afirmam que uma tradução é elaborada para alcançar um propósito. Se esse propósito for repetir a função do texto de partida – como no caso da teoria dos tipos textuais de Reiss – então, na verdade, deveria haver muito pouca diferença entre os dois paradigmas: a relação entre a função do texto de partida e a do texto de chegada é uma relação de equivalência. Entretanto, quando uma teoria aceita que o propósito do texto de chegada pode ser diferente da função do texto de partida, estamos então lidando com um novo paradigma. Para Vermeer, o propósito do texto de chegada (ao qual ele chama de *Skopos*) é o fator preponderante em um projeto de tradução. Assim, ele afirma estar diminuindo a importância do texto de partida e indo além das teorias da equivalência. Essa abordagem aceita que um determinado texto de partida possa ser traduzido de diferentes maneiras a fim de realizar diferentes funções. Assim, o tradutor necessita de informação a respeito dos objetivos específicos os quais se espera que cada tradução alcance. Isso requer informação extratextual de algum tipo, geralmente fornecida pelo seu público-alvo. Dessa maneira, o contexto linguístico do paradigma da equivalência torna-se muito mais amplo, criando ensejo para uma série de relações profissionais. Várias teorias podem ser relacionadas ao amplo contexto de relações interpessoais. Já Holz-Mänttäri observa com cuidado a condição do tradutor enquanto um especialista em comunicação intercultural.

Hönig e Kussmaul levam em conta a quantidade de informação que o público-alvo de uma determinada tradução de fato necessita. O capítulo se encerra com uma visão da tradução que diz respeito não tanto a textos, mas a projetos, entendidos como um conjunto de informações e materiais. Daniel Gouadec propõe uma série de categorias que deveriam organizar os projetos de tradução, com base em uma grande quantidade de informação a ser fornecida pelo contratante do projeto. Como todas as teorias abordadas no presente capítulo, ele seleciona vários fatores que haviam sido negligenciados ou deixados de lado pelo paradigma da equivalência.

PRINCIPAIS TÓPICOS ABORDADOS NESTE CAPÍTULO

- A teoria do escopo desenvolvida por Hans Vermeer rompe com o paradigma da equivalência ao priorizar dentre os propósitos a serem satisfeitos pela tradução aqueles voltados para o texto de chegada.
- Para a teoria do escopo, a equivalência caracteriza uma situação na qual as funções do texto de partida e da tradução são supostamente as mesmas, sendo considerada um caso especial dela.
- Essa teoria permite que um único texto de partida possa ser traduzido de diferentes maneiras a fim de se satisfazer diferentes propósitos.
- O conceito de "ação tradutiva" de Holz-Mänttäri vê o tradutor como um especialista em comunicação intercultural que pode fazer muito mais do que traduzir.
- O "princípio do grau necessário de precisão" de Hönig e Kussmaul (a teoria "suficiente") afirma que o tradutor deveria fornecer os detalhes necessários ao leitor, os quais podem ser em maior ou menor quantidade do que aqueles encontrados no texto de partida.
- A abordagem de Gouadec à análise de projetos é igualmente baseada em propósitos, conforme definido pelo contratante. Porém, ela assume que quanto maior a quantidade de informação disponível nos estágios anteriores à tradução, mais fácil será a solução de problemas surgidos durante sua realização.

4.1. A Teoria do Escopo Como Porta Para um Novo Paradigma

Pode-se dizer, pelo menos de maneira simbólica, que em 1984 ocorreu uma mudança de paradigma nos estudos da tradução. Foi o ano em que foram publicados dois novos livros escritos originalmente em alemão: *Grundlegung einer allgemeinen Translationstheorie* (Fundamentos Para uma Teoria Geral da Tradução) de Katharina Reiss e Hans Vermeer e *Translatorisches Handeln: Theorie und Method* (Ação Tradutiva: Teoria e Método) de Justa Holz-Mänttäri. Os dois livros, cada um a seu modo, confrontam diretamente a ideia de que uma tradução deve ser equivalente a seu texto de partida.

Não são publicações muito famosas internacionalmente. Ambas demoraram bastante até tornarem-se conhecidas fora da Alemanha. Entretanto, textos sobre a teoria da tradução, em princípio, frequentemente fazem menção à teoria do escopo (*Skopos*), uma palavra de origem grega que se refere, de maneira geral, àquilo que chamamos de "propósito" (ela poderia ainda ser traduzida por "objetivo", "meta" ou "função pretendida"). A ideia fundamental é a de que o tradutor deveria realizar sua tarefa a fim de alcançar o escopo, o propósito comunicativo da tradução, em vez de simplesmente espelhar o texto de partida. Essa regra do escopo parece querer dizer que as decisões tomadas pelo tradutor deveriam ser feitas, em última instância, de acordo com os motivos que levaram alguém a solicitar um determinado trabalho de tradução, querendo com isso dizer que o fator dominante é aquele pretendido pelo usuário de uma tradução. Ainda assim, o fator determinante seria aquele que o tradutor *acredita* ser o propósito de uma determinada tradução. De acordo com os aspectos gerais desse paradigma, todas essas interpretações são possíveis e têm se mostrado relativamente revolucionárias, uma vez que nenhuma delas se refere ao autor ou ao próprio texto de partida. Tais teorias sugerem ao tradutor uma nova perspectiva.

A REGRA DO ESCOPO DE VERMEER

A regra do escopo de Vermeer é elaborada da seguinte maneira:

> Uma ação é determinada pela sua meta (*Zweck*) [trata-se de uma função da meta]. (Reiss e Vermeer 1984, p. 100.)

Esse seria o princípio geral de uma teoria da ação. O seu significado para o tradutor é descrito da seguinte maneira:

> O fator dominante em cada tradução é seu propósito (*Zweck*). (Reiss e Vermeer 1984, p. 96.)

Observe que as duas formulações fazem uso do termo alemão *Zweck* (meta, objetivo ou propósito), em vez do neologismo *Skopos*. Os motivos pelos quais seria necessário fazer uso de um termo grego, mantêm-se incertos.

Encontramos em Vermeer uma explicação mais elaborada:

> Todo texto é produzido com um certo propósito e ele deve refletir esse propósito. A regra do escopo é, então, formulada da seguinte forma: traduza/interprete/fale/escreva de tal maneira que torne seu texto/tradução capaz de funcionar na situação em que ele é usado e com as pessoas que fazem uso dele precisamente do modo que eles desejarem que ele funcione. (Vermeer, 1989a, p. 20, à partir de Nord, 1997, p. 29.)

O importante, a esta altura, é que a regra do escopo não nos diz **de que modo** um determinado texto deveria ser traduzido. Essa regra apenas diz ao tradutor onde procurar por indicações a respeito do modo de traduzir. O propósito pretendido deverá ser buscado a cada caso em particular. Vermeer é bastante claro a esse

> A teoria do escopo estabelece que uma tradução deve ser conduzida, consciente e consistentemente, de acordo com algum tipo de princípio relativo ao texto de chegada. Ela não faz nenhuma afirmação a respeito de qual deveria ser esse princípio, pois ele deve ser determinado individualmente em relação a cada caso específico. (Vermeer, 1989b/2012, p. 198.)

A novidade dessa abordagem recai assim sobre o que ela *não* afirma. Nesse paradigma, as escolhas realizadas pelo tradutor não precisam ser determinadas pelo texto de partida, nem por critérios de equivalência, a menos que o texto de partida e a equivalência sejam estipuladas como essenciais para o propósito desejado. Um acordo legal, por exemplo, pode ser adaptado às normas do texto de chegada quando este tiver que respeitar a leis vigentes na cultura também de chegada. Por outro lado, um acordo dessa natureza poderá ser traduzido com o mesmo formato do texto de partida, quando o objetivo for apenas a sua compreensão; ou, ainda, ele poderá ser traduzido de forma a corresponder termo a termo ao texto de partida se, por exemplo, o objetivo for usá-lo como evidência em um julgamento. Em todos esses casos o texto de partida será o mesmo. A diferença residirá no propósito a ser satisfeito pela tradução. Um texto de partida, muitas traduções possíveis, e o fator principal a determinar a tradução será seu propósito (*Skopos*).

A ideia é suficientemente simples. Ela tem levado pesquisadores interessados a considerarem o que de fato são os propósitos, como eles se definem em relação aos contratantes (essa dimensão encontra-se completamente alheia ao paradigma da equivalência) e como transformar a tradução entendida como uma relação entre textos em um projeto de tradução. Essa mudança de paradigma é incrementada por uma série de fatores complicadores.

Primeiro, a teoria do escopo foi inicialmente apresentada em um livro com coautoria de Hans Vermeer (muito embora, por volta de 1978, ele já tivesse falado a respeito do assunto em alguns artigos). O outro coautor era Katharina Reiss, que estava trabalhando dentro de um paradigma bem menos radical, baseado em tipos textuais.

Segundo, Reiss e Vermeer encontravam-se em Heidelberg, enquanto Holz-Mänttäri estava trabalhando e publicando em Tempere, na Finlândia. As duas publicações relevantes do ano de 1984 vinham de lugares distantes um do outro e apresentavam abordagens diferentes.

Terceiro, sem dúvida, Vermeer mostrou-se o melhor divulgador de seu próprio trabalho tornando seu termo *Skopos* marca registrada. Os pesquisadores de língua alemã que seguiam o paradigma geral encontravam-se bastante livres para escolher entre as ideias de Reiss, Holz-Mänttäri e Vermeer.

A história é, então, um tanto mais complicada do que parece.

ALGUNS TERMOS IMPORTANTES

- **ESCOPO (SKOPOS):** o propósito ou objetivo da tradução; a função que esta deverá executar em seu contexto de recepção.
- **TEORIA DO ESCOPO:** um conjunto de proposições baseados na ideia de que os propósitos voltados para o contexto de chegada possuem prioridade no conjunto de decisões tomadas pelo tradutor. Essa teoria representa apenas uma parte do paradigma dos propósitos, juntamente a outras teorias que também abordam os propósitos de tradução enquanto funções sem atribuir, necessariamente, prioridade ao contexto de chegada.
- **BREVIÁRIO** (*brief*): as instruções que o contratante de um projeto de tradução fornece ao tradutor; em alemão *Auftrag*; em inglês também chamada *commission*. Na prática da tradução, os termos mais comuns seriam "instruções" ou "descrição dos procedimentos".
- **TRADUTIVO:** adjetivo utilizado para descrever qualidades relativas aos tradutores, em oposição ao adjetivo "tradutório", utilizado para descrever qualidades relativas às traduções.
- **AÇÃO TRADUTIVA:** as ações realizadas por um tradutor no processo de tradução.
- **TRADUTÓRIO:** adjetivo utilizado para descrever o *processo* de tradução.

4.2. Katharina Reiss, Hans Vermeer e as Origens da Abordagem do Escopo

Como foi observado, o paradigma da equivalência era representado na Alemanha de maneira exemplar pelo livro de Werner Koller, *Introdução à Ciência da Tradução* (*Einführung in die Übersetzungswissenschaft*), de 1979. Koller elaborou um conceito de equivalência bastante complexo, o qual comportava cinco modos de manifestação: denotativo, conotativo, normativo, pragmático e formal. Isso significava que o modo de traduzir (os tipos de equivalência desejados) dependeria da *função* do texto ou do fragmento em processo de tradução. Os cinco modos de manifestação representavam, basicamente, funções que poderiam ser realizadas pela linguagem. Se o texto sobre o qual você está trabalhando se refere, principalmente, a objetos existentes no mundo, você deve se certificar de que a referência a esses objetos é precisa (e, se necessário, atualizada). Se a função de um determinado poema volta-se primordialmente para questões formais, você deverá, então, buscar pela equivalência principalmente ao nível da forma, e assim por diante. Para Koller, e para a maioria dos outros envolvidos com tradução naquela época, *a maneira de se traduzir dependia do tipo de texto que se estava traduzindo*. Era um paradigma pluralista, funcionalista e voltado para o contexto de partida. Uma perspectiva que fica bem à vontade dentro do paradigma da equivalência.

As propostas teóricas de Katharina Reiss situavam-se, igualmente, em relação de proximidade com o paradigma da equivalência. Sua proposta principal havia sido, de fato, publicada antes daquela de Koller e era bastante compatível com o conceito de equivalência que ele havia proposto. Em seu livro *Möglichkeiten und Grenzen der Übersetzungskritik*, de 1971 (traduzido para o inglês em 2000 como *Translation Criticism: Potential and Limitations*), Reiss havia proposto que tipos textuais diferentes exigiriam estratégias de tradução diferenciadas. Ela identificava três tipos textuais básicos: "expressivo", "apelativo" (predominantemente convocativo) e "representacional" (predominantemente conteudístico), em que cada texto seria classificado conforme uma dessas funções que lhe seria dominante. As funções baseavam-se, na verdade, nas três pessoas do discurso (relacionadas às funções da linguagem estabelecidas por Bühler em 1934/1982). O texto primordialmente "expressivo" seria orientado pela primeira pessoa do discurso ("eu") e diria respeito a coisas como cartas pessoais e uma série de outros gêneros literários. O texto primordialmente "apelativo" diria respeito a gêneros como a publicidade, o qual teria um efeito sobre a segunda pessoa do discurso ("tu"/"você"), o interlocutor, devendo ser elaborado de tal forma que possibilitasse tais efeitos. O texto primordialmente "representacional" diria respeito a qualquer coisa que fizesse referência ao mundo, a terceiros ("ele"/"ela"/"eles"/"elas"), exigindo assim um modo de tradução em que as referências fossem exatas. Em 1976, Reiss propôs uma revisão a sua tipologia. O termo "apelativo" tornou-se "operativo", mantendo e expressando de maneira mais direta seu sentido: *a função comunicativa do texto de partida indica ao tradutor quais estratégias deverão ser usadas por ele ao traduzi-lo.*

OS TIPOS TEXTUAIS DE REISS E SEUS MÉTODOS DE TRADUÇÃO CORRESPONDENTES

Tabela 4.1: O quadro a seguir relaciona os termos originais e revisados propostos por Reiss para seus três tipos textuais básicos, assim como os objetivos que o tradutor deve ter ao lidar com cada um deles. Uma vez que a ênfase recai sobre o contexto de partida, esse tipo de funcionalismo estaria situado dentro do paradigma de equivalência.

TIPOS TEXTUAIS (1971)	TIPOS TEXTUAIS (1976)	MÉTODO DE TRADUÇÃO
Focalizado em conteúdo	Texto informativo	Precisão dos conteúdos, aceitabilidade da forma
Focalizado na forma	Texto expressivo	Precisão dos conteúdos, forma correspondente
Focalizado no apelo	Texto operativo	O efeito possui prioridade sobre a forma e o conteúdo

Tabela 4.1 – Proposta de Reiss para a correlação de tipos textuais com métodos de tradução (adaptado de Nord, 2002/2003)

O trabalho de Reiss era de fato mais sofisticado do que os modelos triádicos, uma vez que ela reconhecia gêneros mistos e considerava as implicações dos meios de comunicação (por exemplo, quando um romance é transformado em um filme, espera-se que as estratégias de tradução se modifiquem). É bastante fácil estender seu modelo reconhecendo-se funções linguísticas adicionais. Com base em Roman Jakobson (1960) poderíamos incluir as funções "metalinguística", "fática" e "poética", adicionando na verdade um eixo vertical ao modelo das três pessoas de Bühler. A ideia básica, entretanto, mantém-se a mesma: seja qual for a função do texto de partida, o tradutor deve buscar mantê-la na tradução.

Eis o ponto em que surgem grandes mal-entendidos. A posição de Reiss tem sido chamada de funcionalista, o que lhe faz jus. Sua ideia principal, no fim de contas, é a de que o modo como traduzimos é dependente da função do texto que estamos traduzindo. Muitos outros teóricos adotaram a ideia e o rótulo de "funcionalista" tem sido usado como um termo geral para designar essa abordagem. Christiane Nord (1988/1991), por exemplo, fornece uma detalhada descrição de como os textos deveriam ser analisados previamente a sua tradução, para que os tradutores possam afirmar com certeza sua função (de modo bem germânico, a análise de Nord contempla por volta de 76 questões que os estudantes deveriam aprender a responder antes de começar a traduzir). Para Nord, essa análise deveria contemplar primeiro o texto de chegada, depois o de partida, a fim de se poder identificar as correspondências e diferenças entre os dois. Ela sabe que para a tradução profissional esse tipo de análise se dá, em grande parte, de maneira automática – ninguém jamais responde a todas as 76 questões. Ao nível da teoria, ela certamente reconhece que as traduções podem de fato possuir funções diferentes daquelas de seus textos de partida, as quais ela tende, mesmo assim, a enfatizar em suas análises. Em seus comentários sobre suas traduções conjuntas da Bíblia, por exemplo, Nord (2001) primeiro identifica a "função pretendida" de algumas passagens problemáticas no texto de partida, para então considerar de que modo essa função poderá ser reproduzida ou modificada a fim de enfatizar a diferença em relação a uma forma de leitura contemporânea (que, no caso, é a "função pretendida" para a tradução em questão). Mary Snell-Hornby, na época dirigindo a escola de tradução em Viena, propôs uma espécie de funcionalismo semelhante no centro de sua "abordagem integrada" (1988). A intenção fundamental de todas essas propostas é a de que as funções exercidas pelos textos é que devem ser traduzidas, e não as palavras ou as orações impressas nas páginas. Claro, tal intenção pode ser identificada desde Cícero, pelo menos, já que ela é essencial para o conceito de equivalência. Esse tipo de "funcionalismo" não deveria representar nenhuma novidade.

O estranho é que tanto Nord quanto Snell-Hornby *diferenciavam* seu tipo de funcionalismo do paradigma da equivalência, principalmente como foi apresentado por Koller (ver Nord, 1988/1991, p. 23, 25-26 e Snell-Hornby, 1988, p. 22). Essa oposição, em perspectiva, parece-nos um tanto ingrata. As autoras, de alguma forma, equiparam a equivalência com uma equivalência de tipo formal ou com algum tipo de literalismo, enquanto o conceito de equivalência foi desenvolvido justamente para que categorias como a de equivalência dinâmica pudessem funcionar em conjunto com as possibilidades de literalismo. As abordagens de Nida, e certamente o modelo de equivalência de Koller, poderiam ser legitimamente considerados funcionalistas. Na verdade, todos os modelos funcionalistas de equivalência mantêm sua compatibilidade com os tipos textuais de Reiss. E o termo "funcionalismo", como veremos nos capítulos seguintes, poderia ser ampliado para representar muitas das teorias desenvolvidas com fins a alcançarem poderes descritivos. Se a "função" é o que está realmente em jogo aqui, os teóricos alemães se digladiavam por muito pouco.

Consideremos, por exemplo, um caso tão batido quanto o *Mein Kampf* de Hitler. Qual é a função desse texto? Expressivo em algumas passagens, manifestando um caráter forte em primeira pessoa, como em uma autobiografia. Em outros aspectos, fornece um ponto de vista sobre a história, assumindo função referencial. Por fim, sua função geral é, sem dúvida, a de converter os leitores para a causa do nacional-socialismo, podendo portanto ser classificada como operativa, como uma convocação para a ação. Como deveríamos traduzir o texto? A mistura de funções não é o problema principal (já que o funcionalismo nunca propôs a existência de categorias puras, para além de seus exemplos muito bem selecionados). Se analisarmos o texto de partida com cuidado, se nos referirmos àquilo que sabemos a respeito das intenções do autor e dos efeitos nos leitores, provavelmente traduziríamos *Mein Kampf* de tal maneira que angariaríamos, entre seus leitores, ainda mais simpatizantes para o nacional-socialismo.

Este seria o resultado da aplicação estrita de um funcionalismo voltado para o texto de partida. Entretanto, muitas editoras e possivelmente muitos tradutores se sentiriam desconfortáveis com tal objetivo. Na maioria das situações atuais, faria mais sentido traduzi-lo como um documento histórico, incluindo notas e referências aos acontecimentos históricos que ocorreram após o texto de partida ter sido escrito. O tradutor poderia decidir baixar o tom de grande parte da sua prosa enfática. De modo alternativo, seria possível ressaltar ainda mais o seu tom estridente, tornando o convite para a ação ineficiente, ao fazê-lo caricato. Algumas estratégias de tradução bem selecionadas poderiam dirigir o leitor para uma ou outra dessas orientações.

Um funcionalismo voltado para o texto de partida não é capaz de levar em consideração os motivos pelos quais um tradutor mudaria a função de seu texto fonte. Mas a teoria do escopo de Vermeer é. Para ele, o tradutor de *Mein Kampf* não teria que priorizar a função original do texto escrito na língua alemã, mas sim *o efeito que se supõe que o texto traduzido tenha para seu leitor*. As duas coisas podem ser bem diferentes uma da outra e nesse caso em particular provavelmente seriam. Mesmo nos casos do que Vermeer chama de "função constante" (*Funktion konstans*), em que o propósito (*Skopos*) exige que a função do texto de partida seja mantida, pode ser que sejam exigidas mudanças significativas. Na verdade, a manutenção da função do texto de partida (a qual poderia ser outra maneira de se referir a um certo tipo de equivalência) é provavelmente o princípio que exige o maior número de modificações textuais. Os primeiros tradutores do livro de Hitler para o inglês, de direita, queriam que ele fosse recebido positivamente pelos leitores, e, desse modo, diminuíram o tom da retórica e procuraram fazer com que o autor soasse como um político racional (ver Baumgarten, 2009).

A estratégia de Vermeer de priorizar o propósito (*Skopos*) transformou de maneira radical o funcionalismo que já existia, mudando o seu foco da fonte para o alvo. Isso fez com que fatores pragmáticos fossem considerados, como o *papel dos clientes* da tradução, a importância do tradutor possuir *instruções claras* antes de dar início à tradução, e o princípio geral de que *um texto pode ser traduzido de diferentes maneiras*, a fim de satisfazer diferentes propósitos. Todas, boas ideias. E não particularmente problemáticas, em si, dado que requeriam uma boa dose de senso comum e uma pitada de liberalismo existencialista, e já que cada tradutor deveria tomar a decisão por si mesmo. Então, por quais motivos se produziu tanto barulho sobre a questão?

O problema pode ter sido o seguinte: se você está analisando modos de equivalência em relação ao texto de partida, está fazendo *análise linguística* de uma maneira ou de outra. Mas se você tem que escolher entre um propósito ou outro – por exemplo, diferentes justificativas para traduzir *Mein Kampf* – a análise linguística não será de muita serventia. Você se encontra na verdade envolvido com sociologia aplicada, marketing, ética da comunicação e uma série de considerações teóricas que se relacionam apenas de maneira bastante frouxa sob o rótulo de "estudos culturais". Teorias da equivalência podem ser formuladas em termos linguísticos, e os tradutores podem ser treinados para lidar com faculdades da linguagem e com a linguística. Mas as versões mais radicais do funcionalismo voltado para o texto de chegada forneceram, na verdade, justificativa para a criação de uma nova disciplina acadêmica. A tarefa de treinamento de tradutores pôde então ser retirada das garras de departamentos mais tradicionais, voltados para o estudo da linguagem. A teoria da tradução tornou-se, assim, a cena de um debate sobre disputas de *poder na academia*. De um lado, a equivalência; de outro, o funcionalismo, opostos entre si, mesmo quando se mostravam compatíveis.

4.3. Justa Holz-Mänttäri e a Teoria da Competência do Tradutor

Enquanto tudo isso acontecia, Justa Holz-Mänttäri estava na Finlândia, ocupada em reescrever por completo o processo de tradução a partir da *teoria da ação*, a qual também interessava Vermeer. Para tanto, ela sentiu a necessidade de *modificar os termos* comumente usados para descrever aquilo que o tradutor faz. O "texto" tornou-se um "transmissor da mensagem" (*Botschaftsträger*); os tradutores, solicitados para realizar tarefas que iam muito além de traduzir, passaram a ter sua função profissional descrita como "textualizador" (*Texter*) – aquele que "textualiza" (como o escritor que escreve e o leitor que lê), muito antes dos SMS darem um sentido diferente ao termo (*texting*). Com sua impressionante densidade sintática e o uso de neologismos Holz-Mänttäri tornou-se uma espécie de bode expiatório para muitos tradutores justificarem a afirmativa de que a teoria da tradução lhes soa incompreensível.

As ideias principais de Holz-Mänttäri não são, contudo, difíceis de serem entendidas. Ela parte de uma óptica funcionalista que se estende não apenas aos textos, mas também à sociedade – apoiando-se na teoria da ação e em fontes como a teoria de Malinowski em que diferentes instituições realizam funções sociais equivalentes. Desse ponto de vista, *as funções se manifestam pelas ações, sendo cada uma delas conduzida pelo seu propósito*. A comunicação de mensagens é uma ação como qualquer outra, regulada pela função que a mensagem deve satisfazer. Grupos sociais diferentes, entretanto, especializam-se na condução de diferentes tipos de ações, e, em última instância, na prática de diferentes formas comunicativas. Quando um determinado tipo de informação é transplantado para uma cultura diferente daquela em que é originado, os envolvidos na sua transmissão precisarão da ajuda de *especialistas em comunicação intercultural*. Um especialista desse tipo deveria ser o tradutor, de quem poderia ser solicitado que executasse uma série de coisas, incluindo a explicação sobre a natureza da cultura estranha, ou para que produzisse um texto com base na informação fornecida por seu contratante.

É fácil de ver como a teoria de Holz-Mänttäri adequava-se bem à questão da prioridade ao texto de chegada. Tomadas isoladamente, suas ideias dificilmente incomodariam alguém. A ideia de que ações alcançam resultados era corrente nas investigações pragmáticas e mesmo em muitos tipos de abordagem sociológica; seu princípio era o mesmo daquele da regra do escopo de Vermeer. Os argumentos de Holz-Mänttäri contra o determinismo simplificado da equação "quando temos x na origem, então teremos y na sua tradução" apoiava-se em uma perspectiva não mecanicista, bem conhecida do paradigma da equivalência. O que incomodava, entretanto, era a ideia de que um tradutor poderia escrever um texto completamente novo e ainda assim ser chamado de tradutor. Isso significava ampliar um pouco demais a definição de tradução. Contudo, se nos debruçarmos com atenção sobre as palavras de Holz-Mänttäri, perceberemos que ela e outros teóricos estavam falando de "ação tradutiva", isto é, toda a gama de ações realizadas pelos tradutores – e outros textualizadores. Seu interesse não estava limitado aos fatos concretos da tradução. Assim, é possível encontrar hierarquias como a abaixo:

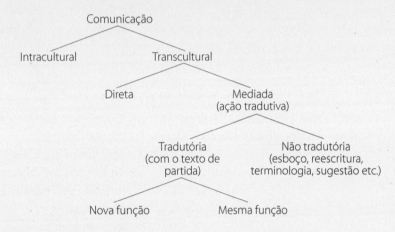

Figura 4.1: Ação tradutiva como uma forma de comunicação transcultural mediada (adaptado de Nord, 1997, p. 18)

Aí, a "ação tradutiva" (em que o adjetivo "tradutivo" refere-se à pessoa, ao tradutor) pode ser categorizada como "comunicação transcultural mediada". A ação indicada é de fato "tradutória" (o adjetivo, aqui, se refere à tradução) quando diz respeito a um texto de partida, muito embora haja muitos outros tipos de ações tradutivas com as quais os tradutores podem estar envolvidos. Percebe-se que a tentativa de repetir a mesma função do texto de partida é apenas um dos propósitos possíveis do ato de traduzir. Os tradutores possuem autonomia para tentar atribuir novas funções ao texto.

Vistos dessa maneira, tanto Holz-Mänttäri quanto Vermeer estavam elaborando críticas radicais às definições tradicionais de tradução baseadas na equivalência. Eles estavam também questionando o papel tradicional que a linguística exercia na formação de tradutores. Ao mesmo tempo, estavam possivelmente reagindo às mudanças na profissão de tradutor, pelo menos à medida que os tradutores passavam a ser solicitados para tarefas que iam muito além de apenas traduzir: terminologia, pós-edição, revisão, edição eletrônica e coordenação de projetos e, ainda, a lógica progressão de carreira em áreas como marketing internacional e relações públicas. Os teóricos estavam, talvez, permitindo que problemas profissionais passassem a fazer parte da teorização.

Isso não significava, entretanto, que os tradutores poderiam fazer o que bem entendessem.

4.4. A Teoria "Suficientemente Boa" Baseada em Propósitos

Uma consequência importante do paradigma dos propósitos é que, em termos gerais, o tradutor poderá fornecer mais informação do que se encontra explicitada no texto de partida caso seja necessário, e, igualmente, menos informação se for o caso. Essa possibilidade era parcialmente reconhecida pelo paradigma da equivalência, mas nunca completamente admitida. Nida, por exemplo, falava a respeito de "acréscimos" como sendo algo que o tradutor poderia fazer com um texto, mas especificava que "não há de fato acréscimos ao conteúdo semântico de uma mensagem, pois esses acréscimos consistem essencialmente em tornar explícito o que se encontra implícito na linguagem do texto de partida" (1964, p. 230-231). Do mesmo modo, aquilo que Nida denomina "subtração" "não necessariamente diminui o conteúdo da informação no ato comunicativo" (1964, p. 233). De maneira geral, o paradigma da equivalência não reconhece como legítimos os casos deliberados de acréscimo ou subtração. Na verdade, enquanto autores como Vázquez-Ayora poderiam discutir a categoria de "paráfrase" como algo a que os tradutores vez por outra fazem uso, ele constantemente chama a atenção para o fato de que o uso de tais estratégias não pertence de fato ao terreno da tradução: "traduzir não significa explicar ou comentar um texto, ou escrevê-lo como achamos que ele deve ser" (1977, p. 288). Sob essa recusa generalizada em admitir acréscimos ou subtrações, podemos encontrar as proibições bíblicas de modificação de um texto sagrado (ver *Deuteronômio* 4,2; 12,32 e *Apocalipse* 22,18-19). De maneira mais geral, entretanto, em uma época na qual a noção de autoria é forte, a tendência é a de se respeitar a integridade de todo tipo de texto, e enquanto o texto de partida se mantiver como a medida e justificativa para a adoção de estratégias de tradução, a questão de exatamente quanto o tradutor poderá acrescentar ou subtrair não precisará jamais ser formulada. Por outro lado, em uma época em que muitos textos quase não possuem autoria – brochuras, páginas da internet e manuais de instruções normalmente não trazem o nome de nenhum autor – parece haver maior liberdade de tradução.

Uma das respostas a esse problema foi proposta por Hans Hönig e Paul Kussmaul, influenciados pela teoria do escopo na década de 1980. Eles formularam o *princípio do grau de precisão necessária*, propondo que o grau apropriado de precisão é determinado pela função da tradução (1982/1996). Essa poderia ser uma formulação variante da regra do escopo. Sua demonstração, entretanto, é um pouco mais difícil.

Hönig e Kussmaul discutem a questão de como traduzir termos culturalmente específicos como *bachelor's degree* ou *master's degree* que tendem a ocorrer em textos relativamente com baixo grau de autoria, como, por exemplo, em um *curriculum vitae*. Eles reconhecem que o tradutor não pode esperar dizer tudo sobre graus de formação acadêmica no exterior, e também que não é justo não esclarecer o leitor sobre o modo como termos e estruturas básicas diferenciam-se entre si. Como afirma Hönig em outra ocasião (1997, p. 11), "deve haver uma marca de corte com relação à qual os tradutores possam afirmar com segurança: 'isso é tudo o que os leitores precisam saber nesse contexto'".

Exatamente onde se situa essa marca é uma questão que depende da função específica exercida pela tradução, de modo que não há de fato nenhum princípio geral que possa ser afirmado. O curioso, entretanto, é o modo como a explicação é fornecida. É assim que Hönig (1997) comenta um exemplo que provocou muito debate (ver Hönig e Kussmaul, 1982/1996, p. 53):

> O princípio do grau de precisão necessária não é, de modo algum, limitado a termos culturalmente específicos, nem para o significado isolado das palavras, mas ele pode ser exemplificado, da melhor maneira possível, por este tipo de problema de tradução: por exemplo, a expressão *public school* implica em uma tal quantidade de conhecimento culturalmente específico que se torna impossível traduzir seu significado por completo. Da perspectiva de uma abordagem funcionalista, entretanto, a função de uma palavra em seu contexto específico determina o grau de significado cultural que deverá ser explicitado. Nos exemplos abaixo, a tradução do mesmo termo – Eton – será diferente em cada sentença:
>
> (2a) Ele lutou pela igualdade no Parlamento, mas mandou seu filho para Eton.
>
> (3a) Quando seu pai morreu, sua mãe não pôde mais mantê-lo em Eton.
>
> As seguintes traduções seriam suficientemente detalhadas:
>
> (2b) *Im Parlament kämpfte er für Chancengleichheit, aber seinen eigenen Sohn chickte er auf eine der englischen Eliteschulen.*
>
> (... uma das escolas inglesas de elite)
>
> (3b) *Als sein Vater starb, konnte seine Mutter es sich nicht mehr leisten, ihn auf eine der teuren Privatschulen zu schicken.*
>
> (... uma das escolas particulares [*public schools*] mais caras)
>
> Claro que há mais conhecimento de fato implicado em termos como "Eton" e "*public school*" do que aquele expresso pela tradução, mas esta faz menção a tudo que é relevante dentro do contexto da sentença, em outras palavras, a tradução é semanticamente precisa o suficiente.

Aqui, o tradutor assumiu determinadas suposições a respeito do conhecimento do leitor sobre as instituições de ensino da cultura inglesa, fornecendo a informação de acordo. Para tanto, as soluções são determinadas pela situação do lado do contexto de chegada, e, dessa forma, pelo propósito que se admitiu para a tradução, como previsto pela regra do escopo. Não se aplica aqui a questão de ser a tradução exata ou perfeita; não há necessidade de se aprofundar demasiadamente em qualquer tipo de análise estratégica ou de semântica componencial; a tradução simplesmente é "boa o suficiente" para a situação em questão. O tradutor, assim, assumiu que "isso é tudo o que os leitores precisam saber", e nada mais precisa ser dito.

Observe-se que na citação acima Hönig não faz de fato menção à relação entre a tradução e seu leitor. Ele na verdade faz referência à "função de uma palavra em seu contexto específico", à qual ele mais tarde se refere por "o contexto da sentença". Além disso, as duas traduções diferentes para o termo "Eton" não são de fato tomadas como acrescentando ou subtraindo alguma coisa do texto de partida. Ao fim e ao cabo, ambas as traduções tornam explícitos alguns poucos valores semânticos os quais se supõe que sejam ativados pelos leitores do texto de partida. Apesar dos princípios melhor elaborados do funcionalismo, a prática concreta sugere que não estamos muito longe dos princípios básicos da equivalência, no caso, direcional e dinâmica.

Retornaremos agora a um dos problemas fundamentais do paradigma dos propósitos em geral. Se a natureza do texto de partida pode determinar um tipo de função (como parece ser o caso no exemplo de Hönig), como poderemos ter certeza de que não há outros propósitos a serem respeitados?

4.5.   Quem Realmente Decide?

Apesar de nossas dúvidas a respeito de quão radicalmente inovadoras eram algumas das abordagens funcionalistas, Hans Vermeer enxergava sua regra do escopo como algo que de fato destronava o texto de partida. Para ele, as decisões do tradutor não poderiam mais se basear apenas naquilo que ali se encontrava. Uma vez que esse princípio é aceito de maneira compromissada, uma nova dimensão analítica se mostra ao tradutor. Subitamente, surgem uma série de novos atores sociais envolvidos: o contratante/proponente do projeto (podendo ser também seu financiador), uma empresa de tradução intermediando as relações entre proponentes e tradutores, o tradutor, especialistas capazes de contribuir para o processo de tradução, editores e, por fim, o público-alvo, no papel do leitor e usuário da tradução. As teorias funcionalistas em língua alemã estão repletas de diagramas interligando todos esses atores e descrevendo todos seus possíveis papéis. Todos juntos, entretanto, esses fatores de alguma forma parecem convergir em um propósito ou escopo, aquilo que se espera que a tradução alcance. Poderíamos dizer, por exemplo, que um bilhete em tom infantil deixado por um suicida é, sem dúvida, um texto expressivo – conforme a classificação de Reiss –, mas quando o mesmo texto tiver que ser, por exemplo, apresentado em um julgamento como evidência, devendo ser traduzido, sua transposição deverá ser a mais precisa possível, uma vez que esse novo propósito deverá ajudar na decisão de se saber se realmente o bilhete foi escrito com uma intenção genuína (um exemplo autêntico, extraído de Mayoral, 2003). No caso, a função do texto de partida é um tanto diferente daquela de sua tradução, e sua alteração se deve à mudança de propósito.

Esse tipo de análise é apropriada desde que todos os envolvidos estejam de acordo com o propósito da tradução. Porém, o que acontece quando não há concordância explícita? Imaginemos, por exemplo, que um partido neonazista tenha solicitado uma nova tradução de *Mein Kampf* com base nos princípios da equivalência dinâmica, ou que o advogado de defesa exija que o bilhete deixado pelo suicida seja traduzido de maneira a não levantar suspeitas a respeito de sua legitimidade. Como deveria o tradutor decidir nesses casos?

Se considerarmos as teorias funcionalistas com atenção, encontraremos pouca concordância a respeito da decisão a ser tomada em tais casos. Se o texto de partida foi destituído, o que deveria ser colocado no lugar dele?

Para Holz-Mänttäri, *o tradutor treinado adequadamente é o especialista* em resolver problemas de tradução e, portanto, aquele a quem compete as decisões. Autores e contratantes, por outro lado, geralmente são especialistas em suas próprias áreas de atuação, e deveriam, portanto, serem consultados para decidirem a respeito de terminologia apropriada e sobre os efeitos que gostariam que a tradução tivesse sobre o público-alvo a que é dirigida. Dessa maneira, Holz-Mänttäri projeta um mundo de especialidades que são complementares entre si. Baseado no respeito mútuo, com lugares bem definidos a serem ocupados por tradutores apropriadamente treinados. O tradutor torna-se, assim, soberano a respeito de problemas relativos à tradução. Claro, ainda é difícil saber até que ponto tal situação poderia se manter.

A posição de Vermeer é um pouco mais difícil de ser circunscrita. Vimos como ele descreve o processo de tradução como fazer com que um texto "tenha a função apropriada à situação em que é usado, para as pessoas que farão uso dele, da maneira como esperam que ele funcione" (1989a, p. 20). Isso parece tornar o usuário final da tradução um rei. Ainda assim, Vermeer descreve o tradutor como um especialista respeitável (1989a, p. 40), um profissional que "atua tradutivamente" (*handelt translatorisch*; 1989a, p. 42), e cuja responsabilidade ética deverá satisfazer o objetivo da tradução tanto quanto possível (1989a, p. 77). No entanto, quem decide qual é esse objetivo? A resposta deveria se encontrar na seguinte passagem: "a maior responsabilidade do tradutor é a de transmitir a informação pretendida da melhor maneira possível" (1989a, p. 68). E quem então decide qual informação é realmente pretendida (já que intenções geralmente não estão disponíveis para serem analisadas), e quem é que determina o que "da melhor maneira possível" significa aqui? À segunda parte da questão, pelo menos, Vermeer fornece uma resposta clara o suficiente: "da melhor maneira possível" do ponto de vista do tradutor – *aus der Sicht des Translators* (1989a, p. 68). Nesse caso, como para Holz-Mänttäri, quem possui a última palavra é o tradutor treinado apropriadamente.

Aqui nos deparamos com um dos pontos negativos do paradigma como um todo. Para certos tipos de decisão, a teoria parece dizer que não pode ajudar o tradutor, pois ele deve agir de acordo consigo mesmo em cada situação. Isso acaba por depositar um peso enorme nas costas do tradutor e, ao mesmo tempo, uma grande liberdade de ação. Conforme Margret Ammann (1994), as antigas categorias da equivalência e as eternas escolhas binárias buscaram *reprimir a individualidade do tradutor*, enquanto a teoria do escopo de Vermeer enfatizaria, precisamente, tal individualidade, *libertando-o* e atribuindo-lhe *poder*.

Outros teóricos, no entanto, parecem menos ansiosos com relação a essas questões. Reiss nunca deixou de lado a prevalência das funções do texto de partida, enquanto o princípio essencial de Hönig e Kussmaul, como vimos, estava longe de ignorar o texto de partida. Em Nord e Snell-Hornby, por outro lado, há uma ênfase maior nas *instruções fornecidas pelo contratante*. Por exemplo, Nord afirma que o propósito se mantém "sujeito à decisão do proponente da tradução, e não ao bel-prazer do tradutor" (1988/1991, p. 9). Como consequência, ela define um "erro de tradução" como a incapacidade de corresponder às instruções fornecidas pelo contratante (1997, p. 75). Mais tarde, ela insistirá que "o propósito de uma tradução é definido pelas instruções de tradução, as quais (implícita ou explicitamente) descrevem a situação pretendida para o texto de chegada" (2001, p. 201). Para ela, o contratante é quem tem a palavra final, não o tradutor. Diante disso, em quem acreditar?

Isso vai depender, em grande parte, dos termos utilizados para descrever as indicações que o tradutor recebe, ou não, do cliente. Em tradução para o inglês, Vermeer prefere usar o termo *comission* (contratação), o qual lembra a figura de um pintor que é contratado com indicações bastante gerais a respeito do que se deseja, deixando-o livre para fazer uso de suas habilidades criativas. Quando editei Nord (1997), optei por um *brief* (sumário) do cliente, que traz à mente a figura de um advogado que recebe informações de seu cliente, mas que, em última instância, é o responsável pelo sucesso ou insucesso do caso. Já o teórico francês Daniel Gouadec prefere o termo *job description* (descrição do trabalho), no qual deve-se chegar a um acordo sobre o maior número possível de detalhes técnicos, como se o tradutor estivesse ajudando o contratante a construir uma casa. Eis um dentre os muitos casos em que a teoria da tradução tem que confiar em metáforas mais ou menos explícitas, selecionando comparações possíveis de acordo com as proposições teóricas. As metáforas dizem muito a respeito de quem tem o poder (o "agente") de tomar decisões.

Christiane Nord tem buscado incluir uma dimensão prescritiva a essas relações. Ela afirma que o tradutor possui obrigações éticas não apenas em relação aos textos (conforme o foco tradicional na "fidelidade"), mas, o que é mais importante, em relação às pessoas: proponentes, contratantes e público-alvo (leitores), todos merecedores da "lealdade" do tradutor (Nord, 1997, p. 123s.). Ela vê essa lealdade interpessoal como uma relação de solidariedade em geral, que deveria, de alguma forma, eliminar qualquer espécie de conflito interpessoal: "se o cliente solicita uma tradução que desrespeite tanto o autor quanto o público leitor, o tradutor tem a obrigação de argumentar com ele, ou mesmo recusar-se a produzir tal tipo de tradução" (2001, p. 200). Curiosamente, quando ela mesma foi criticada como cotradutora de textos do *Novo Testamento* (ver Nord, 2001), sua resposta não foi em termos de lealdade (por quais motivos ela não teria sido leal aos seus críticos?), mas em termos de uma funcionalidade "marcada", enquanto uma questão de honestidade. Ela afirma que se o tradutor, em um prefácio ao se trabalho, declara que o propósito de sua tradução é de certa natureza, portanto o trabalho não pode ser criticado por respeitar aquele propósito. Se você cumpre o que promete, esse é o propósito. Note-se que, então, o princípio do escopo não está protegido pelo poder relativamente hierárquico das estruturas de tradução. Nord não pode fazer uso desse princípio para sugerir a seus alunos que considerem o texto para além de sua superfície. Em uma situação mais exposta como essa, Nord afirma que os tradutores têm o direito e a responsabilidade de fazer o que eles acham apropriado. Nesse ponto, ela se juntaria à soberania do tradutor proposta por Holz-Mänttäri e Vermeer.

4.6. Algumas Virtudes do Paradigma de Propósitos

Juntemos, agora, toda essa variedade de vieses apresentados. Os princípios abaixo poderiam ser considerados como sendo aqueles que todos os autores apresentados concordariam:

1. As decisões do tradutor são, em última instância, regidas pelo propósito da tradução.
2. O propósito da ação do tradutor (ação tradutiva) poderá ser o estabelecer equivalência com vários aspectos do texto de partida, reescrever, fornecer consultoria ou qualquer outra atividade relacionada.
3. O texto de partida pode ser traduzido de maneiras diferentes a fim de satisfazer propósitos diferentes.
4. Um fator essencial para definir o propósito de uma tradução será a descrição dos procedimentos fornecida pelo contratante ou negociada com ele.
5. Em última instância, o propósito da tradução é determinado individualmente pelo tradutor, trabalhando em relação com os outros atores sociais envolvidos.

Essa abordagem possui vários pontos fortes que a distinguem do paradigma da equivalência:

1. Ela reconhece que o tradutor exerce sua função em um contexto profissional, com um complexo de responsabilidades tanto em relação a pessoas quanto a textos.
2. Ela libera o tradutor de teorias que tentariam formular regras linguísticas regendo cada decisão.
3. Ela nos obriga a compreender a tradução como envolvendo uma variedade de fatores, em vez de ser apenas o trabalho sobre um texto.
4. Ela diz respeito a questões éticas em termos de livre escolha.

São todos pontos positivos. Em seus dias, essa abordagem era considerada estimulante e até mesmo revolucionária, aparentemente contrapondo os aspectos mais fundamentais da equivalência.

4.7. Objeções Frequentes

Muito embora tenha havido várias críticas à teoria do escopo de maneira geral, poucas foram respondidas de forma apropriada. Quando Vermeer responde a uma série de objeções (a maioria delas encontradas em Vermeer 1989b/2012), ele o faz de uma forma um tanto superficial. É possível argumentar, por exemplo, que nem todas as ações possuem objetivos – uma vez que nunca se conhecem os resultados completos de uma ação antes de tê-la realizado –, e Vermeer responde, de um jeito bastante acertado, que mesmo assim orientamos nossas ações em termos de objetivos pretendidos e que todas as ações possuem propósitos por definição (já que é de tal forma que ele define o conceito de "ação"). Os debates em torno dessas questões ficaram por aí, sem escalar picos filosóficos muito elevados.

Selecionamos alguns desses argumentos.

4.7.1. "Traduzimos Palavras, Não Funções"

Todos os autores desse paradigma acentuam que se deve traduzir aquilo que os textos supostamente fazem, sua função pretendida, não as palavras estampadas na página. Mesmo quando não existe concordância a respeito de quem está por trás dessa intenção, todos concordam que a função possui prioridade sobre as palavras. O crítico britânico Peter Newmark (1988, p. 37) retorquiu que "tudo que existe em uma página, são palavras", e, assim, palavras são tudo o que há para ser traduzido. Esse debate deveria servir para indicar que o sentido ou as funções que traduzimos são sempre *construídas* por nós com base na informação disponível e muita dessa informação está contida em palavras. Intenções, não importa a quem pertençam, não estão imediatamente disponíveis. Newmark estava certo, mas e daí?

4.7.2. "Os Propósitos São Identificados no Texto"

Uma versão um pouco mais sofisticada da crítica de Newmark argumenta que não há função ou intenção que não seja expressa em palavras, sendo assim impossível não lançar mão de algum tipo de análise linguística do texto de partida. Nessa linha de raciocínio, Kirsten Malmkjaer (1997, p. 70) toma os exemplos de Hönig sobre a escola Eton e afirma que, na própria análise dele, "aquilo que é necessário depende muito menos da função de uma tradução do que do contexto linguístico no qual uma expressão problemática ocorre". Por exemplo, se o verbo principal de uma sentença for *afford* (bancar) – como em "sua mãe não poderia bancar seus estudos na Eton" –, então, o termo "Eton", não importa em qual língua, acionará o valor "caro". Assim, não existe a necessidade de se explicitar essa função para o leitor da tradução, assim como também não há motivo para se afirmar que a função representa um novo paradigma. Poderia ser um argumento válido em relação à abordagem de Hönig e Kussmaul, mas ele perde sua força quando aplicado a casos em que o texto de partida pode de fato ser traduzido de diferentes maneiras (como no caso do bilhete de suicídio mencionado acima).

4.7.3. "O Conceito de Propósito (ou *Skopos*) É um Idealismo"

Essa é uma versão um pouco mais filosófica da mesma crítica acima. Se o significado textual é considerado instável e sempre aberto a interpretação, o mesmo pode se dizer a respeito de qualquer propósito ou função. Apesar de as teorias do propósito desfazerem a suposta estabilidade do texto de partida, de alguma forma, a mesma crítica pode ser aplicada aos seus conceitos principais. Não há nenhum motivo para que uma pretensa estabilidade se estabeleça a partir da mudança de foco do texto de partida para o texto de chegada. Como Chesterman comentou (2010, p. 224) o poder explanatório da regra do escopo é fraco "porque se apoia num conjunto ótimo de condições de trabalho com tradutores otimamente competentes".

4.7.4. "A Teoria do Escopo Não Pode Ser Refutada"

É um raciocínio bem simples. Se toda tradução é controlada pelo seu propósito, então esse propósito é o que é alcançado em toda tradução. Para conseguir separá-los, teríamos que nos debruçar sobre traduções consideradas ruins para as quais os propósitos não foram alcançados, complicando, assim, a noção de tradução. Entretanto, se o propósito é, em último caso, determinado pelo tradutor, como acreditava Vermeer, de que modo poderíamos acusar determinados tradutores de não terem alcançado os propósitos por eles mesmos estabelecidos? Apelando-se, talvez, para um princípio de contradição interna – parte da tradução teria alcançado seus propósitos, parte não, mau sinal... Mas quem disse que uma tradução deveria possuir um único propósito? Quanto mais nos mantemos em tal linha de raciocínio, menos sentido faz a regra do escopo.

4.7.5. "A Teoria Não Trata a Equivalência Como uma Norma Subjacente Padrão"

Esse argumento afirma que, em nossa sociedade, o conceito prevalente de tradução requer que o tradutor procure alcançar o máximo de equivalência possível, em qualquer nível, a menos que haja casos específicos com indicações contrárias. A análise do propósito, então, diria respeito apenas a tais casos especiais, e a análise linguística da equivalência poderia continuar independentemente – agradecemos a Basil Hatim por nos indicar essa posição, embora ela pudesse ter sido derivada das "traduções diretas" de Gutt, que seriam aquelas para as quais a norma-padrão se aplicaria. Um contra-argumento poderia ser o de que há, atualmente, muitas formas de tradução, incluindo-se a tradução instantânea e a localização, para as quais a norma-padrão não é operativa, e são tantas as transformações pelas quais a profissão passou a ponto dea equivalência em si ter acabado por se tornar um caso particular. Nenhum estudo empírico, até onde sabemos, pôs à prova essas afirmações.

4.7.6. "A Análise de Propósitos É, em Sua Maior Parte, Realizada Sem Maiores Dificuldades"

Esse tipo de crítica se concentra sobre a formulação rigorosa dessas teorias, perguntando se os tradutores de fato devem realizar tanto trabalho teórico antes mesmo de começar a traduzir. Podemos considerar, no caso, as 76 perguntas de Nord sobre o texto de partida – e possivelmente também outras 76 sobre o texto de chegada. Os tradutores, poderíamos dizer, na maioria das vezes, facilitam as coisas ao aderirem às normas históricas de sua profissão, sem se deterem muito na consideração de propósitos específicos. Eles realizam sua tarefa da melhor maneira possível, com ou sem apoio teórico. Uma resposta a esse argumento seria a de que muitas traduções poderiam resultar melhores se fossem feitas com vistas à concretização de propósitos específicos, em vez de por meio da obediência a normas endêmicas. Essa resposta, entretanto, transformaria a natureza da teoria, retirando-a de sua instância descritiva e situando-a em uma instância prescritiva. Na verdade, essa crítica expõe a condição ambivalente de todo o paradigma, o qual possui um direcionamento pedagógico muito forte sob uma fina camada descritivista.

4.7.7. "A Noção de Tradutor Bem Treinado É Autoatribuída"

Como observado, a ilusão descritivista é mantida focando-se apenas nos "bons" tradutores, ou naquilo que os tradutores fazem quando recebem treinamento apropriado. Isso faz com que a posição descritivista seja, ao mesmo tempo, prescritivista, particularmente quando nos damos conta de que essas teorias foram usadas para mudar programas de treinamento, contribuindo, assim, para a formação de "bons" tradutores, da maneira como a própria teoria entende. O risco que se corre é o de se estar institucionalizando nada mais do que apenas a opinião dos autores.

4.7.8. "A Teoria Não É Capaz de Resolver Casos em Que Há Conflito de Propósitos"

Isso é, de fato, admitido quando se permite que o tradutor faça, em muitos casos, suas próprias escolhas. Aquilo que alguns enxergam com uma incapacidade para desenvolver uma ética de conduta, torna-se um estágio de liberação e de ampliação de poder.

4.7.9. "A Teoria Contradiz a Ética de Verdade e Acurácia"

Newmark (1997, p. 75) reduz a proposta de Vermeer à noção de que "os fins justificam os meios" e a descreve como "um tipo de brutalismo que exclui fatores de qualidade e acurácia". Dessa forma, opõe-se àquilo que ele, Newmark, entende como "o ideal mercantilista da teoria do escopo", afirmando sua crença de que "a tradução é uma atividade nobre, que busca a verdade e que deveria ser normalmente acurada" (1997, p. 77). Ao assumir essa posição, Newmark mostra-se tradicionalista e intencionalmente não sofisticado, sem mencionar o fato de mostrar-se tecnicamente incorreto – Vermeer define "qualidade" em termos da função do texto de chegada, devendo haver tanta acurácia quanto necessário – embora diga de fato que "os fins justificam os meios" (ver Reiss e Vermeer, 1984, p. 101). Contudo, Newmark está provavelmente expressando a opinião da maioria das pessoas que utilizam os serviços de tradutores, isso sem mencionar uma certa ética profissional de uma boa parte dos tradutores.

Uma série de outros argumentos pode se encontrada em Chesterman (2010). Como deveria estar claro, a mudança do paradigma da equivalência para o de propósitos não foi, de modo algum, sem turbulências. Muitos desses debates encontram-se ainda vigentes, abordaremos alguns deles nos próximos capítulos.

4.8. Ampliação Para a Análise de Projetos

Concluímos este capítulo com uma rápida consideração sobre uma abordagem que amplia a noção de propósito de uma maneira bastante prática. O tradutor-treinador francês Daniel Gouadec (2007) não possui nenhum vínculo intelectual com os autores de língua alemã que tratamos aqui. A reflexão de Gouadec se desenvolveu a partir da formação de tradutores técnicos. Em termos gerais, ele entende a tradução como projetos de larga escala que envolvem não apenas contratantes e empresas, mas também equipes de tradutores, terminólogos e outros especialistas da comunicação. Ele argumenta que se deveria prestar atenção às instruções fornecidas pelos contratantes, às quais ele denomina "descrição de procedimentos" (*job specification*). Se as descrições forem tão completas quanto possível, o tradutor saberá exatamente como traduzir. Se as descrições não forem suficientemente completas, o tradutor deveria ser capaz de buscar pelos detalhamentos necessários.

A tabela 4.2, abaixo, é um exemplo daquilo que uma descrição de procedimentos pode implicar. Os tradutores em treinamento são orientados a buscarem com o próprio contratante as informações para todas essas categorias.

MATERIAIS	INFORMAÇÃO SOBRE A FUNÇÃO	INFORMAÇÃO SOBRE A TAREFA
Texto de partida	Função intencionada para a tradução	Prazos (para entrega de rascunhos, de versões finais)
Imagens, apêndices etc. do texto de partida	Perfil do leitor	Formato da tradução (quais ferramentas computadorizadas de apoio [CAT] são usadas)
Glossários especializados	Qualidade exigida (para a informação, para publicação, revisões, terminologia)	Base de preço (por palavra, toque, página, hora, dia)
Textos paralelos	Quem faz a revisão?	Valor estimado
Traduções anteriores		Termos de pagamento
Contato com especialistas ou consultores		Contrato assinado

TABELA 4.2 Materiais e informações em uma descrição de procedimentos para tradutores (cf. Gouadec, 2007, p. 15)

A primeira coluna da tabela 4.2 nos lembra que os contratantes podem fornecer muito mais material do que apenas o texto de partida: glossários especializados, textos paralelos – textos na língua de chegada sobre o mesmo assunto –, traduções anteriores na mesma área, e, quem sabe, o contato de um especialista na área. Um contratante pode se surpreender com o fato de um tradutor poder vir a precisar de todos esses materiais de apoio. Mas esse material é, com frequência, uma excelente fonte de informações para qualquer tradutor que esteja à procura de terminologia e fraseologia apropriadas. Em vez de tentar adivinhar ou ficar procurando na internet, os tradutores podem reduzir o risco ao usar o material fornecido pelo próprio contratante.

A informação da segunda coluna encontra-se muito próxima daquilo que os teóricos alemães chamariam de *Skopos*, a função pretendida para a tradução. A terceira coluna diz respeito aos acordos a respeito de prazos e de preços. São aspectos geralmente deixados de lado pela maioria das outras propostas teóricas, mesmo que raramente o sejam pelos próprios tradutores.

Para Gouadec, se todos os elementos de um projeto de tradução podem ser identificados e definidos adequadamente na elaboração dessa etapa de *pré-tradução*, através do diálogo e da negociação com o contratante, então, a tradução propriamente dita irá apresentar poucos problemas. Na verdade, Gouadec vai um pouco mais além do que isso. Para ele, continuam a existir muitas decisões para as quais os tradutores são, provavelmente, mais competentes do que seus contratantes, em particular no que diz respeito a coisas como o formato de textos e modos de expressão (polidez, formalidades etc.). Os tradutores deveriam decidir a respeito desses elementos considerados opcionais, mas também apresentar ao contratante, para sua ratificação, uma relação das decisões propostas. A pré-tradução procura tanto quanto possível eliminar todas as possíveis fontes de dúvida. Ela estabelece de modo efetivo as equivalências antes de o trabalho ser realizado.

Se compararmos a abordagem de Gouadec com a teoria do escopo, surgem várias diferenças significativas. Gouadec enxerga o tradutor como um técnico da linguagem, capaz de seguir instruções explícitas, enquanto *parte de uma equipe*. Holz-Mänttäri e Vermeer, por outro lado, tendem a enxergar o tradutor como um especialista capacitado para tomar decisões e responsabilizar-se por elas. Para eles, a figura de um tradutor ideal seria um consultor em comunicação intercultural, capaz de orientar seus contratantes sobre como se apresentar em uma cultura diferente.

Nos termos das teorias que exploramos até aqui, diríamos que Gouadec faz todo o possível para estabelecer um acordo (provavelmente a respeito das equivalências), reduzindo, assim, o espaço em que os tradutores precisariam decidir por si mesmos. Ele é um inimigo da pluralidade. Para a teoria do escopo, entretanto, a variedade de propósitos possíveis permite a libertação da equivalência, apresentando um confronto ético com a incerteza. Eles conduzem a ideia de propósito da tradução em certa direção, enquanto Gouadec – e com ele muitos dos profissionais da área – a conduz para outra.

Resumo

Este capítulo apresentou o paradigma que se fundamenta em uma simples ideia: uma tradução não precisa ser equivalente ao seu texto de partida. As várias teorias que formam o paradigma diferenciam-se quanto aos graus em que uma tradução poderá romper com a equivalência, mas todas se voltam para os propósitos do texto de chegada, aos quais se espera que a tradução satisfaça. Em teoria, um único texto fonte pode ser traduzido de diferentes maneiras para corresponder a diferentes propósitos. Isso significa que o tradutor precisa ter informações a respeito do propósito, e tal informação deveria idealmente constar nas instruções fornecidas pelo contratante da tradução. O tradutor é, dessa forma, posicionado em uma situação social em que deverá negociar com todas as partes envolvidas, incluindo os contratantes, os leitores ou seu público-alvo, e, também, o autor. Para Vermeer, é o tradutor que possui a última palavra na tomada de decisão a respeito dos propósitos da tradução. Para Holz-Mänttäri, o papel do tradutor nesse conjunto de relações é o de um especialista em comunicação intercultural, o que significa que ele poderá reescrever ou fornecer consultoria, além de traduzir. Para Nord, o componente ético dessas relações é a "lealdade", em vez da "fidelidade" que caracterizaria a relação com o texto no paradigma da equivalência. Expandimos essa perspectiva geral sobre a situação do tradutor para que fosse possível incluir o trabalho de Gouadec, que enfatiza que quanto mais completas forem as informações fornecidas pelo contratante, na fase de pré-tradução, mais isso será determinante para as decisões tomadas pelo tradutor.

Fontes e Leituras Complementares

A terceira edição de *The Translation Studies Reader* (2012) possui um texto sinóptico de autoria de Vermeer (Reiss figurava nas edições anteriores). Munday (2012) tem um capítulo sobre "teorias funcionais", o qual inclui as principais ideias do paradigma juntamente com análises de textos de partida. A melhor introdução ainda é *Translating as a Purposeful Activity*, de Christine Nord (1997), que traz as principais citações, diagramas e críticas. Nord, entretanto, tende a privilegiar mais o que deseja o contratante do que a liberdade do tradutor, mantendo-se próxima de considerações pedagógicas. Vermeer e Nord são mais indicados como leitura do que outros livros que não fizeram uma leitura exaustiva dos textos produzidos na tradição alemã. Reiss e Vermeer (1984) foi traduzido e publicado em inglês (2013) e novas traduções de Vermeer estão por sair; Holz-Mänttäri (1984) não foi ainda traduzido para o inglês. A teoria dos tipos textuais de Reiss (1971) foi traduzida para o inglês com o título *Translation Criticism: Potential and Limitations: Categories and Criteria for Translation Quality Assessment* (2000). A grande coletânea de recomendações e listagens para tradutores especializados de Gouadec encontra-se disponível em inglês como *Translation as a Profession* (2007).

ATIVIDADES SUGERIDAS

1. Encontre ou invente um texto curto com "Eton" nele, de preferência com imagens, erros de linguagem e algumas imprecisões. Separe grupos diferentes para traduzir o texto, cada um deles seguindo instruções distintas (visando uma narrativa de esquerda, uma leitura casual ou atrair estudantes, por exemplo). Compare as diversas soluções empregadas, especialmente com relação ao termo "Eton". Se não houver diferenças, o que isso diz acerca da teoria do escopo?

2. Esta é uma atividade em cinco partes, nem todas sempre dão certo:
    a. Em grupos, selecione textos de gêneros bem diferentes um do outro (digamos: contratos, propagandas, poesia, mas também gêneros mistos como descrições pessoais em redes sociais, ou uma página de uma empresa de computação na internet). Traduza fragmentos de cada um deles a fim de manter as diferenças que possuem entre si.
    b. Quando tiver terminado a tarefa A, nomeie as diferentes estratégias usadas para traduzir os fragmentos. Você poderá usar os termos propostos por Vinay e Darbelnet ou qualquer outro tipo de classificação.
    c. Assim que tiver concluído as tarefas A e B, tente aplicar as estratégias usadas para traduzir um determinado texto na tradução de outros textos, e assim sucessivamente. Por exemplo, tente traduzir um contrato usando as mesmas estratégias usadas para traduzir uma propaganda, ou um manual de instruções usando os mesmos tipos de solução que utilizou em um romance.
    d. Ao terminar as tarefas A, B e C, tente imaginar o maior número possível de situações nas quais os fragmentos poderiam ser traduzidos. Confirma-se a ideia de que um texto pode ser traduzido de muitas maneiras possíveis? Existem mesmo tantas situações de recepção assim?
    e. Com base neste exercício, você acredita que as principais diferenças estão na natureza dos textos de partida, ou na natureza dos propósitos estabelecidos para as traduções?

3. Encontre ou invente transcrições de sessões orais de consultas médicas (por exemplo, uma conversa entre um paciente e seu médico mediada por um intérprete) e apague as anotações do intérprete.

Os alunos então deverão produzir traduções, por escrito, daquilo que o intérprete teria produzido. Após isso, encenem a situação produzindo traduções orais. Comparem, então, as traduções escritas com as traduções orais, e, se possível, com aquilo que o intérprete de fato produziu. Qual das traduções acaba sendo a mais literal? Quais são as mais próximas das funções? Por quê?

4. Traduza as duas sentenças: I. "In Parliament he fought for equality, but he sent his son to Eton" e II. "When his father died his mother could not afford to send him to Eton any more". Considerando o argumento de Newmark de que "traduzir a expressão 'Eton College' por 'uma das escolas inglesas de elite' ou por 'uma das escolas particulares mais caras' sugere que o tradutor não sabe da importância de Eton enquanto instituição inglesa, e falha em informar seus leitores" (1997, p. 76). Em quais circunstâncias o argumento de Newmark poderia estar correto? Nesses casos, você modificaria sua tradução?

5. Para as mesmas duas sentenças acima, considere o argumento de Malmkjaer de que "a presença na segunda sentença da expressão 'could not afford' ativa, para o leitor inglês, sem maiores esforços, o sentido de 'expensive' (caro) para o termo 'Eton'. Claro que teria sido possível para, por exemplo, um leitor alemão inferir os sentidos apropriados de 'Eton' através de uma operação consciente e talvez alguma pesquisa, mesmo que o nome do lugar/da escola tivesse sido deixado desamparado no texto de chegada" (1997, p. 71). Poderíamos formular um argumento semelhante para a primeira sentença (considere a função do termo "but")? Isso significa que a análise linguística por si só é capaz de identificar funções textuais? E que termos com carga cultural às vezes não precisam de nenhuma estratégia especial de tradução, já que a sintaxe conta a história?

6. Selecione três traduções. Imagine que você é o contratante que solicitou as traduções e elabore descrições de procedimentos apropriadas.

7. Para os filósofos: se todas as traduções são controladas pelos seus propósitos, como poderíamos definir uma tradução ruim?

8. Pergunte a alguns tradutores profissionais a respeito dos tipos de instruções que eles de fato recebem de seus contratantes. Quais metáforas (ordem, instruções, indicações, descrições de procedimentos, etc.) servem para melhor descrever tal tipo de comunicação – se de fato houver alguma? Se você constatar que

tradutores profissionais não recebem esse tipo de instruções, isso significa que a teoria está errada ou que deveríamos transformar a prática profissional?
9. Vermeer propõe que os tradutores deveriam ser treinados para tornarem-se "assistentes interculturais" ou "consultores" (1998, p. 62). Esse objetivo parece realista para você? Ou, então, deveriam os tradutores ser treinados para se tornar técnicos competentes capazes de realizar o que lhes é indicado (como no caso das ideias de Gouadec)? O que fazer quando se tem um curso de formação de apenas dois anos de duração e alguma coisa precisa ser deixada de fora? Todos esses papéis diferentes poderiam se desenvolver em estágios diferentes na carreira de um tradutor profissional?

Capítulo 5

Descrições

Uma simples descrição não deve exigir uma grande teoria. No entanto, alguns dos conceitos mais significativos da teoria da tradução europeia surgiram do que chamaremos de um amplo "paradigma descritivista". A origem desse paradigma pode ser atribuída aos formalistas russos, no início do século XX, nos quais encontramos a ideia básica de que métodos científicos podem ser aplicados a produtos culturais. Essa ideia foi incorporada por teóricos da tradução em três regiões diferentes. Primeiramente com o trabalho realizado em Praga, Bratislava e, em menor grau, em Leipzig. Em segundo lugar, com a chamada escola de Tel Aviv (Even-Zohar, Toury e o desenvolvimento dos estudos descritivistas da tradução em Israel). E, em seguida, na Holanda e em Flandres (Bélgica). Quando os pesquisadores de literatura dessas três regiões se encontraram e discutiram seus projetos em uma série de conferências, os estudos da tradução começaram a tomar forma como disciplina acadêmica. Essa história é extremamente importante – esse paradigma em especial não tem as mesmas raízes que os demais mencionados neste livro. Este capítulo enfoca os principais conceitos derivados dos estudos descritivistas: mudanças de tradução, sistemas e polissistemas, "traduções presumidas", foco na língua e cultura de chegada, normas, universais e propostas de algumas leis de tradução. Retrospectivamente, de um ponto de vista histórico, as descrições mostram que podem ser muitas coisas, menos simples.

> **PRINCIPAIS TÓPICOS ABORDADOS NESTE CAPÍTULO:**
>
> - Em vez de prescrever como *deveria ser* uma boa tradução, as abordagens descritivistas procuram dizer como as traduções *são* ou *poderiam ser*.
> - Mudanças de tradução são diferenças modelares entre traduções e seus textos de partida. Podem ser analisadas de forma descendente (*top-down*) ou ascendente (*bottom-up*).
> - As traduções desempenham um papel no desenvolvimento de sistemas culturais.
> - A posição inovadora ou conservadora das traduções dentro de um sistema cultural depende de sua relação com outros sistemas.
> - As traduções podem ser estudadas como fatos de uma cultura de chegada em oposição ao contexto da cultura de partida que prevalece no paradigma da equivalência.
> - O desempenho dos tradutores é controlado por "normas" coletivas, fundamentadas em um consenso informal sobre o que se espera de um tradutor.
> - Os "universais de tradução" tentam descrever os modos segundo os quais as traduções tendem a diferir de não traduções.
> - As "leis de tradução" tentam mostrar uma possível correlação entre traduções e as relações entre culturas.
> - Descrições comparativas de processos cognitivos de tradutores iniciantes e experientes podem indicar no que os tradutores deveriam ser treinados.

5.1. O Que Aconteceu Com a Equivalência?

A equivalência saiu de moda. A teoria do escopo tornou-a especialmente antiquada ao defender que a tradução normalmente exige transformações mais radicais, uma vez que a "consistência funcional" (o mais próximo de equivalência nessa teoria) é apenas mais uma entre as muitas coisas que o tradutor precisa atingir. Para esses teóricos, a equivalência tornou-se algo muito pequeno, um caso especial. Quase ao mesmo tempo, contudo, outros teóricos desmantelavam a equivalência de uma forma exatamente oposta. Para esse segundo grupo, que Toury eventualmente chamou de "estudos descritivistas da tradução", *a equivalência era uma característica de todas as traduções*, pelo simples fato de serem consideradas traduções, não importando a sua qualidade linguística ou estética (ver Toury, 1980, p. 63-70). Isso mudou tudo. Se, de repente, a equivalência era uma característica de todas as traduções, ou quase isso, ela não poderia mais ser utilizada para sustentar qualquer abordagem linguística que a promovesse. Assim, a teorização sobre tradução perdeu relativamente seu abrigo no seio de uma disciplina importante e teve que instituir sua própria disciplina. Para além da teoria pura, entretanto, a abordagem descritivista enfatizava a necessidade de se realizar pesquisa em tradução, sobretudo o tipo de pesquisa que se fazia nos estudos literários de cunho estruturalista. Essas teorias ocupavam uma posição à parte em relação ao crescente número de instituições de treinamento. Estavam, portanto, em um contexto bem diferente daquele da teoria do escopo.

5.2. Conceitos Teóricos no Paradigma Descritivista

O nome Estudos Descritivistas da Tradução (em maiúsculas) obteve completa consagração apenas com o livro de Gideon Toury, *Descriptive Translation Studies and Beyond* (1995/2012). Desde então, passou a ser uma bandeira conveniente para um amplo espectro de pesquisadores. Sob tal nome existe atualmente uma considerável estrutura de pensamento e pesquisa. À primeira vista, pode parecer um paradigma geral no qual pesquisadores passaram a *descrever* o que as traduções realmente são, em vez de apenas *prescrever* como deveriam ser. Esses termos, porém, são simplificações. Se o objetivo fosse apenas descrever, haveria pouca necessidade de uma grande teoria. E ainda assim, o que encontramos nesse paradigma é um conjunto de conceitos teóricos: sistemas, mudanças, normas, universais e leis, para mencionar os mais proeminentes, além de um longo e contínuo debate sobre como definir o próprio termo *tradução*. Apesar da ênfase na descrição, não deixa de ser em grande medida um paradigma eminentemente teórico.

Nas próximas seções, descreveremos de forma breve os principais conceitos em funcionamento no paradigma.

UMA SELEÇÃO DE CONCEITOS RELACIONADOS AO PARADIGMA DESCRITIVISTA

Indicamos aqui alguns pesquisadores que contribuíram para o desenvolvimento desses conceitos. Muitos outros nomes poderiam ser listados e a maioria deles está ligada a mais de uma ideia:

1. As relações entre textos de partida e de chegada podem ser descritas em termos de "mudanças de tradução" (Levý, Miko, Popovič).
2. A posição inovadora ou conservadora das traduções em um sistema cultural depende do prestígio relativo atrelado à cultura de partida e se correlaciona com o tipo de estratégia de tradução utilizado (Even-Zohar, Holmes, Toury).
3. Os estudos da tradução devem ser uma disciplina descritiva empírica, com organização hierárquica e programa de pesquisa estruturado (Holmes, Toury).
4. Na seleção de textos para análise, as traduções podem ser consideradas fatos apenas da cultura de chegada (Toury).
5. Para entender não apenas as traduções, mas todos os tipos de "reescrita", devemos considerar os contextos sociais, em especial a patronagem (Lefevere).

5.2.1. Mudanças de Tradução e Sua Análise

A maneira mais evidente de analisar traduções é verificar os textos de partida e de chegada como conjuntos de estruturas. Podemos comparar os textos e ver onde as estruturas são diferentes. Teremos então estruturas específicas (as diferenças) que pertencem de algum modo ao campo da tradução. A ideia é tão simples de entender quanto difícil de aplicar.

As diferenças estruturais entre traduções e seus textos de partida podem ser descritas como *mudanças de tradução*, expressão encontrada em várias teorias diferentes. Segundo Catford, mudanças são "afastamentos de correspondência formal" (1965, p. 73), o que parece muito claro. Se a correspondência formal é o que se considera existir entre *Friday the 13th* e *viernes y 13*, então qualquer outra alternativa será uma espécie de mudança. A variedade de mudanças possíveis, assim, incluirá qualquer coisa detectada por qualquer pessoa dentro do paradigma da equivalência. Uma mudança pode surgir com a decisão do tradutor de traduzir a função em vez da forma ou um valor semântico em um nível linguístico diferente, de criar correspondência em um ponto diferente do texto (usando uma estratégia de compensação), ou ainda de selecionar convenções de gêneros diferentes. Muita investigação pode ser realizada desta forma: comparar textos, buscar as diferenças, depois tentar organizar os vários tipos de mudanças.

Há, pelo menos, duas formas de empreender essa tarefa: a *análise ascendente* começa das unidades menores (em geral, termos, frases ou períodos) e sobe para as unidades maiores (texto, contexto, gênero, cultura); a *análise descendente* segue o caminho inverso, começando com fatores sistêmicos mais gerais (em especial construtos como a posição das traduções dentro de um sistema sociocultural) e descendo para fatores mais específicos (em especial, categorias como estratégias de tradução). Em princípio, não faz diferença em qual extremidade se começa: todos os caminhos levam a Roma, e há sempre a dialética de idas e vindas entre os níveis. Entretanto, a diferença entre ascendente e descendente tem muito a ver com o papel da teoria na descrição em apreço.

5.2.1.1. Análise Ascendente da Mudança

O nível de complexidade da análise ascendente pode ser observado de modo mais completo no modelo desenvolvido por Kitty van Leuven-Zwart (1989, 1990), no qual as mudanças são categorizadas em muitos níveis (ver Hermans, 1999, p. 58-63). O modelo quase não é mais utilizado, e isso por boas razões.

Em Leuven-Zwart, as unidades textuais básicas em comparação chamam-se *transemas*. Por exemplo, considerando as unidades correspondentes em inglês *she sat up suddenly* e em espanhol *se enderezó*. O que esses dois transemas têm em comum, o ato de sentar-se, seria o arquitransema. Uma vez identificado isso, pode-se começar a buscar por mudanças, as quais podem ser categorizadas de um modo muito parecido com o que foi proposto por Vinay e Darbelnet. Por exemplo, é possível supor que ambas as frases ocupariam posições correspondentes em dois textos, em inglês, entretanto, existe um valor (*suddenness*) que parece estar ausente em espanhol. Essa ausência de aspecto da ação é chamada de mudança. Eventualmente, pode-se obter listas intermináveis com essas mudanças, as quais esperamos que formem padrões que possam nos dizer alguma coisa sobre a tradução. O que poderia haver de errado nesse método?

Uma vez que o exemplo – *sit up* – é apresentado como se fosse relativamente simples, vale a pena analisar as dificuldades que ele poderia efetivamente envolver. Para acompanhar essa discussão, seria necessário primeiro traduzir *she sat up* em outras línguas.

- Para começar, como podemos ter certeza de que o valor de *suddenly* não está presente em espanhol? O verbo *enderezó* está no pretérito, que nessa língua tem um valor de oposição ao passado imperfeito (*pretérito imperfecto*), resultando na forma *enderezava*, um tempo verbal que não existe desse modo em inglês. Ou seja, as duas línguas podem dizer "ela estava em processo de sentar-se na cadeira", mas o inglês não tem um passado simples para ações que apresentam uma duração, enquanto o espanhol tem. Pode-se argumentar, de forma bem estruturalista, que a seleção do pretérito espanhol em si já representa o valor *suddenly*. A mudança estaria, então, na passagem do advérbio em inglês para o tempo verbal em espanhol, e seria regulada pelas diferenças entre os dois sistemas de tempos verbais.
- De outra forma, podemos também verificar grandes *corpora* de textos em inglês e espanhol e verificar que o verbo *sit* está associado a advérbios e partículas frasais muito mais do que no caso

do verbo em espanhol *enderezarse* (também porque *sit up* e *sit down* não têm equivalentes formais em línguas românicas). Nesse caso, o tradutor pode ter omitido o valor *suddenly* em espanhol pelo simples fato de que não lhe soava correto, teria sido uma colocação incomum nessa língua. Comparações de frequências em *corpora* de textos paralelos podem, assim, apresentar uma justificativa diferente para a decisão do tradutor, embora sem negar a subjacente lógica das estruturas.

- De modo mais preocupante, se tentarmos aplicar esse tipo de análise ao nosso exemplo utilizado anteriormente, *Friday the 13th/viernes y 13*, como podemos ter certeza que tal não mudança envolve a forma ou a função? Em um contexto dominado pela superstição, sem dúvida *martes 13* seria a tradução esperada, a tradução normal, a não mudança? Que direito temos de escolher uma alternativa e considerá-la a tradução mais adequada ou esperada, desse modo relegando todas as outras alternativas possíveis à categoria de "mudanças"?

- Finalmente, existem muitos casos segundo os quais a própria correspondência formal indica algum tipo de mudança. Por exemplo, o termo do inglês americano *democracy* certamente corresponde formalmente ao termo em alemão oriental *Demokratie* (como em Deutsche Demokratische Republik), mas com uma mudança notável de conteúdo ideológico (esse exemplo é utilizado por Arrojo em Chesterman e Arrojo, 2000). Então, por que a correspondência formal em si não representa uma mudança?

Em todos esses casos, percebemos que a análise ascendente da mudança pressupõe, de maneira precipitada, que os sentidos de uma língua são claros e estáveis (isto é, não sujeitos a interpretação), e que existe, portanto, um núcleo comum estável (o arquitransema) em relação ao qual todo o resto representaria uma mudança. Nesse sentido, essa abordagem tem muito mais a ver com o paradigma da equivalência do que com o das descrições. Mesmo sem questionar o modo, em última análise, arbitrário no qual os transemas são identificados, resta alguma dúvida sobre a identificação da mudança e sua causalidade. A acumulação ascendente das mudanças tende a ser metodologicamente obscura. E as longas listas de divergências apenas raramente cristalizam-se em conclusões firmes em um nível superior da análise. Tal abordagem pode produzir muitas dúvidas e ainda muito mais dados. Tornando-se necessário, ao final, uma orientação de uma teoria um pouco mais redutiva. Essa é uma das razões de o paradigma descritivista estar, na verdade, cheio de teorias.

5.2.1.2. Análise Descendente da Mudança

O esforço descritivista na Europa central foi muito mais teórico do que o tipo de descrição ascendente que acabamos de ver. Em Leipzig, Otto Kade (1968) explicitamente defendia que a abordagem ascendente (indução) deveria ser acompanhada pela análise descendente (uma abordagem hipotético-dedutiva) para alcançar resultados teóricos. Em Bratislava e Nitra, propunha-se também uma análise de "mudanças de expressão" (ver Popovič, 1968/1970; Miko, 1970), mas sem, de forma alguma, aspirar a manter o conceito de equivalência. As mudanças, assim, podiam ser estudadas em uma análise descendente, a partir de uma hipótese geral sobre sua existência.

Anton Popovič, por exemplo, afirmava que existiam "duas normas estilísticas no trabalho do tradutor: a norma do original e a norma da tradução" (1968/1970, p. 82). Parece tão simples que chega a ser óbvio. Mas considere-se a consequência: assim que as duas *normas estilísticas* são apresentadas, a multiplicidade de mudanças já está teorizada em termos de padrões coerentes. Esse tipo de abordagem alinha-se com o estudo do estilo literário, onde se poderia ver as vozes do autor e do tradutor como duas normas em interação. Em outro nível, as mudanças poderiam ser classificadas de modo diferente devido a fatores históricos (a natureza do sistema destinatário, a patronagem, o propósito do novo texto, diferentes ideias sobre o que é tradução etc.). Ou, ainda, algumas mudanças poderiam surgir simplesmente como resultado do processo de tradução como tal (tais mudanças seriam, mais tarde, chamadas de "universais"). Em todos esses níveis, a abordagem descendente busca *fatores causais* (os motivos das mudanças), que são bem diferentes daqueles do paradigma da equivalência. As abordagens descritivistas poderiam decerto unir forças com a análise ascendente realizada por linguistas, mas seu contexto teórico era em essência diferente. Na verdade, apesar da designação inadequada de "descritivista", tratavam-se de teorias sobre possíveis causas (pessoais, institucionais, históricas) que explicavam por que as pessoas traduzem de maneiras diferentes.

Como exemplo de análise descendente, considere-se a realizada por James S. Holmes (1970) de traduções de versos. Sabemos que em algumas culturas de chegada (notadamente em francês), formas estrangeiras em verso podem ser traduzidas em prosa. O problema estaria então resolvido: o tradutor sabe o que fazer (traduzir em prosa) e os leitores sabem o que esperar (o formato em verso é apenas para textos escritos originalmente em francês). Essa seria uma mudança bastante considerável e teria muito pouca ou nenhuma relação com a equivalência de tipo linguístico. Em outras situações culturais, no entanto, outras mudanças podem ser consideradas apropriadas. Holmes formaliza o problema em termos de não menos de cinco opções disponíveis (a forma da tradução pode ser em prosa, mimética, analógica, orgânica ou desviante), com um grau de complexidade que só pode advir da relação dialética do encontro entre uma hipótese descendente e certo grau de teste ascendente.

UM MODELO DE ESTRATÉGIAS PARA A TRADUÇÃO
DE POESIA (HOLMES, 1970):

1. **VERSO EM PROSA:** todo verso estrangeiro é traduzido em prosa, como tem sido a norma para as traduções em francês.

2. **FORMA MIMÉTICA:** o tradutor escolhe uma forma na língua de chegada que seria a mais próxima possível da utilizada no texto. Por exemplo, um soneto inglês pode ser satisfatoriamente traduzido na forma de um soneto espanhol, ainda que os sistemas métricos não sejam correspondentes. Muitas vezes isso envolve apresentar uma nova forma na cultura de chegada, como no caso da *terza rima* inglesa, moldada a partir da forma italiana.

3. **FORMA ANALÓGICA:** o tradutor identifica a função de determinada forma na tradição da língua de partida, e assim encontra a função

> correspondente na tradição da língua de chegada: "Uma vez que a *Ilíada* e *Gerusalemme liberata* são epopeias – diria o argumento dessa escola –, uma tradução em inglês deve ter uma forma em verso apropriada para a epopeia em inglês: *blank verse* ou dístico heroico" (Holmes, 1970, p. 95). Essa estratégia seria uma aplicação do paradigma da equivalência em um nível textual mais alto. Não deve ser confundida com a estratégia mais geral de verso em prosa, uma vez que exige a identificação de como a forma específica do texto de partida funciona na cultura de partida.
> 4. **FORMA ORGÂNICA OU DERIVADA DO CONTEÚDO:** o tradutor recusa-se a considerar somente a forma do texto de partida (o que se faz nas estratégias anteriores), concentrando-se no conteúdo, "deixando que ele tome sua própria forma poética singular ao longo do processo de tradução" (Holmes, 1970, p. 96).
> 5. **FORMA DESVIANTE:** o tradutor pode adotar uma forma totalmente independente da forma ou do conteúdo do texto de partida, sem que isso seja ditado por nenhuma forma convencional para as traduções na cultura de chegada. Em outras palavras, tudo pode acontecer.

Holmes considera que essas estratégias se adequam a *diferentes contextos históricos*. A forma mimética tende a surgir "em um período no qual os conceitos de gênero são frágeis, as normas literárias estão sendo revistas e a cultura de chegada como um todo fica aberta a estímulos exteriores" (Holmes, 1970, p. 98). Seria o caso do alemão na primeira metade do século XIX. Por sua vez, "a forma analógica é a escolha esperada em um período exclusivo e fechado" (Holmes, 1970, p. 97), como o século XVIII neoclássico francês. Quanto ao uso da forma orgânica, Holmes a considera "fundamentalmente pessimista em relação às possibilidades de transferência transcultural" (1970, p. 98) e a associa ao Modernismo do século XX. E, de modo não muito convincente, a chamada forma desviante é vista como tendo "uma sobrevivência persistente como espécie de forma clandestina, marginal [...] à qual recorrem sobretudo metapoetas que se inclinam à imitação" (Holmes, 1970, p. 99).

A análise de Holmes sugere, assim, que as decisões dos tradutores são sempre subordinadas à cultura, exceto no caso de alguns metapoetas rebeldes. Ao ser questionado sobre uma determinada decisão, o descritivista sempre dirá "depende do contexto". Mas, de quantas coisas diferentes uma decisão pode realmente depender? Existiria um modo de sistematizar uma ampla gama de variáveis envolvidas em expressões como "o contexto do tradutor"? Os descritivistas desenvolveram pelo menos três conceitos úteis nesse sentido: sistema, normas e foco na cultura de chegada.

5.2.2. Sistemas

Como vimos, Holmes classifica as opções e lhes dá uma simentria lógica, em grande medida graças às distinções entre forma, função e conteúdo. O que ele faz aqui é *sistemático* (ordenado, minucioso, completo), porém não necessariamente *sistêmico*. Sistemas são outra coisa.

Uma língua é sistêmica. Pode-se observar isso ao interromper uma oração no meio e considerar o conjunto restrito de palavras que podem vir na sequência. O sistema linguístico limita as escolhas a serem feitas. O mesmo vale para o tradutor como emissor na língua, uma vez que a língua de chegada impõe conjuntos limitados de escolhas em cada ponto. O mesmo tipo de tomada de decisão, porém, se aplica à tradução de uma forma poética estrangeira? O tradutor certamente pode escolher uma das cinco estratégias de Holmes e essa escolha pode ser significativa na história geral das formas poéticas europeias, mas tal decisão seria do mesmo tipo que escolher determinado verbo ou advérbio? Isso seria propriamente sistêmico? Em certa medida, sim: todas as culturas destinatárias dispõem de gêneros literários, sendo que a maioria mantém relações estruturais entre si. Por outro lado, não: tais repertórios de gêneros não apresentarão necessariamente alguma semelhança com as cinco alternativas sugeridas por Holmes. A cultura destinatária é uma coisa; os conjuntos de alternativas teóricas são outra coisa bem diferente. Nesse caso, as escolhas apresentadas por Holmes não podem certamente ser consideradas uma realidade psicológica. Para o tradutor trabalhando com o alemão no início do século XIX, por exemplo, toda sorte de fatores sociais e culturais não apenas tornavam o uso da forma mimética adequado, como também faziam das demais alternativas de Holmes algo relativamente impensável. A cultura alemã, sem um Estado, estava em fase de utilizar-se de outras culturas no sentido de se desenvolver. As traduções de Homero trouxeram os hexâmetros para o alemão e as de Shakespeare importaram o *blank verse*. Um tradutor literário nesse ambiente cultural entenderia, portanto, a forma mimética ou estrangeirizante como *o modo normal* de tratar a tradução. O tradutor poderia inclusive entendê-lo como o modo legítimo ou correto segundo o qual toda tradução deveria ser feita, em qualquer ambiente sociocultural. Disso poderia resultar uma teorização prescritiva ("Toda tradução deveria usar a forma mimética!") e algumas oposições estruturais poderiam se estabelecer teoricamente ("A forma mimética alemã é melhor do que as traduções em prosa francesas!"). As escolhas, porém, não são feitas dentro de um sistema abstrato que abrange apenas estratégias tradutórias.

Como Toury mais tarde esclareceria, o tipo de sistema elaborado por Holmes pertence ao plano teórico (as estratégias *teoricamente* disponíveis), o que deve ser diferenciado das alternativas realmente disponíveis ao tradutor no momento da tradução, as quais são, por sua vez, diferentes daquilo que o tradutor realmente faz. Toury identifica três níveis de análise: "tudo o que a tradução [...] PODE envolver", "o que ela DE FATO envolve, de acordo com uma série de circunstâncias" e "o que É PROVÁVEL que ela envolva, segundo um ou outro conjunto de condições específicas" (1995/2012, p. 9).

OS TRÊS NÍVEIS DE ANÁLISE
DOS ESTUDOS DESCRITIVISTAS DA TRADUÇÃO

Delabastita (2008, p. 234) relaciona os três níveis de análise de Toury para a noção de normas:

1. Nível do sistema: Para cada problema de tradução ou texto de
   possibilidades teóricas   partida é possível prever todo um leque de
   ("pode ser")   soluções possíveis ou teóricas ou textos de
                                      chegada (é o que Holmes faz).

Nível das normas: limitações definidas pela cultura ("deveria ser")	No nível intermediário das normas, algumas dessas relações possíveis serão recomendadas ou mesmo exigidas como as únicas que podem gerar traduções "genuínas", enquanto outras serão dispensadas ou simplesmente ignoradas.
Nível do desempenho: prática discursiva empírica ("é")	Podemos, finalmente, observar quais relações de fato se materializaram em um cenário cultural específico. Por definição, essas relações empíricas constituem um subconjunto de relações possíveis; seu grau de frequência em determinada situação cultural é uma indicação decisiva de que certas normas estiveram em funcionamento.

A orientação descendente é bastante clara (lembrando que é possível operar de baixo para cima ao mesmo tempo). Note-se, contudo, que o termo "sistema" é usado aqui apenas no sentido de "possibilidades teóricas". O problema será então: são os níveis do "deveria ser" e do "é" de fato sistêmicos em um sentido rigoroso?

Quando Holmes tenta explicar por que uma estratégia particular está ligada a um período específico, menciona uma série de fenômenos: "conceitos de gênero", "normas literárias", "fechamento/abertura cultural", "pessimismo/otimismo em relação a transferência transcultural", e assim por diante. E todas essas coisas consideradas na perspectiva da cultura de chegada. Holmes as trata de forma improvisada, como se fossem fenômenos bem separados e isolados. No entanto, é possível considerar tais fenômenos como estando, em certa medida, conectados, como diferentes aspectos da mesma cultura. Em outros teóricos, os sistemas culturais podem impor lógicas bem rigorosas. Lotman e Uspênski (1971/1979, p. 82), por exemplo, falam de culturas inteiras "centradas na expressão" ou "centradas no conteúdo" (além de outras classificações complexas). Quanto mais rigorosa a lógica presumida para o funcionamento do sistema (ou seja, quanto mais sistêmica a abordagem), mais ele será visto como determinante na natureza das traduções.

Quando o pesquisador israelense Itamar Even-Zohar analisa a relação entre traduções e culturas, ele utiliza o termo *"polissistemas"*. A partícula *poli-* significa "muitos" ou "plurais", indicando que uma cultura é um sistema construído por muitos outros sistemas (linguístico, literário, econômico, político, militar, culinário etc.). Graças a essa pluralidade, a lógica interna de algo como o sistema literário, por exemplo, não precisa necessariamente ser determinada por tudo o que pode ocorrer dentro de uma cultura; existe uma liberdade relativa no seio das culturas. Segundo Even-Zohar, a literatura traduzida pode ser considerada um subsistema que ocupa uma posição dentro do polissistema literário que o abriga. As traduções podem tornar-se um elemento indispensável na literatura (portanto, em posição inovadora e central); podem ser secundárias ou desimportantes (conservadoras e periféricas); ou podem ocupar posições intermediárias. Nesses termos, a tradução é vista como um dos meios pelos quais um polissistema interfere em outro, sendo que o verbo "interferir", aqui, não tem sentido pejorativo. Even-Zohar sugere que as traduções desempenham um papel inovador ou central quando

> (a). um polissistema ainda não se cristalizou, isto é, quando uma literatura é jovem, em processo de se estabilizar; (b) quando uma literatura é periférica (em relação a um amplo grupo de literaturas correlacionadas) ou frágil, ou ambos; e (c) quando há momentos de transição, crises ou lacunas literárias na literatura. (1978, p. 23.)

A linha de pensamento de Even-Zohar vai muito além da tentativa de Holmes no sentido de explicar por que as traduções são como são. A ideia de sistemas dinâmicos e plurais permite que ele questione o que as traduções podem efetivamente *fazer* em suas culturas de chegada e como evoluem a partir das relações entre culturas. A conclusão geral de Even-Zohar é, contudo, um tanto negativa, uma vez que reconhece que "a posição 'normal' assumida pela literatura traduzida tende a ser secundária [periférica]" (1978, p. 25), ou seja, que as traduções tendem a ter um efeito conservador, de reforço em vez de revolucionário, inovador. É improvável que esse tipo de conclusão seja popular em uma disciplina atualmente disposta a ver as traduções como uma oculta e denegrida causa de mudança. Even-Zohar, entretanto, enfatiza que a tradução é um elemento essencial para a compreensão de qualquer sistema cultural (uma vez que nenhuma cultura é uma entidade totalmente independente), e que os processos tradutórios ocorrem dentro dos polissistemas, assim como entre eles.

O termo "sistema" varia, assim, de sentido e de importância de teórico para teórico. Em cada caso, vale a pena ler cautelosamente as descrições, prestando atenção especial aos verbos e aos agentes dos verbos (a quem compete fazer o quê). Em teorias nas quais o conceito de sistema é uma noção forte, as ações são imputadas aos próprios sistemas, como se eles fossem pessoas. Em outras abordagens, são as pessoas que agem em um contexto determinado por sistemas de restrições. Trata-se de uma grande diferença, que causa impacto em questões fundamentais como liberdade humana, a lógica determinista da história, bem como o papel e a natureza das traduções.

Como "sistema", *"função"* se torna um termo fluido aqui. Para os estudos descritivistas, a função de uma tradução geralmente está associada à sua *posição em um determinado sistema*. Quando Even-Zohar diz que uma tradução é relativamente "central" ou "periférica", quer efetivamente dizer que sua função é ou mudar ou reforçar a língua, a cultura ou a literatura destinatária. A função aqui é o que o texto realiza no sistema. Para o paradigma do propósito, por outro lado, a função da tradução em geral se relaciona a seu escopo, a ação que a tradução deve possibilitar em uma situação específica, assim como se supõe que a função de um texto de partida seja a ação para a qual ele é utilizado (ensinar, expressar, vender etc.). Embora ambos os paradigmas se pretendam "funcionalistas", o termo "função" significa uma coisa no contexto da teoria de sistemas (uma posição e um papel dentro de um conjunto de relações em grande escala) e outra coisa no contexto da teoria do propósito (uma ação dentro de uma situação que compreende vários agentes). Evidentemente, deve haver um ponto em comum entre os dois usos, mas poucos teóricos o examinaram de fato. Uma tentativa de preencher essa lacuna seria a visão de André Lefevere sobre os sistemas (1992), que inclui fatores propriamente relacionados ao tradutor (quem paga pela tradução, o que fazem os editores e as editoras?). Outra tentativa realizada nos últimos anos foi o uso da *teoria de rede* para estudar essas mesmas relações sob o ponto de vista sociológico (ver 8.5, infra). Uma terceira alternativa seria o conceito de "cultura de tradução" (Prunč, 1997), que seria basicamente o sistema de interrelações entre todos os participantes na produção de traduções. O esforço mais abrangente e mais básico nesse sentido foi, entretanto, o conceito de normas de tradução.

5.3. Normas

Em seu esquema de três níveis (reproduzido acima), após o nível do que "pode ser", Toury abre um espaço para o que "deveria ser", o qual descreve em termos de "normas". Essas normas são então posicionadas em algum lugar entre as possibilidades abstratas (como as alternativas de Holmes) e o que os tradutores efetivamente fazem (como nas considerações pragmáticas das quais trata a teoria do escopo). Segundo Toury, normas são

> os valores ou ideias gerais compartilhadas por uma comunidade [...] traduzidos em instruções de desempenho adequadas e aplicáveis a situações específicas, indicando o que é prescrito e proibido, e também o que é tolerado e permitido em uma determinada dimensão comportamental (1995/2012, p. 63).

A expressão "instruções de desempenho" poderia aqui sugerir que uma norma é o mesmo que uma descrição de trabalho feita por um cliente. Poderia também ser equivocadamente associada a um conjunto de regras ou regulamentos oficiais. No paradigma descritivista, porém, o termo "norma" opera geralmente em um nível mais amplo e mais social. Por exemplo, poderíamos dizer que no século XIX a norma para tradução de poesia estrangeira em francês era vertê-la em prosa. Não havia uma regra oficial afirmando que isso deveria ser feito, mas havia um acordo coletivo informal. Quando os tradutores abordavam o texto estrangeiro, aceitavam com naturalidade que sua tarefa não era imitar a aparência ou a sonoridade do texto. Quando as editoras contratavam os tradutores, era isso que esperavam que fizessem. E quando os leitores entravam em contato com uma tradução literária, aceitavam, por sua vez, que a poesia estrangeira simplesmente estaria em prosa. A norma, é claro, não era respeitada por todos os tradutores; as normas não são leis que todos devem obedecer. Normas são mais uma prática padrão comum segundo a qual todos os outros tipos de prática são definidos.

Por que existia a norma do "verso em prosa"? Em diversos níveis, ela, sem dúvida, incorporava a ideia geral de que a cultura francesa era superior às outras culturas. De acordo com Toury, a norma manifestava ao menos essa parte das "ideias e valores gerais" da sociedade. Diante dessa superioridade presumida, não havia motivo para aceitar influência estrangeira no sistema existente dos gêneros literários neoclássicos. Nos termos de Even-Zohar, diríamos que o assumido prestígio do sistema de chegada atribuía à tradução um papel periférico, permitindo uma variedade muito conservadora de formas aceitáveis. Além disso, se seguirmos Toury, haveria algum tipo de penalização social (ainda que não judicial) envolvida sempre que um tradutor não aderisse à norma. Por exemplo, um texto que diferisse radicalmente dos gêneros estabelecidos poderia ser considerado peculiar, feio, ou simplesmente uma má compra. Em qualquer cultura, a natureza de uma boa tradução é determinada por essas normas, uma vez que as "traduções ruins" são penalizadas de alguma forma. Em sistemas de vanguarda, a norma se torna quebrar as normas existentes.

O conceito de normas abrange, assim, uma série de coisas relacionadas, mas diferentes. Toury (1995/2012 p. 82) faz uma distinção básica entre *normas preliminares*, que envolvem a seleção do tipo de texto e a orientação da tradução (direta/indireta etc.), e *normas operacionais*, que compreenderiam todas as decisões realizadas no ato da tradução. Contudo, conforme mostra nosso exemplo de "verso em prosa", as normas também têm diferentes dimensões sociais e epistemológicas. Elas envolvem o que os tradutores pensam que deveriam fazer, o que os clientes pensam que os tradutores devem fazer, o que os usuários do texto pensam sobre como uma tradução deve ser e que tipo de traduções são consideradas repreensíveis ou louváveis dentro do sistema. Chesterman (1997) organiza esses vários aspectos ao distinguir entre *normas profissionais*, que abrangeriam tudo o que está relacionado ao processo de tradução, e *normas de expectativa*, que são o que as pessoas esperam do produto da tradução. Se em determinada sociedade é convencional que os tradutores acrescentem muitas notas explicativas, isso pode ser uma norma profissional. Se os leitores se frustram quando tais notas não aparecem, ou quando as notas estão em lugar incomum, essa frustração estará relacionada então às normas de expectativa. Idealmente, os diferentes tipos de normas reforçam umas às outras, de forma que os tradutores tendem a fazer o que os clientes e os leitores esperam deles. Em épocas de mudança cultural, os vários tipos de normas podem, contudo, ser desestabilizados, e uma tensão considerável pode surgir.

O conceito de normas é importante para as relações entre a pesquisa descritivista e outros paradigmas da teoria da tradução. Se o aplicarmos a sério, é provável que precisemos abandonar a intenção de definir categoricamente como uma boa tradução deveria ser (embora talvez ainda seja possível dizer como seria um resultado socialmente bom ou ruim, e assim avaliar como as normas funcionam). Na verdade, a própria noção do que é uma tradução passa a ser muito relativa. Esse *relativismo* seria um ponto importante de compatibilidade com o paradigma do propósito (e mesmo com o paradigma da incerteza que veremos no próximo capítulo). De outro lado, ele contraria boa parte do trabalho linguístico realizado no paradigma da equivalência. Quando um linguista analisa um texto de partida para verificar como ele pode ou deve ser traduzido, a hipótese básica não será apenas que as respostas surgirão da natureza desse texto, mas sobretudo que a natureza da tradução é algo muito claro; não há muito relativismo envolvido. No paradigma do propósito, as respostas virão da situação na qual a tradução se realiza, de forma que pouco importa se o texto é uma tradução ou uma reescrita independente. No paradigma descritivista, porém, qualquer pergunta a respeito dos limites entre traduções e não traduções pode ser respondida em termos de normas, que por sua vez expressam valores do sistema mais amplo no qual o tradutor trabalha. Nesse sentido, a teoria das normas posiciona a tradução em algum ponto entre a certeza relativa da equivalência e a relativa indiferença da teoria do propósito.

Essas comparações de paradigmas foram feitas nos anos 1980, quando as várias abordagens começavam a se solidificar em uma disciplina chamada "estudos da tradução". Pesquisadores que trabalhavam no paradigma descritivista, em geral com bagagem dos estudos literários, puderam criticar com razão o limitado trabalho prescritivista em curso no paradigma da equivalência. Como uma teoria poderia passar a dizer a alguém como traduzir, se a própria noção de tradução mudava tanto de uma época para outra e de uma cultura para outra? A demanda por descrições inicialmente foi, assim, uma negação dessa prescrição ligada ao paradigma da equivalência. Desse modo, enquanto o paradigma da equivalência sugeria que a análise partisse do texto de partida e de seu papel no contexto de origem, o paradigma descritivista inclinava-se a favorecer o texto de chegada e sua posição no sistema de chegada. Toury (1995/2012) explicitamente recomenda *começar a análise pela tradução* em vez de começar pelo texto de partida; ele cria, então, um espaço de pesquisa que de fato não leva em conta o texto de partida. Por exemplo, pode-se simplesmente comparar diferentes traduções, ou comparar traduções e não traduções no contexto do sistema de chegada. Esse tipo de oposição direta contribuiu para que Toury fosse visto como o *enfant terrible* de seu tempo.

A noção de normas, não obstante, permite que certo prescritivismo ingresse nos estudos descritivistas, quase pela porta dos fundos. Mesmo que o papel da teoria não seja dizer aos tradutores como traduzir, uma abordagem descritivista pode identificar as normas pelas quais uma tradução pode ser considerada boa pelas pessoas em determinado tempo e lugar. Isso possibilitou uma certa aplicação dos estudos descritivistas no *treinamento de tradutores e intérpretes*. Toury (1992) sugeria, por exemplo, que os iniciantes fossem convidados a traduzir o mesmo texto segundo normas diferentes (por exemplo, traduzir como se teria feito na Alemanha do século XIX, ou sob condições de censura). O aprendiz desenvolveria, assim, a consciência de que existem muitas maneiras diferentes de traduzir, cada uma com suas vantagens e desvantagens. Claramente, o mesmo exercício pode ser recomendado dentro do paradigma do escopo: traduzir o mesmo texto de maneiras diferentes a fim de atingir diferentes propósitos. Diferentes paradigmas podem informar um mesmo tipo de atividade de treinamento. Outra aproximação é proposta por Chesterman (1999), que sugere que o estudo das normas permite que professor e aluno prevejam *o sucesso relativo de uma abordagem tradutória ou de outra*. Nenhum professor dirá a um aluno que existe uma única maneira de traduzir (uma vez que muitas normas estão disponíveis), mas a pesquisa empírica pode permitir que se preveja o sucesso ou o fracasso quando as normas dominantes são quebradas.

Em todos esses sentidos, o conceito de normas diminuiu as distâncias entre o descritivismo e o prescritivismo.

O conceito de normas contribuiu, portanto, para aproximar uma série de abordagens, ao mesmo tempo que a descoberta empírica das normas ampliou a nossa compreensão histórica de como funcionam as traduções. O conceito fundamental, contudo, não é tão claro como parece. Considere-se, por exemplo, a descrição feita pelo sociólogo alemão Niklas Luhmann (1985, p. 33) das normas legais como "expectativas contrafatuais", no sentido em que elas não levam em consideração o modo como as pessoas realmente se comportam. Quando essas expectativas se frustram (entendemos que existem criminosos), as normas legais não são mudadas em função disso (os criminosos ainda devem ser punidos, não importa quantos sejam). Muitas normas de expectativa referentes a traduções seriam contrafatuais nesse sentido. Por exemplo, não importa quantas vezes acharmos que as traduções são domesticadoras (ou estrangeirizantes, ou explicativas, ou cheias de mudanças etc.), os usuários das traduções poderiam ainda insistir que elas não deveriam ser assim. Se algumas normas funcionarem dessa maneira, a análise ascendente dos fatos e frequências jamais poderá ser relacionada às considerações sociais sobre o que é aceitável ou inaceitável. Esse é outro dos motivos por que uma abordagem descritivista exige conceitos teóricos.

Sempre que os teóricos nos falarem de normas, devemos perguntar como exatamente essas normas foram encontradas. Se de maneira ascendente, nem todos os padrões empíricos podem ter a mesma realidade que os fatos sociais ou psicológicos. E se de maneira descendente, devemos perguntar onde o teórico encontrou as categorias de análise, e por quê.

5.4. Traduções "Presumidas"

Eis aqui um problema que remete ao cerne das metodologias empíricas. Se você se propuser a verificar a variedade histórica e cultural das normas de tradução, pode fingir, desde o início, ter certeza sobre o que entende pelo termo "tradução"? Em caso positivo, quais critérios exatamente seriam usados para classificar um conjunto de itens chamados "traduções"? Caso contrário, como se pode evitar impor nossas próprias normas de tradução a outras culturas e períodos? Essa é uma das aporias clássicas que tendem a inquietar os pesquisadores nas culturas ocidentais dominantes.

A solução inicial de Toury para esse problema foi deixar a definição para a cultura em estudo. Para ele, "será considerada uma 'tradução' qualquer enunciação na língua de chegada que se apresente, ou seja, entendida como tal [ou seja, como 'tradução'], por algum motivo" (Toury, 1995/2012, p. 27). Em outras palavras, devemos observar o que determinada cultura ou período tem a dizer sobre o que é ou não uma tradução. A solução será o conceito operativo "traduções presumidas", o qual simplesmente quer dizer que *uma tradução é uma tradução a partir do momento em que alguém presume que ela o é.* Assim, uma "pseudotradução" (uma não tradução que se apresenta como tradução) será considerada tradução

apenas enquanto o truque funcionar, tornando-se uma não tradução para os que estiverem cientes da falsa pretensão.
Tal solução está repleta de dificuldades lógicas. Por exemplo, levando em conta que as línguas dispõem de diferentes nomes para "tradução", como saberemos se essas palavras se traduzem entre si? A fim de classificar as palavras, com certeza precisaríamos de nosso próprio conceito de tradução, quando não algumas ideias precisas sobre o que são traduções boas e más. O debate sobre essa questão tem sido uma das mais fundamentais, porém obscuras, atividades nos estudos da tradução (ver entre outros, Gutt, 1991/2000; Toury, 1995; Hermans, 1997, 1999; Halverson, 2007; e Pym, 1998, 2007a). Segundo alguns, o problema basicamente não tem solução, pois se usarmos nossos termos convencionais para descrever o termo de outra cultura "sem dúvida, traduziremos esse outro termo de acordo com a nossa concepção de tradução e para o nosso conceito de tradução; e, ao domesticá-lo, inevitavelmente o reduzimos" (Hermans 1997, p. 19). Como alternativa, deve-se reconhecer que muito do dano já foi feito: a forma ocidental de tradução se disseminou globo afora, a ponto de haver uma considerável base comum quando se discute seu *status* nas diferentes culturas de chegada. A teoria descritivista da tradução pode estar ela mesma seguindo esse caminho.

> O QUE FAZ DE UMA TRADUÇÃO UMA TRADUÇÃO?
>
> Os descritivistas procuram explicitar ao máximo os seus procedimentos. Eles não podem simplesmente aceitar que "todo mundo sabe o que é uma tradução". É nesse ponto que o paradigma toma uma forma claramente teórica. Toury (1995/2012), por exemplo, postula que reconheceremos uma "tradução presumida" devido a três coisas aceitas como verdades:
>
> 1. **O POSTULADO DO TEXTO DE PARTIDA:** "existe outro texto, em outra cultura/língua, que tem prioridade tanto cronológica como lógica [sobre a tradução]. Não apenas tal suposto texto presumivelmente *precedeu* o que foi tomado como sua tradução, como também supostamente serviu como *ponto de partida* e *base* para o último". (1995/2012, p. 29, grifado no original).

2. **O POSTULADO DA TRANSFERÊNCIA**: "o processo pelo qual a tradução presumida passou a existir envolveu a transferência de certas características do suposto texto de partida, características estas agora compartilhadas pelos dois textos" (1995/2012, p. 29).
3. **O POSTULADO DA RELAÇÃO**: "existem relações tangíveis que ligam [a tradução presumida] a seu suposto original" (1995/2012, p. 30). Graças a essas relações podemos falar em traduções mais ou menos literais, funcionais, adaptadoras e assim por diante.

Comparem-se essas três características com um breve resumo do que Stecconi (2004) considera necessário (como base) se a semiose for entendida como tradução:

1. **SIMILARIDADE**: uma tradução é semelhante ao texto anterior.
2. **DIFERENÇA**: uma tradução é diferente do texto anterior, mesmo porque está em uma língua ou variedade de língua diferente.
3. **MEDIAÇÃO**: há um tradutor entre os dois lados, intermediando-os.

Chesterman (2006) encontra as três características nos termos para "tradução" em várias línguas, porém afirma que as línguas indo-europeias modernas dão mais peso ao plano da similaridade. Ele sugere que isso pode explicar a ênfase conferida à equivalência nas teorias europeias.

Pym (2004a) propõe que duas máximas estão em funcionamento quando as traduções são recebidas como traduções:

1. **A MÁXIMA DA QUANTIDADE TRADUTÓRIA** afirma que uma tradução representa um texto anterior quantitativamente: se o texto de partida é muito longo, é de se presumir, com alguma razão, que a tradução também o será.
2. **A MÁXIMA DO DESLOCAMENTO DA PRIMEIRA PESSOA** afirma que a primeira pessoa do discurso do texto ("eu") é a mesma primeira pessoa do texto anterior, ainda que ao mesmo tempo se entenda que os dois textos foram produzidos por dois sujeitos diferentes.

Quebra-se a primeira máxima quando o destinatário considera a tradução curta ou longa demais; quebra-se a segunda quando o destinatário acha que a primeira pessoa do texto é o tradutor. Nos dois casos, a quebra da máxima produz informações sobre os limites da tradução.

Existem várias tentativas semelhantes de definir a tradução de modo criterioso, especialmente como uma variação do discurso indireto (Bigelow, 1978; Folkart, 1991). Quase todo esse trabalho é negligenciado pelas teorias da "tradução cultural".

5.5. Prioridade ao Contexto de Chegada

Conforme observamos, Toury contrariou os estudos da tradução de base linguística não apenas ao se opor ao prescritivismo, mas principalmente ao insistir que as traduções deveriam ser estudadas em termos de seus contextos de chegada. Isso levou a uma posição extrema: nas palavras de Toury, "as traduções devem ser tratadas como fatos das culturas de chegada" (1995, p. 139; 1995/2012, p. 23). Essa afirmação deve ser entendida como parte de uma metodologia de pesquisa específica; não se pretende dizer com isso que as traduções nunca têm textos de partida. O argumento de Toury é que todos os fatores necessários para descrever como as traduções funcionam especificamente podem ser encontrados no sistema de chegada. Isso se fundamenta na hipótese de que os tradutores trabalham antes de mais nada no interesse da cultura para a qual estão traduzindo, seja para reforçar suas normas, seja para preencher o que consideram como lacunas.

O princípio da prioridade ao lado de chegada foi contestado. Os pesquisadores que se ocupavam da tradução literária em Göttingen nos anos 1990 em geral preferiam um *modelo de transferência*, o qual explicitamente investigava os movimentos *entre* culturas. Outros criticaram a separação das duas culturas, defendendo que os tradutores tendem a trabalhar em um espaço *intercultural* de encontro entre culturas (ver Pym, 1998). Em termos gerais, no que se refere ao problema da definição das traduções, a oposição binária da fonte e do alvo foi cada vez mais criticada a partir de perspectivas indeterministas, conforme veremos mais adiante.

5.6.   Universais de Tradução

Se as traduções podem ser estudadas cientificamente, então o objetivo de tal estudo seria semelhante ao de toda ciência. Encontramos, assim, uma série de vozes afirmando que o objetivo da pesquisa é encontrar "universais" ou "leis" de tradução. Trata-se de um campo para a pesquisa, para os estudos da tradução, e não para a teoria da tradução como tal. Mas não fica claro o que querem dizer os termos "universais" e "leis", e é nesse ponto que alguma teorização se fez necessária.

No nível mais simples, um "universal de tradução" seria *uma característica encontrada nas traduções e em nenhum outro tipo de texto*. No entanto, não deve ser algo óbvio ou tautológico demais: não deve simplesmente resultar de como decidimos definir o que é uma tradução. Se dissermos, por exemplo, que "uma tradução pressupõe um texto anterior", essa proposição pode ser interessante como parte de uma definição universal, porém é demasiado óbvia para ser um universal no sentido em que estamos discutindo aqui. O termo "universais", assim, é geralmente utilizado para remeter não às funções semióticas das traduções (as relações que as pessoas pressupõem ou ativam quando se referem a uma tradução), mas às características linguísticas que podem de fato ser avaliadas.

Um exemplo de proposição universalista seria: "as traduções tendem a ser mais longas que seus textos de partida". Muitas pessoas acreditam que seja verdade, mas isso poderia ser afirmado para todas as traduções? Existe um pequeno problema em relação às diferentes maneiras pelas quais a extensão de um texto pode ser avaliada em diferentes línguas, mas isso pode ser resolvido (por exemplo, podemos fazer um experimento em que um texto é traduzido da língua A para a língua B, depois de volta para a língua A e assim por diante, seguindo a hipótese de que todos os textos se tornam mais longos a cada tradução). Em muitos casos, haverá de fato algum prolongamento, pelo menos no início. O "universal", porém, provavelmente não funcionará para todos os gêneros e línguas. Parece não funcionar, por exemplo, para relatórios técnicos traduzidos do espanhol para o inglês, basicamente porque tradutores experientes tendem a eliminar muitos dos circunstanciais do espanhol. Com dificuldade valeria para uma legenda traduzida, que em geral precisa ser muito mais concisa do que a língua falada que ela deve traduzir. Pouco descreveria também a realidade da interpretação simultânea ou consecutiva, que em princípio deve ser incluída como forma de tradução. Além disso, mesmo se a proposição se comprovasse para todas as línguas, todos os gêneros e modalidades de tradução, esse tipo de pesquisa seria capaz de nos dizer por que isso acontece? A busca por universais não é tarefa simples.

Inicialmente, a pesquisa sobre universais em potencial foi realizada sobretudo por pesquisadores ligados à escola de Tel Aviv nos anos 1980. Eis alguns dos universais propostos, levantados e organizados em ordem cronológica aproximada:

5.6.1. A Simplificação Lexical

A *simplificação lexical* pode ser definida como "o processo e/ou o resultado de realizar a tarefa com menos palavras" (Blum-Kulka e Levenston, 1983, p. 119). Isso significa que as traduções tendem a ter uma variedade mais limitada de itens lexicais do que as não traduções, e tendem a ter uma proporção mais alta de itens lexicais de alta frequência. A linguagem em geral é mais plana, menos estruturada, menos ambígua, menos específica a um determinado texto, mais habitual e assim por diante (ver Toury, 1995/2012, p. 268-273).

5.6.2. Explicitação

A *explicitação* foi definida por Blum-Kulka (1986/2004) como um tipo específico de simplificação que tem a ver com a presença de uma "redundância" maior nas traduções. A hipótese é a que segue:

> O processo de interpretação desempenhado pelo tradutor sobre o texto de partida pode levar a um texto em LA [língua alvo] mais redundante do que o texto de partida. Essa redundância pode ser indicada por um aumento no nível

de explicitação coesiva no texto em LA. O argumento pode ser chamado de "hipótese de explicitação", que postula uma explicitação coesiva da LF [língua fonte] para textos em LA independentemente do aumento rastreável de diferenças entre os dois sistemas linguísticos e textuais envolvidos. Por conseguinte, a explicitação é aqui entendida como inerente ao processo de tradução. (1986/2004, p. 292.)

Na prática, significa que as traduções tendem a utilizar mais marcadores sintáticos do que as não traduções. Em um dos exemplos mais evidentes, Olohan e Baker (2000) observam que o item opcional de discurso indireto em inglês *that* (como em *She said [that] she would come*) é mais frequente em um *corpus* de traduções em inglês do que em um *corpus* semelhante de não traduções na mesma língua.

5.6.3. Adaptação

Adaptação é tendência das traduções a se adaptar às normas da língua e cultura de chegada. Zellermayer (1987) verificou que as traduções do inglês para o hebraico tinham um caráter consistentemente mais informal e falado do que as traduções na ordem inversa. Isso é atribuido à natureza mais oral dos textos escritos em hebraico em geral.

5.6.4. Equalização

Equalização é o termo utilizado por Shlesinger (1989) para a forma como a interpretação simultânea reduz ambos os extremos do contínuo coloquial-letrado (em que os textos em uma extremidade têm muitas das características da língua falada, e os textos da outra extremidade têm todas as características da língua escrita):

> A interpretação simultânea exerce um efeito equalizante sobre a posição de um texto no contínuo coloquial-letrado; ou seja, diminui a oralidade de textos marcadamente orais e a letralidade de textos marcadamente letrados. Assim, a variação do

contínuo coloquial-letrado é reduzida na interpretação simultânea. (Shlesinger, 1989, p. 2-3; ver Pym, 2007b.)

O processo de mediação conduz, portanto, as características a um meio termo. Shlesinger observou que a tendência para a equalização era mais forte do que se mostram a "adaptação" de Zellermayer e a "explicitação" de Blum Kulka. Ainda que formulada apenas para a interpretação, a hipótese também serviria para as traduções escritas.

5.6.5. Termos Únicos

Os "termos únicos" são a base para uma hipótese formulada pela pesquisadora finlandesa Sonja Tirkkonen-Condit (2004), que vai além dos pressupostos da escola de Tel Aviv. A tese é que os elementos linguísticos da língua de chegada que estão ausentes na língua de partida tendem a não aparecer nas traduções. Melhor dizendo, tais "itens únicos" são menos frequentes nas traduções do que nas não traduções, uma vez que "eles não surgem de imediato como equivalentes de tradução" (2004, p. 177-178). Isso foi testado nas estruturas linguísticas em finlandês e sueco, mas poderia se aplicar a estruturas do tipo *to be done* em inglês (como em *they are to be married*). Se a hipótese procede, tais estruturas devem ser menos frequentes nas traduções do que nas não traduções naquelas línguas. A hipótese é compatível com a abordagem geral da simplificação, embora não seja redutível a ela.

O estudo dos universais de tradução desenvolveu-se significativamente graças aos estudos de *corpus* (em relação à frequência dos elementos) e aos protocolos verbais (*think aloud protocols*), Translog, gravação de tela e rastreamento de olhar (para os processos de tradução). Contudo, embora já exista um considerável volume de pesquisa, não estamos em posição de afirmar que todas as hipóteses mencionadas funcionam em todos os casos. A explicitação, por exemplo, tem se mostrado predominante em uma série de estudos, porém as traduções também apresentam *implicitação* (o contrário da explicitação), e em alguns casos há mais implicitação do que explicitação (Kamenická, 2007).

Ao nível da teoria, quanto mais se observa a questão dos universais, mais obscura ela fica. Não está claro, por exemplo, se a simplificação, a explicitação e a equalização são coisas separadas ou meras manifestações diferentes do mesmo fenômeno subjacente. Não está evidente se um universal precisa se comprovar em todos os casos estudados, ou apenas de forma geral quando se reúnem muitas traduções em um *corpus* e muitas não traduções em outro. Ninguém tem certeza se as tendências verificadas são realmente específicas à tradução, se ocorrem com frequências semelhantes em toda mediação interlingual, se também podem ser encontradas em processos de "recontação" dentro de uma língua, ou se as frequências dos itens linguísticos têm alguma relação direta com questões sociais ou psicológicas. Em geral, a noção de universais está muito distante da clareza com que se utiliza o conceito na linguística de Chomsky. Aqui, aparentemente, os pesquisadores estão apenas coletando coisas no nível superficial da língua. Isso significa que eles não têm como dizer por que um universal iminente seria universal.

Note-se que muitos dos estudos mais empíricos sobre universais utilizaram textos não literários, em contraposição à história inicial do paradigma descritivista. Talvez por esse motivo, os pesquisadores tendam a esquecer as estratégias radicais disponíveis aos tradutores através da história: os pesquisadores reúnem textos e traduções de um jornal, ou de um idioma europeu contemporâneo, supondo que as amostras eventualmente representem todas as línguas e todas as práticas de tradução. Negligenciam, assim, esquemas como, por exemplo, as quatro estratégias de Holmes para a tradução da forma. A "simplificação" poderia ser uma consequência necessária de estratégias adotadas em uma prática de "forma mimética"; algo parecido com "adaptação" poderia ser universal em um contexto onde a "forma analógica" fosse a norma, e assim por diante. Ou seja, os supostos universais poderiam depender de tipos específicos de contextos sociais. De outro lado, algum tipo de "explicitação" poderia estar presente em todos os contextos históricos gerais identificados por Holmes.

5.7. Leis

Universais são características linguísticas supostamente específicas às traduções. Leis, por outro lado, são princípios objetivando dizer por que essas características deveriam ser encontrados nas traduções. Em outras palavras, os universais localizam as tendências linguísticas, e as leis relacionam essas tendências a alguma coisa da sociedade, cultura ou psicologia do tradutor.

A necessidade evidente de considerarmos as causas deve-se às deficiências teóricas de uma parte da pesquisa sobre universais. O trabalho com base em *corpora comparáveis*, em especial, pode comparar traduções feitas em inglês a não traduções originalmente escritas nessa língua. Por certo, é um método econômico (não se perde tempo aprendendo línguas, culturas ou sobre alteridade), mas é essencialmente incapaz de dizer *por que* as mudanças ocorrem. No estudo que mencionamos sobre a alta frequência do opcional de discurso indireto *that* nas traduções em inglês, os pesquisadores sugerem que o fenômeno tenha uma causa psicológica: "explicitação subconsciente" (Olohan e Baker, 2000). Contudo, uma vez que a grande maioria dos conectores correspondentes nas línguas *de partida* provavelmente são não opcionais (o inglês é especial nesse sentido), a causa pode ter sido também a interferência direta dos textos de partida. Também poderia ser o efeito "equalizante", evitando a coloquialidade do *that* implícito. No âmbito dos universais, é impossível dizer e as categorias são, de todo modo, pobremente distinguidas (Pym, 2008). No âmbito das leis, contudo, pode-se ao menos arriscar um palpite.

O termo "lei" está ligado a Even-Zohar (1986 e outros) e principalmente a Toury (1995/2012), da mesma escola onde foram desenvolvidas as primeiras noções de universais. Uma lei de tradução idealmente seria um dos princípios subjacentes à ocorrência de "normas" de tradução, as quais podem, por sua vez, explicar as manifestações linguísticas ao nível dos universais.

Essas leis vão ser como o que Even-Zohar (1978) propõe, quando diz que as traduções tendem a desempenhar um papel cultural inovador quando o sistema de chegada se reconhece inferior. Poderíamos ver essa função "inovadora" como um determinado conjunto de normas de tradução: as traduções poderiam utilizar a forma mimética de Holmes; adotariam alternativas estrangeirizantes, importando elementos do texto de partida. Ao nível linguístico, poderiam de fato utilizar menos simplificação, explicitação, adaptação e equalização do que em outros casos. Assim sendo, a lei propõe que os eventos do processo de tradução estejam ligados a um certo contexto de produção, que envolve especialmente uma relação intercultural de prestígio assimétrica. Observe-se, contudo, que essa relação entre as normas e o contexto não tem correspondência automática. São em geral "leis de tendência", um termo que pode ser entendido em dois sentidos: 1. a longo prazo, fatores nos dois níveis tendem a se correlacionar em grau significativo; e 2. quanto mais assimétrico for o prestígio no nível do contexto, mais as traduções terão um papel inovador.

Toury propõe duas leis de tradução. A primeira delas é uma ampla "lei de padronização crescente" (1995/2012, p. 303s), que reúne várias das tendências que examinamos ao nível dos universais. Toury propõe que, quando comparadas com seus textos de partida, as traduções são mais simples, mais planas, menos estruturadas, menos ambíguas, menos específicas a um determinado texto, e mais habituais. A parte explicativa da lei é formulada assim:

> quanto mais periférica [a posição da tradução], mais a tradução irá acomodar-se aos modelos e repertórios estabelecidos. (Toury, 1995/2012, p. 307.)

Isso pode significar que os supostos "universais" estão em especial presentes quando as traduções não são particularmente importantes ou ativas dentro de uma cultura. O que colocaria em questão o grau de "universalidade" de um universal.

Toury também propõe a "lei da interferência" (1995/2012, p. 310-315). Ela basicamente diz que os tradutores tendem a reproduzir estruturas do texto de partida, mesmo que essas estruturas não sejam comuns na língua de chegada. Até aí, nada de novo. Toury, porém, faz duas considerações interessantes sobre as tendências envolvidas. Em primeiro lugar, o teórico afirma que "as interferências tendem a aparecer ao nível macroestrutural" (na organização do texto, na disposição dos parágrafos, etc.) mais do que nos níveis menores do período ou frase. Ou seja, o tradutor tende a trabalhar nos equivalentes para as coisas menores, esquecendo das coisas maiores. Toury então afirma que "a tolerância à interferência [...] tende a aumentar quando a tradução se realiza a partir de uma língua/cultura mais importante ou de grande prestígio" (1995/2012, p. 314). Isso parece uma reformulação da lei anteriormente proposta por Even-Zohar. Poderíamos pensar, por exemplo, que as culturas de língua inglesa se consideram superiores de forma a não tolerar interferência de outra cultura. Mas se olharmos algumas traduções de teoria cultural francesa, observa-se toda sorte de interferências sintáticas reveladoras, como, por exemplo, períodos iniciados com *For X is always already...*, ou numerosas ocorrências de períodos compostos. Uma vez que a cultura de partida ("teoria francesa") é considerada de prestígio, as interferências são toleradas. Faz sentido: imitamos apenas a quem admiramos.

A pesquisa sobre leis, sobre a possível causalidade das mudanças de tradução, não se desenvolveu com o mesmo entusiasmo que a investigação dos universais. Talvez porque a causalidade é complexa em qualquer contexto sociocultural. Em texto mais recente, Toury reconhece a impossibilidade de encontrar uma causalidade completa: "Parece não haver nenhum fator que não possa ser realçado, atenuado ou até mesmo equilibrado pela presença de outro" (2004, p. 15). Isso equivale a dizer que os contextos são múltiplos e irredutíveis; não pode haver leis simples.

A relativa falta de interesse pelo estudo dessas leis pode também indicar uma certa estagnação desse tipo de teoria. Para muitos pesquisadores da tradução com bagagem literária, a escrita da história literária ou cultural provavelmente será suficiente como objetivo. O interesse em abstrações de alto nível tende a ser proveniente de um modo de descrição bem diferente, próximo da ciência cognitiva.

5.8. Estudo de Processos

O estudo de processos tem sido importante nos estudos de interpretação desde a década de 1970, quando neurocientistas e psicólogos ajudaram a explicar como os intérpretes de conferência realizavam sua mágica (ver Pöchhacker, 2004). Então, o encontro entre os estudos descritivistas da tradução e o estudo de processos, a partir dos anos 1980, sobretudo na Escandinávia, resultou num intrigante corpo de dados colhidos por meio do método de protocolo verbal (*think-aloud protocols*), registro de digitação, gravação de tela e rastreamento ocular (*eye tracking*). Nós temos agora alguma noção do que se passa nos cérebros de intérpretes e tradutores, além da mera comparação de entrada (*input*) e saída (*output*).

De particular interesse, é o crescente corpo de dados que compara tradutores iniciantes e experientes. Em princípio, a diferença deveria nos permitir compreender como alguém se torna um profissional e, por conseguinte, como deveríamos treinar os iniciantes. As descobertas sugerem que os tradutores mais experimentados tendem a fazer o seguinte (e aqui eu adapto e simplifico Englund Dimitrova, 2005, p. 14-15):

1. Usar mais paráfrases e menos literalismo como estratégia de enfrentamento (Kussmaul, 1995; Lörscher, 1991; Jensen, 1999).
2. Processar unidades de tradução maiores (Toury, 1986; Lörscher, 1991; Tirkkonen-Condit, 1992).
3. Passam muito tempo revendo seu trabalho na fase de *post-drafting*, mas fazem poucas mudanças quando revisam (Jensen e Jakobsen, 2000; Jakobsen, 2002; Englund Dimitrova, 2005).
4. Leem textos rápido e dedicam proporcionalmente mais tempo ao texto de chegada que ao texto de partida (Jakobsen e Jensen, 2008).
5. Usar o processamento descendente (*top-down processing*), referindo mais ao propósito da tradução (Fraser, 1996; Kunzli, 2001, 2004; Tirkonnen-Condit, 1992).

6. Fiar-se mais na sua memória do que em pesquisas [*looking things up*] (Tirkonnen-Condit, 1989).
7. Expressar mais princípios e teorias pessoais (Tirkonnen-Condit, 1989, 1997; Jääskeläinen, 1999).
8. Incorporar o cliente em seus processos de gerenciamento de incertezas (Künzli, 2004).
9. Automatizar algumas tarefas complexas, mas também alternar entre tarefas de rotina automatizadas e resolução consciente de problemas (Krings, 1988; Jääskeläinen e Tirkonnen-Condit, 1991; Englund Dimitrova, 2005).
10. Demonstrar mais atitude crítica, confiança e realismo em sua tomada de decisões (Künzli, 2004).

Esse conjunto de proposições pode parecer ter derivado de cima para baixo, a partir da análise desinteressada/imparcial de dados. Toda pesquisa empírica, entretanto, começa por hipóteses que, por sua vez, são formuladas em termos de teoria. Tomados em conjunto, esses resultados soam um pouco como os princípios centrais da teoria do propósito (grande dependência do profissional, com menos literalismo e mais consciência dos contextos e dos clientes). Essa narrativa é também reforçada pela forma como "profissionais" são definidos e selecionados nos diversos projetos de pesquisa. Talvez a pesquisa empírica que não foi conduzida pelo paradigma de propósitos (devido à natureza idealista dessas teorias) tenha sido efetivamente levada a cabo nesse nicho cognitivista do paradigma descritivo. Dito isso, a pesquisa empírica, por sua própria natureza, conserva a capacidade de questionar as grandes teorias. É capaz mesmo de questionar até o seu próprio consenso geral. Jensen (1999) relata que tradutores experimentados tendem a usar o modo de produção de "conhecimento narrado" em vez do modo de "conhecimento transformado", mais em sintonia com o funcionalismo do texto de chegada: eles se envolvem menos com resolução de problemas, estabelecimento de metas e comportamento de reanálise do que os jovens tradutores. Em outras palavras, apesar das teorias pedagógicas, eles são rápidos e fazem as coisas o mais simples possível. Como os pesquisadores sempre dizem: mais pesquisas são necessárias.

5.9. Objeções Frequentes

Reuniremos agora algumas observações gerais em relação ao paradigma descritivista. Os pontos a seguir seriam, em geral, considerados positivos:

1. Foi revelada a variedade e vitalidade histórica da tradução.
2. O paradigma desempenhou um papel central no desenvolvimento dos estudos da tradução como disciplina acadêmica.
3. Produziu conhecimento potencialmente útil a todos os campos dos estudos da tradução, incluindo as abordagens prescritivas às quais se opunha no início.
4. Rompe com muitas das opiniões prescritivas do paradigma da equivalência, ainda que às custas de criar suas próprias ilusões de objetividade.

A contrapartida a esses pontos positivos é uma série de objeções que indicam as supostas falhas do paradigma:

5.9.1. "Descrições Não Ajudam a Treinar Tradutores"

O argumento usual aqui é que a teoria da tradução deveria ajudar as pessoas a aprender sobre tradução, e para isso seriam necessárias regras sobre o que deveria ser feito. Ou seja, precisamos de prescrições (para boas traduções), não de descrições (de traduções anteriores). Vários pesquisadores respondem a essa crítica. Toury (1992) defende a utilidade das descrições no contexto de treinamento, uma vez que sempre podem ser apresentadas maneiras alternativas de traduzir, sendo que nenhuma delas será ideal ou perfeita (nas palavras de Toury, "tudo tem seu preço"). Observamos anteriormente que Chesterman (1999) também considera que a pesquisa empírica deve reforçar o treinamento, pois pode ser utilizada para prever o sucesso ou o fracasso de certas estratégias.

5.9.2. "O Contexto de Chegada Não Pode Explicar Todas as Relações"

Essa é uma crítica comum dentro do próprio paradigma descritivista. Sem dúvida, não são todos que concordam com Toury (e Even-Zohar) sobre a afirmação de que "as traduções devem ser consideradas fatos das culturas de chegada". O foco no lado de chegada certamente é incapaz de explicar como as traduções funcionam em contextos pós-coloniais onde as distinções entre culturas se tornam cada vez mais vagas, ou em situações em que as assimetrias de poder são tão grandes que o lado de partida ativamente envia traduções à cultura de chegada. Conforme observamos, muitos pesquisadores mantêm a importância do contexto de partida, e outros muitos questionariam se há apenas duas culturas em jogo. Nesse ponto, seria possível remeter ao papel das relações transculturais nas seções explicativas das leis de Toury. Se as traduções são, em última análise, explicadas pelas relações entre culturas, elas não podem ser fatos de uma única cultura apenas.

5.9.3. "Todos os Modelos Referem-se a Textos e Sistemas, Não a Pessoas"

Trata-se de uma crítica geral que pode ser feita a praticamente todas as abordagens científicas sobre produtos culturais no século XX. Ainda assim, os conceitos abstratos de normas e leis elaborados por Toury são equilibrados com o sério interesse em como os tradutores se tornam tradutores (1995/2012, p. 277-294), e recente movimento no projeto descritivista tem se direcionado para a incorporação de modelos sociológicos, em especial o conceito de *habitus* de Bourdieu (Simeoni, 1998; Hermans, 1999). Isso viria ao encontro dos esforços por uma abordagem humanista dos estudos da tradução (Chesterman, 2009).

5.9.4. "O Foco nas Normas Incentiva Posições Conservadoras"

Esse argumento sugere que as descrições de normas podem contribuir apenas para reproduzir essas normas, sem tentar melhorar as práticas tradutórias. A resposta básica é muito clara: é necessário entender a situação antes de começar a melhorá-la (como se houvesse entendimento desinteressado). Uma resposta mais elaborada envolve a ideia de que as normas podem ser ensinadas como um conjunto de alternativas viáveis (como em Toury e Chesterman); assim, a descoberta de normas se torna uma forma de capacitar tradutores com a ampliação de seu repertório de soluções. No que se refere ao suposto incentivo ao conservadorismo, Toury de fato propõe que ensinemos os alunos como quebrar normas, como ele próprio fez no contexto dos estudos da tradução.

5.9.5. "A Definição de 'Traduções Presumidas' é Circular"

Essa é uma objeção clássica entre teóricos em conversas de bar. Conforme vimos, Toury inicialmente se recusa a definir o que é uma tradução, dizendo que a definição é feita pelas pessoas que produzem e utilizam as traduções. Observamos que isso cria o problema técnico de se supor que os diferentes termos para tradução se traduzem entre si. Ocorre que, no fim das contas, o pesquisador precisa de critérios para a classificação desses termos, e esses critérios devem efetivamente constituir uma definição teórica de tradução. Então, quem pressupõe e/ou define? Sem dúvida, o pesquisador-teórico em primeiro lugar. No entanto, muitos pesquisadores nesse paradigma parecem não querer assumir a responsabilidade por suas definições. Querem dizer que tudo parte do objeto de estudo. Isso leva a uma crítica mais grave.

5.9.6. "A Teoria Descritivista Ignora Sua Própria Posição Histórica"

Tal objeção entende o paradigma descritivista como um exercício de positivismo. O paradigma exigiria a crença em um conhecimento neutro, transparente, e objetivo sobre tradução, sendo que o progresso viria com o acúmulo desse conhecimento. Boa parte do arcabouço conceitual está construída em torno dessa crença. Porém, conforme vimos, esse arcabouço rompe-se em vários pontos: no problema da definição das traduções, no problema de como utilizar descrições de normas, na possibilidade de os vários níveis de descrição serem eles próprios traduções do mesmo tipo (note-se como Toury utiliza o termo tradução para descrever as normas), e na ênfase geral conferida ao papel do contexto (se as traduções dependem do contexto, por que isso não valeria para a forma como se descreve a tradução?). Em todos esses pontos, é necessária alguma atenção ao papel do observador, a pessoa que faz a descrição. O paradigma descritivista não chegou a considerar esse desafio. O papel da subjetividade na constituição do conhecimento será melhor abordado pelas teorias da incerteza, e os sentidos mais amplos de tradução se desenvolveriam melhor no paradigma conhecido como "tradução cultural". Abordaremos esses dois paradigmas a seguir.

5.10. O Futuro do Paradigma Descritivista

Para onde seguirá o paradigma descritivista? Recentes esforços têm sido favoráveis a uma *virada sociológica*, a algum tipo de colaboração com uma disciplina melhor preparada para lidar com variedades contextuais. Theo Hermans (1999), por exemplo, encerra suas considerações sobre o paradigma apontando para as sociologias de Bourdieu e Luhmann. Logo se vai nessa direção; mas o que encontramos? Em geral, uma infinidade de dados, em múltiplos níveis, com pouquíssimas categorias capazes de organizar os dados em termos de comunicação transcultural. As grandes sociologias modernistas fundamentam-se no mesmo estruturalismo que ajudou a formar o próprio paradigma descritivista, apesar de agora com mais espaço para a autorreflexividade (o sociólogo pode fazer a sociologia dos sociólogos). Mais problemáticas, essas sociologias são sobretudo de sociedades individuais apenas, de sistemas que privilegiam um lado ou o outro, parecidos com os que reinaram no paradigma descritivista. Elas se encaixam tão bem na orientação do contexto de chegada das abordagens descritivistas que pouco arriscam a trazer novidades. De fato, os estudos literários descritivistas dos anos 1970 e 1980 já faziam esse tipo de sociologia sistêmica.

Muitas pesquisas vêm sendo realizadas na perspectiva descritivista. Poderíamos mencionar incontáveis estudos de traduções literárias, análises linguísticas de mudanças, uma tendência crescente de pesquisa que integra os vários atores sociais, além de todo o trabalho empírico com o uso de corpora, de protocolos verbais, registro de digitação e de rastreamento ocular. Poderíamos acrescentar todo o trabalho empírico realizado sobre interpretação, que tradicionalmente estuda as dimensões cognitivas da interpretação em eventos e, mais recentemente, discute as dimensões sociais e políticas da interpretação comunitária. Ao longo do percurso, acumulamos um bom volume de trabalho sobre tradução e estudos de gênero, tradução e estudos pós-coloniais, tradução e censura, tradução e minorias, tradução e línguas pouco difundidas, e assim por diante, sendo que tudo isso pode ser mais ou menos situado no contexto descritivista. Ademais, qualquer novo fenômeno que mereça atenção, como tradução na *web* interativa ou o trabalho de tradutores voluntários, com certeza será abordado em termos diretamente descritivistas. Não obstante, poucos desses inúmeros empreendimentos resultaram em alguma nova afirmação importante ao nível da teoria da tradução. É verdade que o feminismo, sobretudo, questionou o *status subserviente* do tradutor, semelhante à presssuposta posição de inferioridade da mulher no patriarcado (ver Delisle, 1993; Simon, 1996; Von Flotow, 1997). O feminismo é também a origem provável da assertiva segundo a qual os tradutores devem se fazer notar mais em seus textos e sociedades (Venuti, 1995, 2012). Porém, nos dois contextos acima e em outros, a maioria dos conceitos vem de outras disciplinas, sendo aplicada à tradução, fazendo com que a teoria da tradução mais importe do que exporte ideias.

Nesse sentido, o potencial do paradigma descritivista, que parecia indicar para uma mais consistente teorização da tradução, não se concretizou. Outras linhas de pensamento assumiram a liderança.

Resumo

Este capítulo delineou um conjunto de teorias descritivistas que se opõem ao paradigma da equivalência no sentido de que têm como objetivo ser não prescritivas, ter como foco primordial as mudanças e não os tipos de equivalência, e não realizar uma análise extensiva do texto de partida. Aproximam-se das abordagens do paradigma dos propósitos no que se refere à ênfase no contexto da cultura de chegada e à função das traduções nesse contexto. Diferem, entretanto, dessas mesmas abordagens ao entenderem as funções das traduções em termos das posições que elas ocupam nos sistemas de chegada e não em termos de caracterização de um cliente ou descrição de trabalho. As teorias descritivistas também tendem a se interessar pelo modo como as traduções normalmente estão em um contexto específico e não em como traduções específicas podem diferir. São capazes, portanto, de falar das normas que orientam a forma como as traduções são produzidas e recebidas. O paradigma, assim, é relativista por ter grande consciência de que o que se considera uma boa tradução em um contexto histórico pode não ser tão bem avaliado em um contexto diferente. A pesquisa com base nesses conceitos contribuiu muito para revelar a diversidade das práticas de tradução em diferentes períodos históricos, diferentes culturas e diferentes tipos de comunicação. Foi acompanhada por teorizações de alto nível sobre possíveis universais e leis de tradução, embora o paradigma aparentemente não tenha sido capaz de manter uma relação consistente entre a descoberta da diversidade e o desenvolvimento de novos conceitos.

Fontes e Sugestões de Leitura

A terceira edição de *Translation Studies Reader* (Venuti, 2012) traz textos de Toury, Even-Zohar e Lefevere, com os dois primeiros relegados à seção "1960-1970". Munday (2012) trata desse paradigma em seus capítulos sobre "Discurso e Registro" e "Teorias de Sistemas".

Uma abordagem histórica de teorias com base em sistemas pode ser encontrada em *Translation in Systems*, de Theo Hermans (1999). As atas das conferências (Holmes et al., 1970, 1978) estão repletas de ideias *ad hoc* para o desenvolvimento do paradigma. O mesmo pode ser dito da coletânea fundamental *The Manipulation of Literature* (Hermans, 1985), que é bem mais profunda do que seu título. Quem realiza pesquisa empírica sobre traduções deve ter estudado *Descriptive Translation Studies and Beyond*, de Gideon Toury (1995/2012), embora não seja uma leitura fácil. Muitos artigos sobre vários aspectos de metodologia estão disponíveis *online* nos endereços de Itamar Even-Zohar (http://www.tau.ac.il/~itamarez/) e de Gideon Toury (http://www.tau.ac.il/~toury/). Uma abordagem interessante da tradução literária é *Translation, Rewriting, and the Manipulation of Literary Fame*, de André Lefevere (1992). Para ideias sobre os vários aspectos socioculturais dos estudos descritivistas, ver a seleção de artigos de José Lambert em *Functional Approaches to Culture and Translation* (Delabastita et al., 2006). Para uma discussão crítica de sistemas e normas, ver Pym (1998). Uma revisão geral sobre o trabalho recente no paradigma descritivista pode ser encontrado no volume *Beyond Descriptive Translation Studies* (Pym et al., 2008).

SUGESTÕES DE PROJETOS E ATIVIDADES

1. Considere todas as situações linguísticas das quais você participa em um dia normal, não apenas no caso de jornais, televisão e *websites*, mas também em lojas, bancos e serviços públicos. Quanto desse material linguístico deve ter sido traduzido de uma forma ou de outra? Considere notícias de fatos ocorridos fora de sua língua. Quanto desse material é de fato indicado como proveniente de traduções? Por que (não é)?
2. Onde na sua cidade trabalham os tradutores e intérpretes? Que leis ou políticas orientam o trabalho deles?
3. Consulte as traduções de *João* I, ("No princípio era o verbo..." em quantas línguas puder (ver Nord, 2001). Quais dessas traduções fazem sentido e quais não fazem? As diferenças poderiam ser descritas em termos de alterações? Há nelas diferentes normas atuando?

4. Procure saber mais sobre a intérprete mexicana La Malinche (também chamada Malinalli Tenepal ou Doña Marina). Dentro de quais sistemas ela trabalhava? Qual era a relação dela com esses sistemas? Quais normas teriam regulado o seu trabalho? Esses sistemas e normas são diferentes quando sua história é contada por feministas e quando é contada por nacionalistas mexicanos? (O mesmo exercício pode ser aplicado a casos de outros tradutores famosos, de preferência que tenham trabalhado em situações de conflito.)

5. Encontre um código de ética de tradutores. Alguns desses princípios podem ser descritos como normas? Em caso positivo, que tipo de normas são? De que forma eles se articulariam com um estudo empírico sobre o que os tradutores realmente fazem? Para uma análise crítica de códigos de ética, ver Pym (1992a/2010) e Chesterman (1997).

6. Encontre uma obra de referência sobre a história da literatura nacional de sua preferência (literatura francesa, literatura russa etc.). Os tradutores fazem parte dessa história (ver Rosa, 2003) ? Eles são mencionados em capítulo à parte? No índice remissivo? Deveriam estar presentes? A inclusão das traduções faz sentido no caso de literaturas menores em línguas importantes (por exemplo, a literatura australiana)? Períodos de grande mudança, como o Renascimento italiano, podem ser efetivamente contados sem referência às traduções?

7. Selecione uma página de um texto literário e uma tradução profissional feita a partir dele. Tente dividir os textos em dois segmentos emparelhados (uma unidade do texto de partida correspondendo a uma unidade do texto de chegada) e identifique as mudanças de tradução. Essas mudanças são fáceis de classificar? Todas podem ser descritas em termos de equivalência? Em quantas dessas mudanças poderíamos dizer que há fatores sociais ou políticos envolvidos? Devemos falar em "mudanças" ou em "variações", ou talvez em "divergências", ou ainda em "erros"?

8. Observe o caso de *The Poems of Ossian* (1773). Esse texto poderia ser descrito como uma tradução? Em caso negativo, o que poderia ser? Ele deve ser analisado na área dos estudos de tradução?

9. Utilize um programa de concordância (ou mesmo as ferramentas de legibilidade do MS-Word na aba Revisão) para analisar a frequência de características linguísticas em duas traduções diferentes do mesmo texto. As diferenças quantitativas indicam algum tipo de normas diferentes?

10. Utilize as mesmas ferramentas para comparar uma tradução com seu texto de partida. Suas conclusões confirmam algum dos universais propostos?
11. Procure ouvir tradutores falando sobre seu trabalho, seja enquanto traduzem ou enquanto discutem uma tradução que tenham feito, ou quando discordam, por exemplo, em uma das muitas listas de discussão para tradutores na internet. Quais termos parecem indicar a existência de normas? Ao identificar uma norma, é possível identificar também a punição para seu não cumprimento (em tese, as normas seriam definidas pela existência dessas sanções)?

> # Capítulo 6
>
> # Incerteza

Este capítulo trata de algumas teorias que podem ser difíceis de entender. A ideia básica é que nunca podemos ter total certeza do sentido do que traduzimos. Nesse caso, precisamos admitir que não temos certeza sobre o que traduzimos, mas devemos traduzir mesmo assim. Na primeira parte do capítulo, concluímos que há dois grupos de teorias nesse contexto: algumas expressam incerteza sobre as traduções, uma vez que versões diferentes são sempre possíveis, enquanto outras expressam incerteza sobre qualquer sentido, seja nas traduções ou nos textos de partida. Uma leitura do diálogo platônico *Crátilo* (400 aC/1977) ajudará a explicar a diferença. Percorreremos, em seguida, algumas ideias sobre a possibilidade da tradução apesar da incerteza sobre os sentidos. A última parte do capítulo apresenta algumas ideias conhecidas sob o rótulo de "desconstrução", onde a incerteza é fundamental para entender a tradução como transformação.

PRINCIPAIS TÓPICOS ABORDADOS NESTE CAPÍTULO:

- Há bons motivos para duvidar de qualquer relação de causa e efeito entre textos de partida e textos de chegada.
- Os mesmos motivos podem aplicar-se à incerteza sobre a comunicação de sentidos em geral.
- Algumas teorias não questionam a significação dos textos de partida (são "deterministas" no que se refere à linguagem), porém

> não aceitam que as fontes sejam causa exclusiva das traduções (são "indeterministas" no que se refere a traduções).
> - Outras teorias são indeterministas de modo mais completo porque questionam a significação tanto dos textos de partida quanto da tradução.
> - Existem várias maneiras de explicar como a tradução ainda é possível em um mundo de incerteza: iluminação, diálogo com base em consenso, hermenêutica, construtivismo social, teoria dos jogos e lógica não linear.
> - A desconstrução é uma abordagem indeterminista que admite que toda tradução envolve transformação.

6.1. Incerteza Por Quê?

O paradigma da equivalência esteve em alta nos anos 1960 e 1970. Por que exatamente ele entrou em declínio? Poderia ser dito, com base em nossos dois capítulos anteriores, que a equivalência perdeu força devido a dois novos tipos de teoria: a teoria alemã do escopo e o descritivismo científico. Isso, contudo, seria correto apenas parcialmente. As noções de função e propósito já estavam no paradigma da equivalência; tudo o que a teoria do escopo fez foi restringir a equivalência a casos especiais. Já os estudos descritivistas deviam sua herança intelectual praticamente ao mesmo estruturalismo que possibilitou a formação do paradigma da equivalência; os mesmos modelos eram estendidos a campos sociais mais amplos. Conforme observamos, os paradigmas mais recentes não aboliram a equivalência: apenas a tornaram mais limitada (na teoria do escopo) ou mais ampla (nos estudos descritivistas da tradução de Toury).

Os princípios básicos do paradigma da equivalência ainda subjazem muito do que se faz hoje a respeito de tradução. Ele ainda é o paradigma dominante na maioria das abordagens linguísticas, em especial quando se trata de terminologia e fraseologia. De fato, seria de esperar que o conceito de equivalência ganhasse novo fôlego em setores como a localização de software, onde muitas frases de partida e de chegada precisam, em sua maioria, corresponder em função e em tamanho aproximado (ver 7.5.4 mais adiante). A equivalência não está morta, absolutamente. Mas, sem dúvida, tem sido questionada. Existem ao menos dois motivos subjacentes para a crescente insatisfação em relação à equivalência:

1. INSTABILIDADE DA FONTE: A pesquisa descritivista mostrou que as ações dos tradutores variam consideravelmente de acordo com sua posição cultural e histórica. Por exemplo, em época anterior à impressão, os textos de partida eram com frequência manuscritos em constante processo de cópia, modificação e reescritura, bem como de tradução, fazendo da tradução apenas outro estágio em uma infinita sequência de transformações (sob esse aspecto, lembravam um pouco os nossos atuais *websites* e *softwares*). Não eram pontos de partida estáveis aos quais uma tradução poderia ser considerada equivalente. O conceito de equivalência, portanto, não era um assunto que os tradutores medievais de fato discutiam; o paradigma simplesmente não estava em pauta porque existiam poucos textos de partida estáveis. Dúvidas parecidas sobre a equivalência ocorrem em nossa era tecnológica, onde o sucesso de um texto tende a ser avaliado à medida que o usuário aperta o botão certo ou clica no *link* certo, e não por meio da comparação estrita com um texto anterior.

2. CETICISMO EPISTEMOLÓGICO: Com a crescente conscientização da variabilidade, o clima intelectual nas humanidades estava se transformando dramaticamente a partir da década de 1970. As muitas formas de estruturalismo haviam assumido que a abordagem científica seria capaz de produzir, em um mundo de relações entre objetos, um tipo de conhecimento estável. Entretanto, os filósofos vinham há longo tempo questionando esse tipo de certeza. As relações entre as coisas não poderiam ser separadas das relações dentro do sistema linguístico, e a linguagem não poderia ser considerada transparente a todas essas coisas. Nos estudos literários e na filosofia cultural, o estruturalismo cedeu espaço para o pós-estruturalismo e o desconstrucionismo. Esses

movimentos levantaram sérias questões sobre a equivalência. Se um fragmento de língua poderia ser entendido como equivalente a outro fragmento de língua, quem tinha o direito de dizê-lo? Como poderíamos ter certeza de que encontramos o que têm em comum? O que era equivalente a quê exatamente, para quem e com que autoridade? Essas perguntas dizem respeito à "epistemologia" (o estudo de como o conhecimento é produzido), e são feitas a partir de um posicionamento cético (qualquer que seja o conhecimento produzido, não temos total certeza dele). Desse modo, a crítica à equivalência surge de uma posição mais geral que poderíamos chamar de *ceticismo epistemológico*: o conhecimento fornecido pela equivalência pode não estar errado, porém não podemos ter certeza absoluta dele.

Vemos então dois motivos para o questionamento da equivalência: o impacto das mudanças tecnológicas afetando a estabilidade dos textos de partida e uma atmosfera intelectual compartilhada de ceticismo. Neste capítulo, vamos nos concentrar nas várias maneiras como o ceticismo epistemológico afetou a teoria da tradução. Veremos que existe mais de uma tendência em jogo; algumas teorias expressam dúvidas sobre como as traduções representam suas fontes, enquanto outras são céticas a respeito de *todos* os significados. Para compreender essas teorias ou, ao menos, parte de sua complexidade, analisaremos algumas ideias que vão além da teoria da tradução tradicional.

ALGUNS TERMOS FUNDAMENTAIS

- **EPISTEMOLOGIA**: o estudo de como se produz conhecimento, nesse caso, o conhecimento sobre o texto a ser traduzido ou o objetivo pretendido.
- **CETICISMO**: a postura geral de ter dúvidas sobre alguma coisa.
- **CETICISMO EPISTEMOLÓGICO**: a postura geral de ter dúvidas sobre como adquirimos conhecimento. No caso, podemos ser céticos ou não ter certeza sobre o que sabemos a respeito do texto de partida ou do objetivo que o tradutor deve atingir.

- **DETERMINISMO**: a crença de que um fato é causado por fatos precedentes ou por um conjunto de fatos que possamos conhecer. Por exemplo, podemos acreditar que uma tradução é causada ("determinada") pelo que está no texto de partida, ou por instruções recebidas do cliente.
- **INDETERMINISMO**: a crença de que nem todos os fatos são totalmente causados ("determinados") por fatos precedentes. Se o mesmo texto de partida pode causar muitas traduções diferentes, então nenhuma das traduções pode ser totalmente "determinada" pelo texto de partida. O indeterminismo, em geral, permitiria certo livre arbítrio da parte do tradutor.
- **INDETERMINAÇÃO**: aqui, trata-se de um caso de indeterminismo que se acredita ocorrer em um fenômeno específico. A crença no indeterminismo em geral pode, assim, nos fazer acreditar na indeterminação específica da tradução.
- **TEORIA DETERMINISTA**: nesse contexto, trata-se de uma teoria que considera que, em um ato de comunicação, a compreensão é determinada pelo que é dito ou intencionado. Aplicada à tradução, tal teoria diria que a tradução correta é a que corresponde às ideias, às intenções, à mensagem ou às palavras do autor do texto de partida.
- **TEORIA INDETERMINISTA**: nesse contexto, trata-se de uma teoria que não pressupõe a determinação. Uma teoria indeterminista acredita que a tradução não envolve uma transferência de ideias, intenções, sentidos ou palavras. A maioria das teorias indeterministas admitiria que uma tradução se baseia em uma interpretação de textos anteriores.

6.2. O Princípio da Incerteza

É possível aceitar que *Friday the 13th* seja equivalente a *martes 13*. A maioria dos tradutores profissionais provavelmente diria que os dois são equivalentes justamente porque são equivalentes. Talvez os tradutores recorressem depois a algum tipo de *autoridade*, talvez um dicionário, alguém razoavelmente bilíngue ou eles mesmos. De outro modo, podemos manter o ceticismo, dispensando qualquer suposta autoridade. "Ceticismo" quer dizer que não temos certeza de alguma coisa. Mas há muitas maneiras de ter dúvidas. Podemos contemplar a palavra desconhecida e ficar nervosos sobre o pouco conhecimento que temos, ou podemos adotar um tipo mais ativo de ceticismo. Podemos então querer questionar mais sobre a palavra. Embora acreditemos que jamais será alcançada certeza sobre o assunto, ainda podemos tentar obter mais conhecimento. Poderíamos enlouquecer os tradutores perguntando em quais situações especificamente a equivalência se mantém, ou quando a equivalência começou a ser produzida, ou por que a diferença formal persiste, ou quanto tempo essa diferença permanecerá (e poderíamos chegar ao ponto de achar que o espanhol deveria adotar as superstições do inglês em relação a sexta-feira, ou vice-versa?). Esse tipo de questionamento não ajudará em nada nossos tradutores. Leva, porém, a questões realmente importantes sobre os tipos de autoridade sobre os quais se sustenta, em última análise, todo o paradigma da equivalência.

Ao se adotar essa forma ativa de ceticismo epistemológico, não necessariamente faremos perguntas incômodas por simples diversão. Mesmo que acreditemos que essas perguntas jamais terão uma resposta definitiva, ou que jamais será alcançada uma verdade absoluta, podemos ainda assim entender que é nosso dever duvidar dessas autoridades todas (professores, dicionários, especialistas, tradutores) que impedem os outros de fazerem perguntas.

O tipo de ceticismo que mais diz respeito às humanidades deriva do *efeito do observador*: cada observação é influenciada pela posição do observador. Algo acontece – suponhamos um acidente de carro – e a versão de cada observador sobre o ocorrido será diferente. Cada pessoa estava em uma posição diferente; há experiências díspares e, assim, interesses diversos em torno do acidente, em particular quando se trata de colocar a culpa em alguém. O elemento da incerteza é muito simples nesses casos, assim como o ceticismo epistemológico de quem procura investigar o acidente. Não podemos confiar completamente em nenhuma das observações. Pode-se dizer que a coisa observada – o acidente de carro, neste exemplo – jamais causa (explica, justifica ou representa) totalmente a observação real da pessoa. Diremos, então, que o acidente nunca *determina* por inteiro as observações. O *indeterminismo* é a crença geral de que os fatos e observações estão assim relacionados, sendo uma consequência do ceticismo epistemológico. Do mesmo modo, pode-se dizer que um texto nunca determina (causa, explica, justifica ou representa) totalmente o que o destinatário entende a seu respeito. Cada destinatário traz um conjunto de moldes conceituais para o texto, e o processo de recepção será uma interação entre o texto e esses moldes. O mesmo valeria para a tradução: nenhum texto de partida determina por inteiro uma tradução, mesmo porque as traduções se apoiam em observações e interpretações.

A ideia de indeterminismo não se ajusta às teorias da equivalência. Se dissermos que dois textos são equivalentes, supomos que existe uma compreensão estável de ambos os textos, pelo menos na medida em que se supõe que tenham a mesma função ou valor. O indeterminismo, como parte integrante do princípio geral da incerteza, assume que a compreensão estável não pode ser presumida de maneira simples.

6.2.1. O Princípio da Indeterminação da Tradução Proposto por Quine

No fim dos anos 1950, o filósofo estadunidense Willard van Orman Quine dispôs-se a verificar em que medida a indeterminação poderia interferir na linguagem e no sentido. Para isso, propôs um experimento hipotético envolvendo a tradução. Eis um resumo:

Imagine um etnolinguista que chega em uma aldeia onde as pessoas falam uma língua completamente desconhecida. O linguista passa a descrever essa língua. Testemunha um fato: um coelho passa correndo, um nativo aponta para o coelho e exclama *gavagai*! O linguista anota *gavagai* = "coelho". Uma tradução equivalente foi, portanto, produzida.

Quine então pergunta: como podemos ter certeza de que *gavagai* realmente significa "coelho"? Poderiá, afinal, significar "veja só, um coelho!", ou então "um coelho com patas compridas", e ainda "tem uma pulga na orelha esquerda do coelho", e assim por diante.

Quine defende que são possíveis numerosas interpretações, e que não haveria questionamento exaustivo que pudesse produzir certeza absoluta de que *gavagai* significa "coelho". Mesmo que o linguista passasse anos com a tribo aprendendo sua língua, sempre haveria a possibilidade de cada falante fazer uso da palavra com valores individuais não identificáveis.

Quine na verdade defende que existem graus de certeza para diferentes tipos de proposições. No que diz respeito à tradução, contudo, o argumento parece ser que *a indeterminação jamais desaparecerá completamente*. Quine coloca que a mesma fonte (*gavagai*) pode dar origem a muitas versões ("coelho", "pulga no coelho" etc), sendo que todas podem ser legítimas e ainda "relacionarem-se umas às outras sem nenhuma espécie plausível de relação de equivalência, por mais vaga que seja" (1960, p. 27). Seja qual for a relação que possa haver entre as traduções, ela será incerta, e essa certeza idealizada e impossível é o que Quine associa à noção de equivalência. Mas se não for equivalência, que relação será essa então?

Em uma revisão posterior desse princípio de indeterminação, Quine (1969) afirma que *diferentes tradutores produzirão diferentes traduções*, sendo que todas poderão estar corretas, e nenhum dos tradutores concordará com as versões dos colegas. Se o exemplo anterior do etnolinguista parecia abstrato e distante (afinal, não existem mais tribos inexploradas no mundo, e os etnolinguistas têm métodos muito mais sensíveis de conduzir pesquisa de campo), a afirmação de que diferentes tradutores traduzem de formas diferentes parece bem familiar. E a afirmação de que os tradutores discordam das traduções uns dos outros parece desconfortavelmente próxima de nós, em especial quando existe um elemento de autoridade ou de prestígio em questão.

A indeterminação dá conta dessas diferenças, desacordos e incertezas; o conceito de equivalência, não. Esse é um bom motivo para incorporar a indeterminação a uma teoria da tradução. A indeterminação, porém, não é um termo muito utilizado em teorias da tradução, ao menos não muito além de Quine e da tradição da filosofia analítica. Em grande parte, suas dúvidas inoportunas migraram para a teoria da tradução por meio de um conjunto de disciplinas e tendências intermediárias. Esboçaremos aqui algumas dessas conexões.

> O PRINCÍPIO DA INDETERMINAÇÃO DA TRADUÇÃO PROPOSTO POR QUINE
>
> Manuais de tradução de uma língua para outra podem ser organizados de maneiras divergentes, todas compatíveis com a totalidade da disposição do discurso, mesmo sendo incompatíveis entre si. Em incontáveis momentos irão divergir ao fornecerem, como respectivas traduções de uma frase em uma língua, frases em outra língua que se relacionam entre si sem nenhuma espécie plausível de relação de equivalência, por mais vaga que seja. (Quine, 1960, p. 27.)

6.2.2 Indeterminismo em Teorias Linguísticas {S2}

A ideia básica da indeterminação pode parecer óbvia. O linguista estadunidense Noam Chomsky considerou que o princípio de Quine nada mais dizia que "as teorias são subdeterminadas pela evidência", no sentido de que um fenômeno pode ser representado por mais de uma teoria (uma teoria sendo, em última análise, como uma observação, uma leitura ou uma tradução). Isso, diz Chomsky, é "verdadeiro e desinteressante" (1980, p. 14, 16). Ou seja, *e daí*? Na própria área de Chomsky, não há dúvida de que diferentes gramáticas podem ser escritas para descrever a mesma língua, sendo todas adequadas em algum grau, apesar de diferentes uma da outra. Na teoria literária, os textos são representados por uma sucessão de paradigmas (filologia, New Criticism, estruturalismo, marxismo, desconstrução, psicanálise, estudos de gênero etc); nenhum deles estaria errado. Na verdade, em todas as ciências, naturais ou humanas, o século XX viu uma divergência generalizada entre a produção de teorias e a reunião de evidências; em todas as áreas de investigação, pode-se propor uma nova teoria com base em fatos antigos (ou uma nova tradução de um texto antigo). O estudo da tradução não é diferente nesse ponto (o que explica, a propósito, o fato de este livro abordar muitos paradigmas diferentes, sendo todos corretos). A indeterminação é a própria base para a pluralidade das teorias.

A *indeterminação pode ser vista em toda comunicação*, de forma geral. Embora seu funcionamento seja mais evidente quando ilustrado entre línguas, ela também se aplica dentro das línguas. Qualquer coisa que dissermos será apenas uma de muitas variações possíveis sobre o que pensamos que expressamos, e o que os outros farão de nossas palavras será apenas uma de muitas interpretações possíveis. Aqui, nossas palavras funcionam como teorias, ou traduções. O indeterminismo diz que não podemos ter certeza de comunicar nada, ao menos não em um sentido exato. Não podemos supor que existe um sentido codificado em um lado, a ser decodificado em outro. O oposto do indeterminismo seria então uma teoria que pressuponha *códigos, transmissão, transferência de sentido*, ou um *canal de fonte para alvo* (todas essas metáforas já foram utilizadas) que possa de alguma forma assegurar a equivalência.

A ideia geral da indeterminação pode ser utilizada para dividir as teorias da tradução entre aquelas que presumem a possibilidade de alguma espécie de comunicação exata (*determinista*: o que X expressa é o que Y entende) e aquelas que não o presumem (*indeterminista*: jamais podemos ter certeza de que os dois lados compartilham do mesmo sentido). Todo estudante de ciências humanas deve perder ao menos algumas noites de sono pensando no fato de que jamais será totalmente compreendido, e algumas mais preocupado com o fato de que jamais entenderá completamente outra pessoa; depois, uns cinco minutos admitindo que também não entende nem a si mesmo. O estudante de tradução deve provavelmente gastar algumas tardes a mais com questões sobre a existência, pois a indeterminação é um problema ainda maior quando estão envolvidas culturas e línguas diferentes.

Como veremos logo adiante, a maioria das teorias indeterministas da tradução simplifica a divisão entre elas próprias e as teorias deterministas, principalmente quando se trata de equivalência. Fazem parecer como se fossem apenas dois campos, nós e elas, e como se houvesse uma batalha revolucionária a se realizar, para destronar as ilusões da equivalência. O problema, contudo, é que as tropas indeterministas estão na verdade longe de serem unidas. Mais especificamente, *muitas teorias deterministas da linguagem tornam-se indeterministas quando aplicadas à tradução*. As coisas são complicadas. Vejamos alguns exemplos clássicos, já que o problema existe há muito tempo.

6.3. Perspectivas Deterministas Sobre a Língua Com Teorias Indeterministas da Tradução

Abordamos, agora, a tradução segundo a perspectiva de alguns contos antigos sobre a linguagem. O diálogo platônico *Crátilo* (1977, p. 6-191) baseia-se em duas personagens que apresentam perspectivas opostas sobre como as palavras significam. Enquanto elas expõem seus pontos de vista, Sócrates as questiona. A personagem Hermógenes defende que as palavras são meras etiquetas arbitrárias para as coisas (ou seja, codificações). A personagem Crátilo, por sua vez, defende que cada coisa tem sua palavra apropriada (ou seja, a forma da palavra se ajusta à coisa, como uma onomatopeia):

> Crátilo, aqui presente, Sócrates, diz que tudo tem um nome correto, criado por natureza, e que um nome não é algo que as pessoas colocam em uma coisa por acordo, simplesmente como um fragmento de sua própria voz aplicada à coisa, mas que existe uma espécie de correção inerente nos nomes, o que vale para todos os homens, gregos e bárbaros. (383a)

Para a maioria de nós, a posição de Hermógenes pareceria a mais correta. Com exceção de uma ou outra onomatopeia, as *palavras parecem ter uma relação arbitrária com seus referentes*. Foi o que Saussure postulou, formando um dos alicerces mais importantes da linguística sistêmica. É também uma forma de explicar por que as palavras variam imensamente de língua para língua e por que a tradução é, portanto, necessária.

No diálogo de Platão, entretanto, vemos Sócrates investir tempo e esforço defendendo a posição de Crátilo. Ele afirma que as palavras gregas na verdade nos dizem algo sobre a natureza das coisas. Por exemplo, a palavra para verdade, *aletheia*, é formada por *theia*, com sentido de "divino", e *ale*, com sentido de "errância". A verdade seria, então, uma "errância divina" (421b). Toda essa seção do diálogo é uma miscelânea de etimologia esclarecedora e lúdica, brilhante a ponto de fazer o leitor considerar a teoria. Alcança o nível das sílabas e ritmos, que são vistos como especialmente apropriados ao que expressam. Nesse caso, nominadores usariam os nomes assim como os pintores usam cores diferentes. Por exemplo, o som [o] é o principal elemento da palavra *goggulon* ("redondo", 427c), e poderíamos acrescentar que a boca faz mais ou menos o mesmo molde quando dizemos *round*, *rund*, *rond*, *redondo* etc, que seriam nomes corretos. A teoria então supõe uma espécie de infalibilidade. Sócrates reconhece que, se houver uma palavra que não possa ser analisada dessa maneira (a palavra *pyr*, "fogo", é um exemplo), ela "provavelmente será estrangeira; por ser difícil relacioná-la à língua grega" (409e). Restaria explicar por que apenas o grego teria todos os nomes certos, mas prossigamos.

Na segunda parte do diálogo, Sócrates começa a afastar essa mesma teoria. Alguns dos pontos fracos já devem estar evidentes. Se as palavras devem ser entendidas em termos semânticos dentro da língua grega, como a sua aparente correção poderia funcionar para todas as pessoas, "gregas e não gregas"? Além disso, na língua grega, Sócrates encontra palavras para "intelecto" ou "memória" que não refletem movimento. Elas contrariariam, assim, a esplêndida tese da "errância divina" na palavra *aletheia* ("verdade", 437b). Aparentemente, esses nomes teriam sido mal atribuídos. Se é possível dar um nome ruim, então deve haver algum nível de convenção social nos nomes das coisas. A língua é, portanto, arbitrária em alguma medida.

Se examinarmos essas duas teses, qual delas seria a menos determinista? A posição de Hermógenes, na verdade, afirma que a atribuição de nomes a coisas ou conceitos é arbitrária, portanto nada a determina a não ser a convenção. Tal tese torna a tradução algo fácil: se se conhece a convenção, trata-se apenas de codificar e decodificar. Na verdade, isso torna a equivalência bastante possível. Significa ainda que *uma teoria indeterminista da nominação pode produzir uma teoria da tradução baseada em equivalência.* Pense nisso.

Por outro lado, a tese de Crátilo, que é altamente determinista (a natureza da coisa determina o nome correto), tornaria a equivalência, e talvez até mesmo a tradução, virtualmente impossível. Como podemos traduzir *aletheia* como "verdade" se o termo grego realmente significa "errância divina"? Essa perspectiva determinista diz que o grego pode ser devidamente entendido somente em termos de grego. Então, *nenhuma equivalência completa é possível* para além da referida língua. Bem-vindos aos paradoxos da teoria.

6.3.1. O Determinismo Cratilista na Tradução

Crátilo não trata de teoria da tradução, mas de fato ilustra um paradoxo encontrado em muitas teorias da tradução contemporâneas. Com efeito, o paradoxo de *uma teoria determinista da expressão subjazer uma teoria indeterminista da tradução* é tão generalizado que podemos chamar todas essas teorias de "cratilistas". Vejamos alguns exemplos.

Conforme mencionado no capítulo sobre equivalência (2.2), Wilhem von Humboldt entendia que línguas diferentes construíam diferentes perspectivas do mundo. Essa ideia pode ser encontrada em várias abordagens. O linguista russo Roman Jakobson (1959/2012, p. 142), por exemplo, afirmou que os alemães entendem a morte como masculina (*der Tot*, gênero masculino) enquanto os russos a entendiam como feminina (смерть, *smiert*, gênero feminino) porque as línguas atribuem esses gêneros. De modo parecido, diz Jakobson, "o pintor russo Répin ficava confuso com o fato de o pecado ter sido representado como uma mulher por artistas alemães: ele não percebeu que "pecado" é feminino em alemão (*die Sünde*), porém masculino em russo (rpex, *griekh*)" (1959/2012, p. 130). Nossas línguas, então, moldariam o modo como percebemos o mundo. Os pecados masculinos do russo não podem ser de fato equivalentes perfeitos dos pecados femininos do alemão, e seus resultados na morte seriam, de modo análogo, não equivalentes. Cada língua de fato determina o modo como as coisas são vistas?

A *teoria da "visão de mundo"* seria uma versão moderna do determinismo cratilista. Para Crátilo, a natureza da coisa determina seu nome correto; para o relativismo linguístico, *a natureza do sistema linguístico determina a percepção da coisa*. De qualquer modo, existe um forte elo determinista entre expressão e conceito. Na verdade, a linguística estrita da "visão de mundo" seria determinista em um sentido ainda mais forte, pois ela considera que toda porção de conteúdo é determinada pela língua inteira, não apenas por alguns nominadores criativos. Em sua forma extrema, esse determinismo sistêmico quer dizer que o conhecimento não pode ser transmitido para além da língua na qual foi formulado. A tradução poderia na melhor das hipóteses nos dar uma ideia do que estamos perdendo.

A *estética modernista*, que na Europa situaríamos a partir do fim do século XIX, seguiu caminhos semelhantes. Na obra de arte, diz-se que forma e conteúdo são inseparáveis. Cada conjunto de palavras, ou de sons, tem significado precisamente devido ao que são e a como foram combinadas: "o que deve ser comunicado é o próprio poema", disse o poeta modernista T.S. Eliot (1933/1975, p. 80); o poema não representaria nenhum sentido que tenha existido antes do poema. Toda essa tradição foi remetida a Crátilo por Gérard Genette (1976). Para a maioria dos pensadores em questão, a tradução não pode ser governada pela equivalência, pelo menos não em um nível estético.

A elaboração mais clara dessa tradição talvez esteja no teórico italiano Benedetto Croce (1902/1922, p. 73) quando descreve

> a relativa possibilidade das traduções; não como reproduções das mesmas expressões originais (o que seria uma tentativa inútil), mas como produções de expressões semelhantes mais

ou menos parecidas com as originais. A tradução considerada boa é uma aproximação que tem valor original como obra de arte e que pode ser independente.

Croce descreve de forma significativa a *similaridade* ou *aproximação* como uma "semelhança de família". Evidentemente, a metáfora ficaria muito mais conhecida com Wittgenstein (1958, p. 32), que falava de "semelhanças de família" (Anscombe o traduz como *family resemblances*) para descrever as relações entre elementos de conjuntos semânticos. A partir de então, a metáfora foi utilizada no paradigma da equivalência para descrever diferentes relações das traduções com seus textos de partida (ver 3.1 e 3.9.4, supra). Também foi aproveitada no paradigma descritivista para retratar como as traduções são diferentes embora pertencendo ao mesmo conjunto (ver Toury, 1980; Halverson, 1998). Contudo, para a estética modernista, onde a forma não pode ser separada do conteúdo, o sentido de "semelhança de família" era muito mais negativo: uma semelhança era o máximo que uma tradução deveria esperar alcançar, uma vez que não poderia haver equivalência absoluta. As traduções são algo muito bom, mas elas jamais substituirão os originais. Esse é o modo que as teorias deterministas ou da expressão em geral encontraram para tentar preservar a possibilidade da tradução, enfraquecendo o conceito. Tal modo, na verdade, coincide com o conceito de equivalência direcional. Mas há outros modos também.

6.3.2. Utilizando o Determinismo Cratilista Como Forma de Tradução

O filósofo alemão Martin Heidegger utilizou algo parecido com o método cratilista como forma de pensar. Por exemplo, ele via a palavra grega *aletheia* como a configuração de *Unverborgenheit* ("desocultamento", "revelamento", 1927/1953, p. 33, 219, entre outros), com base em suas partículas *a-* (ausência de) e *-lethe* (engano). Isso difere completamente da "errância divina" que Crátilo enxergava ao analisar a palavra como *ale-theia*. Heidegger postula de forma geral que as palavras transportam o conhecimento no interior de sua própria língua, e que a etimologia oculta esse conhecimento. Apesar disso, ele explora as diferenças entre as línguas a fim de desenvolver seu método de pensamento, e é nesse ponto que encontramos suas principais reflexões sobre a tradução. Em um de seus exemplos mais elaborados, o termo filosófico em latim *ratio* teria como equivalente convencional em alemão o termo *Grund* (fundamento, razão, causa). Esse equivalente, contudo, suprime muitas outras interpretações possíveis. *Ratio* poderia ser traduzido também como *Vernunft* (razão), ou mesmo como *Ursache* (causa). Somos informados que, em latim, *ratio* também significa "conta", "cálculo", e que funciona como tradução do termo grego *logos*. "*Grund* é a tradução de *ratio*", afirma Heidegger:

> porém, essa afirmação é um lugar-comum [*Gemeinplatz*] e continuará sendo enquanto não pensarmos sobre o que a tradução efetivamente significa nesse e em outros casos semelhantes. A tradução é uma coisa no que se refere a uma carta comercial e outra coisa bem diferente em relação a um poema. A carta é traduzível; o poema, não. (1957, p. 163.)

Em função de seu implícito desdém por coisas triviais como uma carta comercial, a atenção de Heidegger está voltada especificamente para o que é *não traduzível*, os *resíduos*, os *não equivalentes* de algum modo encobertos pelos lugares-comuns da equivalência oficial. Em vez de valorizar a semelhança de família (as similaridades são consideradas boas, assim como as famílias), o filósofo alemão valoriza o conflito produtivo das diferenças.

O uso que Heidegger faz da tradução nesse exemplo não pode ser verdadeiramente atribuído ao indeterminismo no sentido de Quine, uma vez que não há dúvida epistêmica sobre as intenções de um falante. As diferenças têm mais a ver com a história, com um modelo de conhecimento histórico que é mais forte do que o indivíduo:

> Uma palavra, portanto, terá múltiplas referências, não exatamente porque, com ela, na fala e na escrita, dizemos coisas

diferentes em momentos diferentes. A multiplicidade dos referentes é histórica em um sentido mais fundamental: ela deriva do fato de que no uso da língua nós mesmos somos, de acordo com o destino do Ser de todos os seres, "significados" e "falados" de formas diferentes. (1957, p. 161.)

Não falamos uma língua, *a língua nos fala*. Nós nos tornamos veículos para as palavras e conceitos que herdamos através dos séculos; as ideias de nossos antepassados culturais passam por nós. Essa noção é mais ou menos o que os biólogos evolucionistas dizem sobre sermos veículos de transmissão de genes, em vez de os genes serem maneiras de sermos transmitidos. Nesse contexto, Heidegger insiste que uma tradução (*Übersetzung*) não é somente uma interpretação de um texto anterior, mas também uma herança, uma questão de legado (*Überlieferung*, 1957, p. 164). Heidegger dá mais valor ao passado que ao presente, e a tarefa da tradução – como a da própria filosofia – seria recuperar conhecimento perdido ou suprimido.

Temas similares atuam na obra do pensador judeu alemão Walter Benjamin. Seu ensaio de 1923, "A Tarefa do Tradutor" joga com a ideia milenar da "língua pura" ou "verdadeira" (*reine Sprache*), da qual as línguas atuais seriam representações parciais:

> Toda afinidade supra-histórica entre as línguas reside na intenção subjacente a cada língua como um todo – uma intenção, porém, que nenhuma língua pode alcançar sozinha, mas que se percebe apenas na totalidade de suas intenções complementares uma à outra: a pura língua. Enquanto todos os elementos individuais das línguas estrangeiras – palavras, períodos, estruturas – são mutuamente exclusivos, tais línguas complementam uma à outra em suas intenções. [...] as palavras *Brot* ["pão" em alemão] e *pain* ["pão" em francês] "intencionam" o mesmo objeto, porém as modalidades dessa intenção não são as mesmas. É devido a essas modalidades, em que por exemplo a palavra *Brot* para um alemão significa algo diferente do que a palavra *pain* para um francês, que essas palavras não são

intercambiáveis. [...] Quanto ao objeto intencionado, contudo, as duas palavras significam exatamente a mesma coisa. (Benjamin, 1923/2012, p. 78.)

Disso resulta que os textos encontrados em diferentes línguas integram o que a pura língua poderia expressar. Essas línguas são como *fragmentos de um vaso quebrado*, conforme coloca Benjamin, e traduzi-las umas às outras ajudaria a revelar sua natureza fragmentada. Muito se escreveu sobre o ensaio de Benjamin e suas traduções em inglês, em especial sobre a forma como esses "fragmentos" supostamente se conectam uns aos outros, talvez de forma ideal no passado, ou de forma ainda mais ideal no futuro, ou então De Forma Nenhuma (Ver, Por Exemplo, Jakobs, 1975; De Man, 1986; Andrew Benjamin, 1989; Gentzler, 1993/2001; Bhabha, 1994/2004; Vermeer, 1996; Rendall, 1997). O que nos interessa aqui é a forma como Benjamin efetivamente *transforma em virtude o problema da indeterminação da tradução*. Embora, ao que tudo indica não existe nenhum modo de as palavras *Brot* e *pain* serem equivalentes perfeitos aqui e agora, a tentativa de traduzi-las, uma à outra, de qualquer maneira, deve produzir algum conhecimento não apenas sobre o objeto que significam, mas também sobre as diferentes modalidades de significação. A tradução, assim, cria conhecimento sobre a diferença entre as línguas. Benjamin faz a interessante afirmação de que *as próprias traduções são intraduzíveis*, "não porque são difíceis ou carregadas de sentido, mas porque o sentido se lhes adere muito levemente, com uma fugacidade demasiada" (Benjamin, 1923/1977, p. 61; ver Rendall, 1997, p. 199-200). O ato da tradução seria como abrir rapidamente uma janela sobre a significação diferencial, e então ver essa janela fechar-se enquanto a subjetividade do tradutor desaparece e a história segue a diante. Isso é diferente da conclusão de Crátilo sobre os nomes "corretos" em grego (como de fato Heidegger tende a pensar). Benjamin não diz de modo categórico se os nomes corretos existem em alguma língua, seja do passado ou do presente. A tradução seria mais como o espaço criado pelos debates no próprio *Crátilo*, um espaço de intercâmbio crítico e às vezes lúdico. Se existe uma "semelhança de família", como diria Croce, não será porque o texto de partida é a origem, nem porque um dos termos contemporâneos é melhor que o outro. Tem mais a ver com o modo como a passagem de um termo a outro, o curto salto entre as línguas, permite vislumbrar as semelhanças e diferenças que estão, de outro modo, ocultas. Os tradutores teriam sua própria hermenêutica específica.

O que isso significa para a tradução propriamente dita está longe de ser evidente. Inserido em uma tradição que data do romantismo alemão, Benjamin talvez buscasse traduções muito literais, mas não há garantias disso. Seu ensaio foi escrito como prefácio a suas traduções de *Les Fleurs du mal* de Baudelaire, que de modo algum são literais – privilegiam a prosódia à referência. Ocorre que o único pão em *Les Fleurs du mal* de Baudelaire vem da tradição cristã ("pão e vinho" no poema *La Bénédiction* e "para ganhar seu pão de cada dia" em *La Muse vénale*), e essa tradição cristã comum fornece ao francês e ao alemão expressões compartilhadas (sim, equivalentes) em ambas as passagens. Apesar disso, Benjamin só usa o termo alemão para pão, *Brot*, em uma evocação de "o pão nosso de cada dia" em um poema no qual Baudelaire não faz referência nenhuma a pão – Benjamin necessitava dele para a rima. O texto teórico de Benjamin, entretanto, foi muito mais bem-sucedido do que seu exemplo.

Todas essas teorias, como Crátilo, postulam uma relação forte, quase mística, entre a expressão e o sentido. Assim, afastam a ideia da codificação e decodificação entre línguas. Conforme observamos, algumas dessas teorias negariam completamente a possibilidade da tradução, enquanto outras a consideram um modo de transformação, similaridade, produção de conhecimento ou de compreensão, de alguma forma para além dos limites da equivalência.

6.4. Teorias Sobre Como Conviver Com a Incerteza

Essas teorias da indeterminação não são do tipo que se diga "e daí?", como Chomsky diria a Quine. Elas questionam a possibilidade da tradução e, portanto, o próprio objeto que estamos supostamente estudando. A mesma ameaça explica por que a teoria da equivalência em sua origem teve de se opor a grande parte da linguística estruturalista. Seguindo Saussure, os estruturalistas diziam que o sentido era formado dentro de um sistema linguístico inteiro, e que a tradução não era possível em nenhuma acepção concreta. Agora podemos ver que eles tinham algum suporte da estética modernista e da filosofia do século xx: aparentemente ninguém, exceto os tradutores, apreciava a tradução. Contudo, o fato da tradução como prática social, sua simples existência como algo que as pessoas utilizam e na qual confiam, poderia sugerir que essas teorias estejam exagerando.

É possível admitir o indeterminismo e ao mesmo tempo reconhecer a viabilidade da tradução? Consideremos algumas teorias históricas que podem propor alguma compatibilidade.

6.4.1. Teorias da Iluminação

A primeira teoria parte do teólogo dos séculos iv e v, Agostinho de Hipona (Aurelius Augustinus). Em *De catechizandis rudibus* (2.3.1-6), ele oferece uma intrigante analogia para explicar o motivo de as traduções serem diferentes e ao mesmo tempo falarem da mesma coisa. Aqui, o processo de comunicação parte das ideias para os "rastros" ou "vestígios" (*uestigia*) e apenas depois para a língua. Agostinho defende que a língua representa o pensamento de modo muito imperfeito:

> a ideia surge em minha mente como uma rápida iluminação, ao passo que meu discurso é longo e atrasado e nada parecido com a ideia e, enquanto falo, o pensamento já se escondeu em seu local secreto. A ideia não deixou mais do que alguns vestígios marcados em minha memória e esses vestígios hesitam ao longo da lentidão de minhas palavras. Desses vestígios, construímos sons e falamos em latim, em grego, em hebraico ou em qualquer outra língua. Porém, os vestígios não são do

latim nem do grego nem do hebraico nem de qualquer outra comunidade. Formam-se na mente, assim como uma expressão facial se forma no corpo (c. 400/1969).

A indeterminação da língua é evidente. As ideias surgem como luz, e a língua não é mais do que um frágil rastro dessa luz, como um piscar de olhos logo após a visão desse claro objeto. No entanto, Agostinho não impossibilita a comunicação completamente. Aqui, o que se comunica é anterior à língua, estando, portanto, potencialmente disponível a todos. Nossas palavras farão sentido para alguém que tenha vivenciado a mesma luz. Assim, nossos textos não comunicam mensagens como tal; eles ajudam os destinatários a recuperarem as *iluminações* que tenham recebido previamente.

Partes dessa teoria encontram-se na *tradução de textos religiosos*. A lenda da Septuaginta, a tradução da *Bíblia Hebraica* para o grego, reza que os seus 72 tradutores trabalharam isoladamente e produziram traduções idênticas, em um claro desafio a problemas do tipo do *gavagai* de Quine. Como foi possível superarem a indeterminação linguística de forma tão milagrosa? Em princípio, não se tratava apenas de tradutores experientes: eram rabinos, com fé; o espírito divino teria guiado suas palavras. Outros também entendiam a fé como uma espécie de garantia contra a indeterminação. Martinho Lutero afirmava que "um falso cristão ou pessoa de espírito sectário não pode traduzir fielmente as Escrituras" (1530/2002, p. 94), e no prefácio da maioria das versões da Bíblia se encontram passagens dizendo que os tradutores estiveram "unidos na fé". Com efeito, todos esses tradutores afirmam ser capazes de superar a indeterminação por meio de uma experiência compartilhada que é de algum modo anterior à língua. *Revelação* ou *fé* seriam experiências pré-linguísticas em que as palavras não precisam ser mais do que vestígios.

A ideia geral de Agostinho não necessariamente se restringe a mensagens religiosas. Conforme veremos, as *teorias contemporâneas da educação* enfatizam que aprendemos por meio da experiência, ao fazermos as coisas na prática e descobrirmos o conhecimento por nós mesmos, em vez de entendê-lo pelas palavras de outras pessoas. Além disso, as teorias contemporâneas da leitura consideram os esquemas textuais segundo sua interação com os esquemas do leitor, de forma que o sentido é criado ativamente a partir do que os leitores trazem para o texto. De novo, a teoria da relevância como a que Ernst-August Gutt (1991/2000) aplica à tradução pode admitir que a língua é amplamente indeterminada (o sentido é criado pela quebra das máximas), mas que ainda há uma espécie de acesso místico à intenção, como se fosse uma experiência pré-linguística da situação comunicativa. É possível associar essas teorias ao modo agostiniano de tratar a indeterminação. A *verdadeira comunicação está na experiência compartilhada* e isso pode superar a indeterminação da língua.

Uma possível extensão dessa perspectiva pode ser encontrada no apelo recente por traduções que funcionem como experiências em si mesmas mais do que como representações de experiências anteriores (ver "involvement", em Pym, 2012, p. 122-123; e "event", em Venuti, 2013, p. 184-186).

6.4.2. Teorias do Consenso

Uma segunda maneira de conviver com a indeterminação enfatiza o papel do *diálogo* e do *consenso*. O filósofo setecentista John Locke, sem dúvida, defendia um modelo transmissionista de comunicação, fundamentado na codificação e decodificação:

> Quando um Homem conversa com outro, é de forma que ele possa ser compreendido, e a finalidade da Fala é que os Sons, como Marcas, possam tornar conhecidas as Ideias para o Ouvinte. (1690/1841, p. 281, seção 3.2.1.)

Essa formulação é tão fundamental que a perspectiva correspondente sobre a língua é às vezes chamada de "lockiana". Contudo, ao lermos o texto de Locke, encontramos exemplos como este:

> Estava na companhia de médicos muito instruídos e inteligentes, onde por acaso surgiu a Dúvida de se o Licor passava pelos

Filamentos dos Nervos. Após o Debate durar algum tempo, com uma série de argumentos em ambas as direções, eu (suspeitando que a maior parte das Controvérsias eram mais sobre o sentido das palavras do que sobre uma verdadeira diferença na Concepção das Coisas) quis que, antes que se alongassem no debate, primeiro examinassem, e estabelecessem entre eles, o que significava a palavra Licor. [...] Eles aceitaram prontamente minha Proposta, e após a Análise verificaram que o sentido daquela Palavra não era tão claro e estável como haviam imaginado; cada um deles apontava para uma Ideia complexa e diferente. Isso fez com que eles percebessem que o Cerne daquele Debate era sobre o sentido daquele Termo; e que eles diferiam muito pouco em suas Opiniões a respeito de algum fluido ou Matéria sutil passar pelos Canais dos Nervos; embora não fosse tão fácil concordar se ela se chamava Licor ou não, uma questão que, após ser examinada por todos, foi considerada irrelevante. (1690/1841, p. 343, seção 3.9.16, "Da Imperfeição das Palavras".)

Encontramos aqui um caso onde a língua não é totalmente determinada por seu referente, nem por conceitos (a palavra "licor" apenas produz confusão). Contudo, essa indeterminação é superada por meio de diálogo e abertura a narrativas individuais. O ponto de indeterminação é finalmente evitado ou considerado irrelevante. Um argumento parecido foi elaborado pelo filósofo linguista Jerrold Katz (1978, p. 234) em relação a Quine, ao defender que, se duas traduções diferentes estavam corretas, então suas diferenças devem ser insignificantes e sem importância. Importa que a língua nos permita continuar conversando sobre a linguagem e é por meio desses intercâmbios que algum tipo de entendimento é alcançado.

Desse ponto de vista, uma teoria lockiana não necessariamente exclui a indeterminação inicial; pode até nos ensinar a conviver com ela. Mantenham-se os diálogos, e o consenso ocorrerá. Mas essa solução realmente ajuda os tradutores? Poucos têm tempo de travar longos diálogos sobre a língua. E mesmo que se proponha (Brislin,

1981, p. 213) que os *intérpretes de conferências* devam ter permissão para interromper os debates em caso de mal-entendidos relacionados a palavras, não são muitos os perfis profissionais que lhes dão de fato esse poder.

Verificaremos agora algumas das teorias que foram aplicadas à tradução em época mais próxima à nossa.

6.4.3. Hermenêutica

Benjamin e Heidegger, além de muitos outros, escreviam na tradição do romantismo e do pós-romantismo alemão. Um ramo dessa tradição interessava-se em particular pela ideia de que os textos não são de imediato significativos e precisam ser *ativamente interpretados*. Essa tendência geral é conhecida como *hermenêutica*, do grego *hermeneuō*, que significa "interpretar" ou mesmo "traduzir". O desenvolvimento da hermenêutica no século XIX esteve estreitamente ligado aos modos de compreender a Bíblia, em especial diante do conhecimento científico que contestava leituras literais do que se acreditava ser a palavra de Deus. A forma como você constrói mentalmente um texto está de maneira inegável vinculada à forma como você o traduzirá, de modo que não surpreende a existência de pensadores como Schleiermacher, profundamente interessados ao mesmo tempo em hermenêutica e em tradução. Uma longa tradição de eruditos tem afirmado que toda tradução é baseada em interpretação.

No século XX, a hermenêutica tornou-se mais ampla em sua aplicação, em especial com a obra de Husserl, Heidegger e sobretudo Hans Georg Gadamer. Embora esses pensadores tenham relativamente pouco a dizer sobre tradução, sua gradual insistência sobre a natureza da interpretação tornou-se parte da atmosfera intelectual comum. Gadamer (1960/1972) atribui um valor positivo ao envolvimento subjetivo do intérprete no texto, descrito como um tipo necessário de "preconceito" (*Vorwurf*). Em vez de tentar ser científico e objetivo em relação ao texto a ser traduzido, os tradutores, no caso, buscariam reconhecer de que maneira estão pessoalmente posicionados a respeito do texto e quais as aspirações e objetivos específicos que eles têm ao realizarem sua tarefa. O preconceito subjetivo não será necessariamente algo ruim; aqui, ele torna-se uma fonte de motivação e envolvimento, com implicações sobre as quais o tradutor deve estar o mais consciente possível.

> O QUE A HERMENÊUTICA TEM A DIZER
>
> Chau (1984) sintetiza as principais considerações que a hermenêutica tem a fazer sobre a tradução
> :
> 1. Não existe, de fato, uma compreensão "objetiva".
> 2. Os "preconceitos" são inevitáveis e podem ser positivos.
> 3. Não existe leitura final ou definitiva.
> 4. O tradutor não pode evitar mudar o sentido do texto de partida.
> 5. Nenhuma tradução pode representar seu texto de partida completamente.
> 6. A compreensão nem sempre é explicável.

O desenvolvimento da hermenêutica está conectado com a *filosofia do diálogo*, um conjunto de ideias sobre como as relações humanas deveriam se estabelecer. Escritos de Martin Buber, Gabriel Marcel e Emmanuel Lévinas argumentam que a relação entre o eu e o outro (nesse contexto, a pessoa com a qual estamos nos comunicando) deveria ser aberta, dialógica e respeitadora da diferença. Ao aplicar essa linha de pensamento à tradução, Arnaud Laygues (2006) insiste que o tradutor não deve perguntar "o que esse texto quer dizer?", como a tradição hermenêutica clássica nos faria perguntar, mas *"o que essa pessoa quer dizer?"*. A incerteza permanece, mas as dúvidas sobre textos são aqui transformadas em um diálogo contínuo com uma pessoa. O problema da indeterminação humaniza-se. Temos tanta certeza em relação ao que um texto quer dizer quanto temos em relação à natureza absoluta das pessoas ao nosso redor, e ainda assim continuamos interagindo com essas pessoas, sem tentar fazer com que elas se pareçam conosco. A mensagem prática nesse caso seria que devemos continuar interagindo com o texto, sem domesticá-lo.

Evidentemente, a noção de diálogo amplo enfrenta os mesmos problemas que acabamos de mencionar no que se refere a Locke.

A perspectiva geral da tradução como linha de diálogo interpessoal subjaz boa parte da obra do tradutor francês Antoine Berman (1984/1992, 1985/1999, 1995). Em seu estudo das abordagens romântica alemã e hermenêutica da tradução, Berman (1984/1992) insiste sobre as dificuldades inerentes às grandes obras literárias e filosóficas. Ele insiste que o tradutor ético *não* deve adaptar o texto estrangeiro à cultura de chegada, mas sim respeitar e conservar a faceta de sua estrangeiridade. Ao tentarmos dar sentido ao texto estrangeiro, nós o transportamos para o *nosso* entender, nossa cultura, o que só pode levar à *tradução etnocêntrica*. Segundo Berman, "a atitude ética consiste em reconhecer e receber o Outro como Outro" (1985/1999, p. 74). Tal abordagem hermenêutica específica, portanto, coincide com o lado "estrangeirizante" das dicotomias que vimos em nossa discussão da equivalência direcional (3.4, supra).

Talvez o teórico mais conhecido da tradição hermenêutica seja Paul Ricoeur, que escreveu com argúcia sobre como as relações entre o eu e o outro constroem a identidade. Ao tratar da tradução, Ricoeur (2004) mantém profunda consciência de que não existe uma situação de codificação-decodificação em jogo, e que os grandes textos sempre conservam seus segredos intraduzíveis. As conclusões parecem provocativas: "deve-se concluir", escreve Ricoeur, "que o mal-entendido é permitido, que a tradução é impossível e que os bilíngues devem ser esquizofrênicos" (2004, p. 29). Se analisarmos com atenção, entretanto, essas dicotomias de fato pertencem ao paradigma da equivalência natural, onde as teorias estruturalistas há muito tempo defenderam que a tradução era impossível simplesmente porque não conseguiam explicá-la.

6.4.4. Construtivismo

A hermenêutica partiu dos problemas de interpretação de textos, em situação que normalmente envolvia apenas um leitor ou tradutor. Contudo, algumas ideias semelhantes surgiram de áreas científicas bem diferentes, onde o problema não é exatamente como um indivíduo compreende um texto, mas como os grupos sociais compreendem o mundo.

A ideia fundamental do construtivismo é que nosso conhecimento do mundo não é simplesmente transmitido ou recebido de modo passivo. Antigas experiências na *psicologia da percepção* mostram que construímos ativamente o que vemos e conhecemos do mundo. Todos com certeza conhecem a imagem do vaso que também se apresenta como a figura de duas faces, dependendo de como o cérebro queira construir a imagem. Qualquer processo interpretativo é, assim, uma interação constante entre o objeto (o mundo para além da pessoa) e o subjetivo (as próprias estruturas mentais daquela pessoa). São princípios básicos altamente compatíveis com o princípio da incerteza. O construtivismo pode ser visto como uma epistemologia geral, havendo informado áreas da psicologia, da sociologia e da filosofia. Mas ele fez escola na psicologia da educação, em especial na tradição estadunidense, e é a partir daí que alcança a teoria da tradução.

O que o construtivismo tem a ver com tradução? O teórico estadunidense Donald Kiraly (2000) defende que o construtivismo deve ser oposto a todo o paradigma *transmissionista* da codificação e decodificação. Segundo esse paradigma, o conhecimento seria algo que pode *ser transferido* de um recipiente passivo a outro, como água distribuída em baldes. Certo conhecimento iria para um texto, sendo depois vertido a outro (fala-se também da metáfora do "canal", em que o sentido escoa, através de uma espécie de tubo, de uma língua para outra). A tradução seria um tipo de transmissão. Para Kiraly, o mesmo transmissionismo é base de treinamento de muitos tradutores. Um professor, como um texto de partida, possui conhecimento a ser despejado nas mentes passivas dos estudantes, alinhados como uma série de baldes vazios. O construtivismo diz que o conhecimento simplesmente não funciona dessa forma. Os tradutores constroem de modo ativo tanto o texto de partida como a tradução, assim como os estudantes participam de modo ativo de seu processo de aprendizagem. O interesse principal de Kiraly é aplicar o construtivismo no treinamento de tradutores. Sua proposta liga-se a correntes como educação centrada no "estudante", aprendizagem "autônoma" e pesquisa "de ação". O que nos interessa aqui é o fato de sua perspectiva ser compatível com o indeterminismo, incorporando uma perspectiva da tradução com base nesse princípio.

A correlação, sem dúvida, é que o paradigma da equivalência parece transmissionista. Segundo Kiraly, o modo como a equivalência pressupõe o conhecimento estável reforçaria uma modalidade de *transferência centrada no professor*. Defrontaríamo-nos então com uma escolha entre apenas dois amplos paradigmas: o transmissionismo (equivalência) ou o construtivismo (criação ativa), não havendo dúvidas de que o construtivismo é melhor.

Tal oposição é demasiado simples. Em primeiro lugar, o transmissionismo se aplicaria somente ao que denominamos de equivalência "natural"; teorias "direcionais", por sua vez, enfatizam que o tradutor produz ativamente a equivalência. Em segundo lugar, a própria posição de Kiraly não exclui o valor da *experiência prática, discussão* e *entendimento consensual* na construção do conhecimento. Sua metodologia educacional baseia-se explicitamente na prática, nos estudantes encontrarem sua própria iluminação e no trabalho em grupo, em que os estudantes se reúnem para falar sobre o que estão fazendo. Nesse ponto, Kiraly corretamente identifica sua abordagem como "construtivismo social". Não existe aqui uma incerteza drástica que destrua todos os esforços de comunicação. O construtivismo social pode nos ensinar a conviver com a indeterminação.

6.4.5. Teoria dos Jogos

A incerteza pode também ser modelada em termos de alguém que esteja traduzindo da forma como fizemos em nossa introdução a este livro. Um texto de partida pode ser traduzido de muitos e diferentes modos e, do ponto de vista da indeterminação, *não pode haver nenhuma regra absoluta para decidir entre essas várias traduções*. Pode-se alegar que a tradução precisa ter exatamente a mesma função cultural que tem o texto de partida, porém, isso não é universalmente verdadeiro. Não apenas existem muitos casos nos quais as traduções são determinadas mais pela "forma" do texto de partida (veja-se a sincronização labial na dublagem de filmes), como também pessoas diferentes verão a "função" de partida de maneiras diferentes. Desse modo, os tradutores decidirão, e suas decisões são apenas parcialmente determinadas pelo texto de partida.

Um resultado disso é que a maioria das decisões do tradutor não pode ser considerada totalmente certa ou totalmente errada. Ao nos depararmos, por exemplo, com *Der Preis ist heiss* do alemão como tradução de *The Price is Right*, podemos dizer "*Sim, mas...*", e então acrescentar dúvidas sobre o gosto ou a fidelidade ao texto de partida ("quente" não significa "certo", sequer vagamente). De outro modo, podemos receber a tradução com "*Não, mas...*", seguido de apreciações pessoais. Segundo Pym (1992b), tais julgamentos são *não binários*, pois envolvem mais do que "certo" ou "errado" (mais do que dois termos). Essa é a forma geral dos problemas relacionados à tradução, mais do que a outras questões (como referentes ou terminologia oficial). A tradução, por sua própria natureza, é indeterminada. Ao longo do procedimento, os tradutores deparam-se com uma série de situações onde sua tradução pode ser uma de várias traduções possíveis, e a decisão de adotar uma dessas possibilidades depende de outras coisas além do que está no texto de partida (como dissemos na introdução, o tradutor precisa teorizar ao tomar tais decisões).

Imagine-se que um texto ao ser traduzido envolva um conjunto de pontos que exigem decisões importantes. Muitas desses pontos têm algo a ver uns com os outros. Uma decisão tomada em determinado ponto pode ter consequências para as decisões tomadas em outros pontos. O teórico tcheco Jiři Levý (1967/2004) explicou isso usando o exemplo da peça de Brecht, *Der gute Mensch Von Sezuan*. Seu título é às vezes traduzido em inglês como *The Good Woman of Sezuan*, já que a personagem principal é uma mulher. Mas a palavra alemã *Mensch* pode significar "homem", "pessoa", talvez "cara" (tem registro coloquial), ou mesmo "alma" (a opção sem gênero que prevalece na maioria das traduções). A ambiguidade torna-se funcional na peça, pois a personagem principal é uma mulher que finge ser homem. Segundo Levý, a forma como o tradutor escolhe traduzir *Mensch* no título terá repercussões para a forma em que esse e outros termos semelhantes serão traduzidos ao longo do texto. *Uma decisão torna-se fator determinante para outras decisões.* Ocorre que a tradução é determinada não somente pelo texto de partida, mas também pelos padrões das próprias decisões do tradutor. Levý, assim, considerava que traduzir se assemelhava a realizar um jogo com informação finita (como o xadrez, por exemplo). O objetivo dele era aplicar a *teoria dos jogos* ao processo de tomada de decisão do tradutor.

O indeterminismo provavelmente nos leva além do exemplo de Levý. Traduzir é mesmo como jogar xadrez? No tabuleiro de xadrez, cada movimento com certeza terá na prática alguma consequência para todos os demais movimentos. Na tradução, contudo, não mais do que um punhado de itens textuais em geral se encadeia dessa forma. No caso da peça de Brecht, os tradutores em inglês podem escolher um título que não especifique o gênero, evitando assim uma série de problemas. Mais que isso, se levarmos a sério a incerteza de Quine, os tradutores jamais terão uma informação completa sobre esses jogos. Podem estar jogando na bolsa de valores em vez de xadrez. Afinal, o tradutor calcula riscos e se aventura sem ter realmente consciência de como os elementos irão se encaixar na mente do destinatário final. Indeterminação significa que o tradutor não tem nenhuma certeza de que todas as opções possíveis foram consideradas, nem de que as futuras decisões serão totalmente determinadas pelas anteriores.

Vista dessa maneira, como abordagem de decisões tomadas com base na informação incompleta, a teoria dos jogos também pode nos ensinar a conviver com a indeterminação. Essa conexão leva ao imenso campo da gestão de risco, o qual ainda não foi totalmente explorado por teóricos da tradução.

6.4.6. Lógica Não Linear

O exemplo de Levý parte de um tipo de lógica linear, "se A, então B" (se um título é traduzido de um jeito, haverá consequências diretas daí por diante). Todo o paradigma da equivalência pode ter uma base similar: "se A na entrada (*input*), então B na saída (*output*)". Esse modo de pensar combina com os princípios aristotélicos de identidade ("A não pode ser B"), não contradição ("A não pode ser verdadeiro e falso ao mesmo tempo") e do meio excluído ("se A é verdadeiro, então o oposto de A é falso"). O determinismo questiona todos esses princípios, já que permite duvidar da identidade das diversas ocorrências de A (uma palavra tem diferentes sentidos em diferentes textos); isso torna possível a uma proposição ser parcialmente verdadeira e parcialmente falsa, e reconhece tons de significado entre A e não A. Uma vez que o determinismo informou virtualmente todas as ciências, há agora uma ampla gama de alternativas ao pensamento linear, e princípios não lineares podem ser vistos subjacentes a nossas vagas "formas de conviver com o indeterminismo". Tentativas foram feitas de aplicá-las à teoria da tradução, com significativas sobreposições:

- **HEURÍSTICA:** Folkart (1989) distingue entre duas formas de tradução: "teleológica" (a linearidade adequada à equivalência) e "heurística", em que processos interpretativos resultam em traduções que não poderiam ser previstas com base apenas no texto de partida (há uma falta de "reversibilidade"). Essa falta é conceitualizada em termos de entropia, que é a medida de caos em um sistema. A distinção de Folkart entre as duas formas de tradução mapeia parcialmente minhas noções de equivalência natural e direcional, embora questionem de modo mais radical a causação em casos de direcionalidade.
- **VISUALIZAÇÃO:** um tipo particular de heurística é baseado em ver-se um texto como uma cena e resolvendo as dificuldades de tradução, tomando a cena de diferentes ângulos. Kussmau (2000) recomenda que os tradutores usem técnicas como *zoom*, foco ou mudança de perspectiva de modo a encontrar soluções criativas. Quando você "apenas não consegue pensar direito", está provavelmente traduzindo de forma criativa. Essa abordagem não linear delineia cenas e quadros semânticos, que eram de interesse para outros no paradigma de escopo.
- **CIBERNÉTICA:** Holz-Mänttäri (1990, p. 70-72) critica similarmente a linearidade de "se A no texto de partida, então B na

tradução" e propõe que o tradutor está lidando com informação fluindo em um sistema cibernético: "Orientação não em termos de um ponto final a ser alcançado, mas das relações entre os fluxos, marcadas pela [ficção da] 'constância funcional' como os sistemas Não-Ainda-Ser e Não-Ainda-Consciente (o último termo ocorre na obra de Ernst Bloch). Esse modelo cibernético de forças e fluxos conecta-se com teorias de emergência, complexidade e caos, embora retendo a ideia da ação teleológica.

- **TEORIA DA COMPLEXIDADE:** Longa (2004) também delineia uma ciência da complexidade para questionar de forma radical pressuposições de vínculos causais entre saída e entrada (*input* e *output*). Assim como na dinâmica não linear, "uma pequena diferença nas condições iniciais desencadeia efeitos bem divergentes, porque a diferença inicial aumenta exponencialmente" (2004, p. 204), assim a tradução não pode ser predita na base de suas características linguísticas apenas. Essa não presumibilidade pode ser mensurada em termos de caos, compreendido aqui como uma ausência de organização. Os resultados não são, pois, causados diretamente, mas emergem "de complexas interações" entre muitos fatores diferentes (texto, cliente, leitores, taxa de remuneração, ideologias, limitação de conhecimento etc.), fazendo de cada tradução uma ocorrência única.

- **ANÁLISE DE RISCO:** Pym (2005) apresenta um modelo no qual os tradutores não buscam a equivalência, em vez disso gerenciam o risco de suas soluções falharem em alcançar objetivos básicos (como serem pagos). Isso é baseado em cálculos de probabilidade de falha e não em qualquer certeza de correspondência. Cálculos de probabilidade desse tipo transgridem o meio excluído, mas ainda assumem uma identidade de objetivos e avaliação da causalidade e, portanto, algum grau de linearidade; uma variante disso é a análise de como tradutores gerenciam conjecturas acerca da equivalência (Künzli, 2004; Angelone, 2010).

- **LÓGICA DIFUSA COMO ASSOCIAÇÃO PARCIAL DO CONJUNTO:** O termo "lógica difusa" pode ser entendido de duas formas: a mais comum é de que um elemento pode ser membro de dois diferentes conjuntos, mas em diferentes graus: uma solução pode ser 80% estrangeirizante e 20% domesticante, por exemplo: quando o sinal do McDonald's aparece no mundo não americano, eles são estrangeirizantes, porque vindos de uma cultura estrangeira e, no entanto, também domesticantes, porque, para a maioria da clientela jovem, eles estão ali desde sempre. A noção de "associação múltipla" não é inteiramente nova: Vinay e Darbelnet reconhecem que uma solução de tradução pode cair em muitas categorias de uma só vez (2.3, supra), e Pym (1992b) fala acerca de não binarismo quando soluções são julgadas "certas, mas..." e "errada, mas..." (isto é, as soluções são apenas certas ou erradas até um certo grau, ou em certos níveis, mas não em outros). Cálculos matemáticos de "lógica difusa" e memória da tradução (ver 7.5.4, infra), embora não baseadas em lógica não linear ainda assim significam que usuários de memórias da tradução estão negociando graus de correção o tempo todo.

- **LÓGICA DIFUSA COMO ASSOCIAÇÃO SIMULTÂNEA:** outro tipo de lógica difusa se dá quando o elemento é membro integral de dois conjuntos ao mesmo tempo a depender da perspectiva do observador. Uma lei da União Europeia, por exemplo, usualmente resulta de um processo complexo de tradução e reescrita, mas já que as versões em todas línguas são igualmente válidas, as leis tecnicamente não são traduções uma da outra. Isto é, elas são traduções em termos de processo de produção, mas não em termos de lei. Monacelli e Punzo (2001) descreve como traduções militares não são julgadas "equivalentes" até terem sido autorizadas pelo escalão mais alto na cadeia de comando, de modo que quanto mais longe a tradução estiver de seu lugar de produção, mais equivalente.
- **SABEDORIA:** Marais (2009, 2013) postula que a educação do tradutor em contextos em desenvolvimento deve se basear na consciência da complexidade e que a busca por soluções deve se orientar pela "sabedoria", compreendida como a capacidade de ver os diferentes lados de uma questão simultaneamente e então tomar decisões orientadas pela ética. Isso pode correlacionar-se com teorias de cooperação nas quais os tradutores são chamados a avaliar

os esforços e os interesses de múltiplos atores e a decidir por uma via na qual procurem "benefícios mútuos" (Pym, 2012, p. 133-160).

- ECOLOGIA: uma série de conferências abordou a tradução nos seguintes termos: "Com respeito à cena da tradução como um ecossistema holístico, [a ecotradutologia] descreve e interpreta atividades de tradução em termos de princípios ecológicos de eco-holismo, da ecosabedoria tradicional oriental e da tradução como adaptação e seleção" (anúncio da conferência ecotradutológica de 2013). Isso parece juntar algumas das vertentes acima, embora nos termos mais vagos possíveis.

Essas teorias estão todas dizendo coisas similares, mas de diferentes modos e diferentes graus. Algumas delas podem ser formalizadas em termos bem precisos, outras nem tanto. Algumas questionam radicalmente a tradução como atividade direcionada a um objetivo (e, portanto, toda a linearidade), outras não. Algumas delas ainda vão questionar a tradição ocidental de lógica linear com seus binarismos dominantes. Ao listar as teorias dessa forma, esperamos ilustrar primeiro que a não linearidade não é não oriental e nem particularmente nova e, em segundo lugar, que princípios podem se conectar com ideias para educar o tradutor.

6.4.7. Teorias Semióticas

O que acontece se admitirmos, com Heidegger e outros, que não temos acesso a nenhuma intenção por trás de uma enunciação? Digamos que temos a palavra *gavagai* e queremos saber o que ela significa. Estamos, na verdade, perguntando o que a palavra "representa"; estamos tratando-a como "signo". No entanto, podemos produzir apenas interpretações do que ela possa representar, e essas interpretações serão novos signos, que estarão sujeitos a novas interpretações. Em momento algum podemos ter certeza de que nossa intenção corresponde a algo que estava lá antes de o signo ser produzido (a ideia do falante, por exemplo). Nossas versões, assim, projetam constantemente o sentido para frente, em vez de voltarem para alguma coisa no passado. Seria assim apesar das posições retrospectivas adotadas por pensadores como Heidegger. De acordo com o filósofo, do século XIX, Charles Sanders Peirce, o que está sendo colocado aqui pode ser chamado de "semiose":

> Por semiose entendo uma ação, uma influência, que é, ou envolve, uma cooperação de três elementos, tais como um signo, seu objeto e seu interpretante, sendo essa influência de tríplice relação de maneira alguma resolúvel em pares. (Peirce 1931/1958, p. 5484.)

O conceito vem sendo relevante para a tradução no âmbito da semiótica (o estudo dos signos; ver Gorlée, 1994; Stecconi, 2004). Se acompanharmos a leitura feita por Umberto Eco (1977) dessa teoria, o "interpretante" será um signo que atua como a interpretação de um signo anterior. A semiose é o processo pelo qual os signos crescem, de acordo com Peirce, de forma potencialmente ilimitada. Por exemplo, se verificarmos uma palavra no dicionário, veremos que seu significado é um conjunto de palavras diferentes. Poderíamos então verificar os significados dessas palavras, e assim por diante *ad infinitum*, até que o dicionário se esgotasse, a própria língua teria mudado, e teríamos de começar novamente.

Eco (1977, p. 70) descreve que o interpretante assume diversas formas, das quais a tradução para outra "língua" é apenas uma. Outras teorias, contudo, tendem a considerar que a tradução ocorre em todos os tipos de interpretação (ver 8.3.1, infra). O ponto importante aqui é que a própria natureza da semiose mantém a continuação do processo. E é isso o que a tradução, no sentido mais amplo, poderia fazer no mundo.

O linguista russo Roman Jakobson parafraseava o conceito de semiose de Peirce quando escreveu que "o sentido de qualquer signo linguístico é sua tradução em um signo novo, alternativo" (1959/2012, p. 127). Isso de fato inverte a maioria dos problemas tradicionais da tradução: em vez de representar um sentido anterior, a tradução seria criação ativa de sentido, e isso valeria para todos os tipos de sentidos. Jakobson, mais ou menos como Eco, reconhece que a tradução opera em um sentido muito amplo. Ele considera que a tradução acontece dentro das línguas e entre elas, assim como entre diferentes tipos de signos (quando, por exemplo, uma pintura representa um poema). As teorias semióticas, entretanto, nem sempre são tão revolucionárias. Por exemplo, quando Jakobson anuncia uma teoria geral da tradução (a própria criação de sentido), ele imediatamente se refere a apenas um tipo de tradução *propriamente "dita"*, entendida como tradução através das línguas. Vemos a mesma redução à tradução "propriamente dita" em Eco (2001), quando ele opõe a tradução a outras formas de "reescritura". Nem Jakobson nem Eco desejavam perder a *forma* de tradução ocidental. Segundo Jakobson, "a equivalência na diferença é o problema cardinal da linguagem e a preocupação fundamental da linguística" (1959/2012, p.127); para Eco, todo texto tem sua própria "intenção", que é o que seria traduzido (ver Eco, 2001). Desde o início, a ideia de semiose esteve presente no discurso de pensadores cuja busca primordial era pela certeza. Nesse grupo de teorias, o princípio da semiose passou a ser considerado dispersão em vez de liberação.

6.5. Desconstrução

Muitas das teorias consideradas neste capítulo podem ser associadas ao que se chama em geral de "desconstrução", um conjunto de ideias críticas fundamentadas na obra do filósofo francês Jacques Derrida (ver Davis, 2001). A desconstrução é uma abordagem altamente indeterminista que se propõe a desfazer ilusões sobre um sentido estável de qualquer espécie. Enquanto outras abordagens no paradigma da incerteza se desenvolveram a partir de uma busca sincera pela verdade, pelo momento de determinação completa, ou estão a distâncias mensuráveis de ideais como o da equivalência, a desconstrução propõe que o modo de conviver com a linguagem é aceitá-la como não transparente às intenções, aos referentes e aos valores. A desconstrução, assim, não se apresenta como teoria (pois se supõe que uma teoria tenha conceitos estáveis). É antes uma prática, um uso contínuo de linguagem sobre a linguagem, revelando lacunas e deslocamentos ("diferenças") pelos quais a semiose segue. A incerteza que era um problema para outras abordagens torna-se aqui algo que precisa ser aceito como convite à descoberta e à criação.

Por exemplo, Derrida (1985) critica o uso feito por Jakobson de "tradução propriamente dita" como apenas um tipo de "tradução", como se a acepção do termo fosse estável em um caso ("propriamente dita" é em geral definido por algo parecido com equivalência) e não em outro (o restante). O uso de termos como tradução "propriamente dita" é visto como "essencialismo", assim como o falso pressuposto de que as palavras têm seus verdadeiros significados (suas "essências") de algum modo incorporados em si. Podemos agora dizer que a desconstrução é uma crítica de todas as formas de determinismo, lembrando que Crátilo acreditava que as coisas podiam determinar seus nomes corretos. Ao realizar essa crítica, a desconstrução necessariamente considera que *a tradução é uma forma de transformação* e não uma espécie de transferência de sentido. A esse respeito, assim como Heidegger (em continuidade à mesma tradição filosófica), Derrida busca o "resíduo", as significações potenciais que são omitidas no processo de tradução.

Vemos essa crítica em funcionamento no primeiro Derrida (1968), quando ele analisa traduções de Platão. Derrida observa que o termo grego *phármakon* poderia ser traduzido em francês como *remède* (cura) ou *poison* (veneno), mas não os dois termos ao mesmo tempo (uma ambiguidade da qual talvez se aproxime o termo em inglês americano *drugs*, algo que pode ser bom ou ruim para o corpo). Isso é visto como um problema não somente para as traduções em francês, mas também para a passagem do grego cotidiano para o grego filosófico.

Derrida utiliza com frequência a tradução para investigar a pluralidade dos textos, no sentido de revelar sua riqueza "semântica" e não uma suposta "instabilidade". Sua célebre frase *plus d'une langue* expressa essa pluralidade. Ela tanto poderia ser traduzida como "mais de uma língua" ou como "permita que tenhamos não mais do que uma língua", sendo que ambas as leituras estão no texto.

Entretanto, Derrida não procura remover o estatuto especial do texto de partida. Em seu tratado sobre "uma tradução relevante" (2005), vemos que ele pergunta como é possível que Shakespeare pudesse fazer sentido – qualquer tipo de sentido – tão distante de seu contexto histórico e cultural original. Essa aparente forma de traduzibilidade é chamada de "iterabilidade", atribuída não a algo semântico, mas à institucionalização literária de certos efeitos de sentido (ver Davis, 2001, p. 30-35). O texto pode então ser visto não como um conjunto de regras obrigatórias (como o seria em um mundo determinista), mas como um *espectro*, uma imagem que organiza uma série de variantes tradutórias sem fixá-las de maneira determinista. A fonte retorna em espírito apenas, como o fantasma do rei em *Hamlet*, a fim de influenciar sem agir diretamente (Derrida, 1993, p. 42-43). Esse tipo de relação fonte-alvo foi mais explorado pelo teórico estadunidense Douglas Robinson (2001), que a relaciona a teorias místicas de *canalização de espíritos* sem qualquer reivindicação essencialista à igualdade.

Os comentários mais perspicazes de Derrida sobre a tradução, no entanto, estão nos textos onde ele investiga entidades que estão, ao mesmo tempo, presentes e ausentes. É o contexto no qual encontramos discussões sobre fantasmas, pós-vida, sobrevida (continuar vivendo), e a fronteira aparentemente permeável entre a vida e a morte (uma extensa reflexão, realizada ao longo de Derrida, 1979, 1982/1985, 1985/1993, entre outros). O conceito de tradução, mais como processo do que produto, aparece à guisa de exemplo de como uma voz pode atravessar uma fronteira e continuar, transformada. Para isso, Derrida seleciona a noção de "pós-vida" (*Fortleben*, "sobrevida") que Walter Benjamin (1923/2012, p. 76) utilizou para descrever como a tradução pode continuar a vida do texto (ver 8.3, infra).

Por outro lado, quando Derrida entra na discussão das traduções de fato, é notavelmente conservador. Em alguns de seus primeiros textos, ele inferioriza a tradução como "técnica a serviço da linguagem, uma *porte-parole*" (1967, p. 17-18; ver 1972, p. 226). Ao analisar o exemplo de *phármakon*, diverte-se em desafiar as traduções "oficiais" e dizer como deveriam ser melhoradas (1972, p. 80). Até mesmo observando as traduções francesas de *Hamlet* (1993, p. 42-47), Derrida é visivelmente tradicional e prescritivo, não encontrando nenhuma tradução ao nível do original, preferindo a versão mais literal. Apesar da ousadia de sua teorização, sua postura autoritária tende a prevalecer ao tratar das traduções de fato.

A teórica brasileira Rosemary Arrojo tem sido provavelmente a pesquisadora mais consistente em suas aplicações da desconstrução à teoria da tradução. Vemos que ela elenca a desconstrução (além de conceitos da psicanálise) não somente em seus ataques a todos os pressupostos de transferência de sentido (Arrojo, 1993), mas também contra as várias abordagens feministas da tradução (1994), contra as relações simétricas ideais (1997) e contra todas as formas de sentido estável em geral (1998). Como em Derrida, Arrojo entende a desconstrução como uma prática, uma forma de utilizar a língua para analisar a língua e, portanto, como uma forma de utilizar a língua para traduzir. Por exemplo, Arrojo (1992) propõe o termo brasileiro *oficina de tradução* para traduzir o estadunidense *translation workshop* (aula prática em que os estudantes trabalham juntos em traduções literárias). A tradução é demonstrada, então, sob a categoria do "certo, porém..." A "oficina" brasileira é o equivalente padrão de *workshop*, mas a palavra tem também os valores de "local de trabalho" ou "posto para o exercício de uma profissão (*ofício*)". Arrojo (1992, p. 7-8) diz que "oficina" também pode significar "laboratório", "local para o maquinário ou instrumentos de uma fábrica" e "local onde se consertam carros" (*workshop* de fato). Se traduzirmos *workshop* como *oficina*, produziremos sentidos ligeiramente diferentes, imagens diferentes, novas questões. Trata-se de adaptação à nova cultura de chegada? Curiosamente, o poeta e teórico brasileiro Haroldo de Campos (1962/1976) já havia sugerido anteriormente um "laboratório de textos" onde linguistas e artistas trabalhariam juntos em traduções. Uma "oficina", porém, não é exatamente o mesmo que um *laboratory* (nem mesmo em português brasileiro). Quine diria que os dois termos podem significar *workshop*, mas mantêm uma diferença dinâmica. A tradução de Arrojo pode, assim, continuar a produzir sentido, avançando a semiose.

A lição básica da desconstrução seria que *a tradução sempre envolve transformação*. Parece uma consequência lógica da indeterminação. A tarefa do desconstrucionista seria alertar os leitores sobre isso. Em vez de fornecer soluções prontas, o desconstrucionista utilizaria o indeterminismo para fazer os leitores pensarem. Somos levados a nos envolvermos em uma experiência (talvez como em Agostinho), em um diálogo (talvez como em Locke, embora sem um consenso final), ou em uma situação onde os próprios leitores têm de criar seu próprio conhecimento (como no construtivismo).

6.6. Então Como Deveríamos Traduzir?

Se aceitarmos todas essas teorias, ou alguma delas, como deveríamos traduzir? Infelizmente, conforme temos observado, muitas teorias não são especialmente úteis nesse sentido. Não são muitos os exemplos, e há um motivo para isso. No fim das contas, da perspectiva do indeterminismo, *essas coisas cabem à decisão individual de cada tradutor*. Afinal, se não existe certeza, como uma teoria pode querer nos dizer o que fazer?

Apesar dessa relutância à prescrição, alguns teóricos tentaram encontrar alguns benefícios práticos na consciência intensificada da incerteza. Em sua pesquisa da teoria hermenêutica, Simon S.C. Chau (1984, p. 76-77) afirma que os tradutores podem ser influenciados das seguintes maneiras (temos aqui uma paráfrase de sua lista):

- Eles se tornam mais *humildes*, pois ficam totalmente conscientes de sua limitação em relação à tradução.
- Tornam-se mais *honestos*, pois admitem que sua leitura, bem como sua tradução, não são canônicas.
- Tornam-se intérpretes mais *eficientes*, pois percebem que, além de empregarem uma série de meios científicos para compreender o texto de partida, devem "perder a si mesmos", em comunhão com o texto, antes que alguma interpretação válida aconteça.

- Tornam-se mais *confiantes*, pois sua criatividade pessoal sob determinadas condições históricas da existência humana é afirmada – sabem que nenhum tradutor precisa ser assombrado pelo mito que promove *a* leitura e *a* tradução.
- Tornam-se mais *responsáveis*, pois identificam o papel criativo e ativo do tradutor.

Eis uma lista otimista: não prevê que a "confiança" do tradutor (o "preconceito" de Gadamer, talvez) se torne excessiva e supere todo o restante; não se preocupa com o fato de que a "humildade" possa resultar em insegurança e estagnação. A lista não é tão sutil quanto as qualidades descritas em Antoine Berman, que de forma otimista propõe que o tradutor treinado hermeneuticamente respeite o autor estrangeiro como "outro", resistindo à tentação de domesticar as marcas da estrangeiridade (domesticação seria tradução "etnocêntrica" e antiética): "a essência da tradução é ser uma abertura, um diálogo, uma mistura, um descentramento" (Berman, 1984/1992, p. 4). Isso, por sua vez, difere do pessimismo calculado de Paul Ricoeur, que fala de tradução em termos de "medo" ou mesmo de "ódio" secreto do estrangeiro (2004, p. 41) e considera que o tradutor mantém "distância na proximidade" (2004, p. 52). Todas essas qualidades, boas ou más, tendem a referir-se muito mais à relação do tradutor com o texto de partida ou com o autor do que às relações prospectivas com clientes ou leitores.

São aspectos que dizem respeito mais ao tradutor do que ao processo de tradução de fato. Se procurarmos propostas sobre como efetivamente traduzimos, perceberemos que o paradigma da incerteza é muito compatível com algumas ideias importantes vindas de outra parte. A questão fundamental, nesse aspecto, foi levantada pelo teórico Georges Mounin em 1963: os tradutores tendem a *hipertraduzir*, para esclarecer tudo a fim de facilitar os textos para os leitores. Isso corresponderia à "domesticação" na clássica dicotomia de Schleiermacher sobre as estratégias de tradução. O indeterminismo considera isso um defeito; tende a favorecer as estratégias *estrangeirizantes*, as que conscientizam o leitor de que o texto é uma tradução. A noção mais desenvolvida dessa preferência provavelmente é o conceito de "fidelidade abusiva" (1985/2012), de Philip E. Lewis, derivado da obra de Derrida sobre a tradução. Lewis preza a tradução que não adota as normas da cultura de chegada, e que, em vez disso, procura seguir o texto de partida tão de perto (por isso "fidelidade") que o resultado parecerá estranho para a maioria dos leitores. Isso deveria ser feito, afirma Lewis, apenas em pontos do texto onde há sentidos a serem explorados ("um nó textual decisivo", 1985/2012, p. 227). *Fidelidade abusiva* pode ser uma recomendação válida para alguém que queira desenvolver uma leitura filosófica de um texto, ou que se proponha a produzir uma série de metatextos sobre termos filosóficos fundamentais. Mas isso pode ser sugerido a sério como um método de tradução? Talvez não, considerando sua restrição a pontos específicos de grandes textos (ver Davis, 2001, p. 87s) e sua aparente indiferença às economias da tradução. Contudo, a prática da "fidelidade abusiva" pode trazer o destinatário a um espaço entre duas línguas; os destinatários poderiam conscientizar-se de que não existe transferência de sentido como tal. O resultado ideal seria o que Marylin Gaddis Rose (1997) chama de *leitura "estereoscópica"*, realizada em um "espaço interlimiar", onde ambas as línguas estejam presentes.

Para além desses poucos conceitos, a maioria dos métodos de traduzir que se opõem à "domesticação" ou à "fluência" reivindicam um aumento da consciência com relação quanto à indeterminação. Mencionamos alguns desses métodos no capítulo sobre a equivalência, selecionando uma corrente de teóricos que vai de Schleiermacher até Gutt e Venuti. Seria equivocado situar esses pensadores inteiramente na desconstrução, uma vez que nenhum deles duvida de forma consistente da capacidade do tradutor para compreender o texto de partida. Contudo, tais teóricos, sem dúvida, prefeririam fazer o leitor trabalhar; não querem que os tradutores forneçam soluções prontas, ao menos não para todas as traduções. Nesse ponto, coincidem com o indeterminismo ao buscar uma experiência de recepção complexa. Em Schleiermacher e na escola romântica alemã, percebe-se a proposição de traduções propiciando que características do texto estrangeiro influenciem os padrões sintáticos domésticos. Gutt, por sua vez, seria contrário a tendências de tradução da Bíblia como narrativa modernizada (atualizando, por exemplo, práticas culturais ou unidades de medida); ele recomenda que os tradutores informem suficientemente os leitores ("indicações comunicativas"), para que se aproximem do contexto de partida. Quanto a Venuti, seu incentivo a traduções que resistam à "fluência" privilegia o uso de variantes fora do padrão na língua de chegada. Uma das bases teóricas de tal posição é a crítica desconstrucionista da linguística, pois Venuti entende que os linguistas importantes excluem as frações não sistematizadas da língua, que figurariam, assim, como "resíduo" (ver Venuti, 1998). Essa crítica negligencia injustamente boa parte da linguística contemporânea (em especial a sociolinguística da variação), mas de fato ajuda a aumentar a consciência da incerteza.

A incerteza é algo de que os tradutores geralmente estão conscientes, assim como os revisores, editores, críticos de tradução, e mesmo qualquer pessoa apta a ler o texto de partida e a tradução. Podem não conhecer um termo para ela, mas sabem quando ocorre; eles constantemente enfrentam situações em que têm de decidir, sem terem certeza, entre diferentes interpretações ou versões. Pode-se dizer que a consciência do indeterminismo é, de algum modo, *interna* à profissão. O *conhecimento externo*, por outro lado, caracterizaria um processo de recepção em que não se levantam dúvidas sobre como a tradução representa um texto ausente. Vista assim, a partir de termos binários básicos, a consciência da indeterminação seria apropriadamente considerada por um método de tradução capaz de estender ao máximo o conhecimento interno à esfera externa. Se se puder traduzir de forma tal que pontos de indeterminação sejam revelados em vez de escondidos, nós poderemos nos aproximar de uma situação na qual o usuário final também esteja traduzindo.

6.7. Objeções Frequentes

Diante da importância do princípio de incerteza no pensamento do século xx, e da desconstrução nos estudos literários, deve surpreender a pouca discussão que essas teorias despertaram nos estudos da tradução. Parte da justificativa para isso pode ser geográfica. A *desconstrução* tem sido especialmente importante para os estudos literários nos Estados Unidos, país onde os estudos da tradução têm tido um desenvolvimento vagaroso. Pelo mundo, os departamentos universitários de literatura ou estudos culturais têm se deixado inspirar pelos Estados Unidos, e têm, assim, prestado a devida atenção a essa perspectiva do indeterminismo e um pouco menos à tradução. Ao mesmo tempo, as muitas instituições que treinam tradutores tendem a seguir a Europa e o Canadá, onde a tradução é necessária para o funcionamento das sociedades e a indeterminação não é objeto de interesse especial. Poucos analistas ou instrutores de tradução têm lido a teoria desconstrucionista e um número ainda menor tem visto utilidade em suas complexidades. Com isoladas exceções, as problemáticas da incerteza em geral têm se permitido seguir seu próprio caminho. Os paradigmas cruzam-se sem se comunicar.

Uma notável exceção é o intercâmbio entre Rosemary Arrojo e Andrew Chesterman em *Target* (Chesterman e Arrojo, 2000). Arrojo representa a desconstrução; Chesterman oferece uma espécie de estudos descritivistas munido de um olhar filosófico. Em seu artigo conjunto, os dois concordam em uma lista notavelmente longa de coisas que poderiam e deveriam ser feitas nos estudos da tradução, e mostram que uma disciplina acadêmica pode permitir o intercâmbio entre paradigmas. Em certo momento, porém, Chesterman defende que a relação entre uma tradução e sua fonte não pode caracterizar-se exclusivamente pela diferença, pois *os sentidos têm graus de estabilidade* (e então deve haver graus de diferença e de similaridade, como na metáfora da "semelhança de família"). Arrojo não aceita isso: "os sentidos são sempre vinculados ao contexto", defende. "Dependendo de nosso ponto de vista e de nossas circunstâncias, podemos perceber que eles são ou 'mais' ou 'menos' estáveis, mas todos são sempre dependentes por igual de um determinado contexto" (ver Chesterman e Arrojo, 2000, Ad. 10). Não se trata de aderir ao "mais ou menos". Segundo Arrojo, para a desconstrução consistente, analisar graus de similaridade significaria admitir o ideal de possível semelhança ("mais ou menos" em relação a quê?), caindo assim no essencialismo. Nesse ponto, os dois paradigmas se afastam.

Para além desse intercâmbio específico, há tempos ouvem-se resmungos pelas costas. Sintetizemos algumas acusações gerais:

6.7.1. "As Teorias Não Têm Utilidade Para os Tradutores"

As teorias da indeterminação oferecem pouquíssimas orientações práticas aos tradutores. Parecem ser teorias para teóricos. Os tradutores, por outro lado, raramente são pagos para demonstrar a indeterminação para o mundo. Dito isso, o indeterminismo pode ter alguma consequência prática para a forma como os tradutores são treinados e a resistência ao critério comercial pode provar ser uma das maiores contribuições do paradigma.

6.7.2. "Esses Teóricos Não São Tradutores e Não se Importam Com a Tradução"

Trata-se de uma versão beligerante do argumento anterior. Muitos dos pensadores mencionados neste capítulo são filósofos ou teóricos da literatura, antes de serem tradutores. Porém, quando Heidegger detecta diferenças entre o alemão, o latim e o grego, ou quando Derrida desvela várias lacunas nas traduções, como dizer que não estão utilizando a tradução como forma de fazer filosofia? Como dizer que não estão traduzindo?

6.7.3. "Essas Teorias Levam à Falta de Rigor"

Uma queixa muito comum sobre a *desconstrução* é que leva a situações onde vale "qualquer coisa" (ver Eco et al., 1992). Críticos inteligentes podem encontrar qualquer sentido em qualquer texto, o que não vai provar nada além de sua inteligência. Parte do problema é que a escrita desconstrutivista é relativamente fácil de imitar e medíocres pretensiosos podem mostrar mil interpretações banais, enchendo seus textos de trocadilhos insuportáveis. Derrida, porém, é tudo menos gratuito. Sua leitura atenta e cuidadosa é marcada pela atenção meticulosa ao detalhe. Pode ser que a prática de Derrida peque por excesso de rigor. Mas, como a própria tradução, a desconstrução tem praticantes de todos os níveis e não se pode desconsiderar o paradigma inteiro por causa da abundância de ramos simplistas.

6.7.4. "O Indeterminismo É Irrelevante"

Um debate mais aprofundado pode levar a uma reação do tipo "e daí?" que vimos em relação a Quine. A crítica é que, se duas ou mais soluções são válidas, as teorias que as produzem não interferem na prática real da tradução. Certo, é bem possível que o indeterminismo não influencie na prática cotidiana da tradução. Diz respeito, no entanto, a qualquer busca pela certeza, e, portanto, a muitos tipos de teorias. Quando selecionamos entre várias traduções possíveis, devemos saber que estamos lidando sobretudo com problemas mais complexos do que "certo" *versus* "errado".

6.7.5. "Essas Teorias São Meramente Oposicionistas"

Essa crítica acusa algumas teorias indeterministas de estarem sempre prontas a expor as inadequações das demais teorias. Como já apontamos, não se pode simplesmente supor que todas as teorias da equivalência sejam "transmissionistas" ou "essencialistas". Não se pode classificar todas as teorias anteriores a Derrida como "deterministas", "prescritivas" ou "autoritárias". As teorias indeterministas existem há muito tempo, e interagem de maneiras bastante sutis e contraditórias com os outros paradigmas disponíveis. As teorias indeterministas da expressão (a arbitrariedade do signo) potencialmente permitem que traduzir seja codificação e decodificação. Nesse caso, "mera oposição" parece extremamente redutivo.

6.7.6. "A Desconstrução Prescreve o Que a Tradução Deveria Ser"

Eis uma das críticas feitas por Raymond van den Broeck (1990), entendendo que Derrida (1985) e Lewis (1985/2012) incentivam pouca coisa além de um tipo específico de "tradução desconstrutiva" (1990, p. 54). Van den Broeck, assim, vê a desconstrução como contrária aos estudos descritivistas da tradução. A crítica parece basear-se em um mal-entendido, uma vez que o paradigma da incerteza obviamente faz muito mais do que prescrever uma forma ideal de tradução. Se a "fidelidade abusiva" for o método mais adequado para a desconstrução, não significa que o indeterminismo não possa ser encontrado em todos os métodos de tradução em geral. A abordagem desconstrucionista, que é basicamente um modo de interpretar textos, não pode então ser aplicada a nenhuma tradução?

6.7.7. "A Linearidade É Parte da Forma da Tradução"

O indeterminismo sugeriria que a lógica não linear é particularmente adequada à análise de traduções, uma vez que há vínculos causais fracos entre entrada (*input*) e saída (*output*) e uma complexa gama de fatores está envolvida. Pode-se, não obstante, objetar que a não linearidade falha em descrever a função social da crença na equivalência, que opera precisamente construindo pressuposições de causatividade linear. Ademais, essas crenças são baseadas em linhas hipotéticas entre as línguas, no mais das vezes na ilusão de que fronteiras nacionais separam línguas e culturas (Pym, 2003). Assim como os estudos de aquisição de segunda língua têm de analisar não apenas o que as pessoas aprendem, mas também a crença delas na aprendizagem, também a teoria da tradução deve considerar não apenas as relações não lineares, mas ainda as crenças bastante lineares associadas à tradução.

6.7.8. "O Indeterminismo É Debilitante"

Um bom número de abordagens "compromissadas" com a tradução se veem como atuando em prol de causas que são mais importantes do que a tradução em si: igualdade sexual; anticapitalismo; antiglobalização (minoritização); anti-imperialismo, e assim por diante. Para essas abordagens, a teoria deve mudar a forma de pensar e agir das pessoas, e quanto mais a incerteza se revela menos as pessoas tendem a agir. Não se toma as ruas em defesa da lógica difusa. Em sua crítica às certezas essencialistas do feminismo, Arrojo enfraquece a conexão entre teoria e motivação. No outro lado da moeda, podemos ver as harmonias nacionais da ecotradutologia como impedindo a ação oposicionista e aceitando o *status quo*.

6.7.9. "Essas Teorias Não Nos Ajudam a Conviver Com a Incerteza"

Muitas teorias não apenas são abertamente oposicionistas em relação a outras como também fracassam ao buscar meios de a prática profissional efetivamente funcionar com o indeterminismo. A despeito disso, elencamos aqui um bom grupo de ideias que pode nos ajudar a conviver com o indeterminismo de forma bem prática. Muito mais pode ser feito com relação a isso. Podemos, por exemplo, observar de que modo disciplinas como a física e a economia lidam com a incerteza. As ciências mais empíricas estão convivendo com a incerteza, e a teoria da tradução é uma exceção, o que demoramos demais a perceber.

Nenhuma dessas objeções parece forte o suficiente para diminuir a importância do paradigma indeterminista. Seja qual for o tipo de teoria da tradução que escolhamos desenvolver, devemos aprender a conviver com a incerteza.

Do mesmo modo que tem sido criticado, o paradigma indeterminista tem sido capaz de criticar as abordagens rivais da tradução. Desconstrucionistas como Rosemary Arrojo (principalmente 1998) tendem a ver toda teoria da tradução tradicional como baseada em equivalência, a qual criticam por ser essencialista. É uma crítica fácil de se fazer. Mas pode ser estendida aos outros paradigmas também. Quando a teoria do escopo identifica seu fator dominante como o escopo que chamamos de "propósito", não seria também um essencialismo, um pressuposto de sentido estável? E quando os estudos descritivistas da tradução acreditam estar fazendo ciência ao separarem o objeto de estudo da subjetividade do pesquisador, não seria também uma divisão insustentável e essencialista? Assim ampliado, o paradigma indeterminista pode afirmar ser a única forma satisfatória de reconciliação com a incerteza. Não haveria outro caminho a tomar a não ser aquele que leva "ao próprio texto e, portanto, a uma preocupação com a linguagem" (Andrew Benjamin, 1989, p. 86). A teoria da tradução estaria infinitamente rastreando as transformações que ocorrem entre línguas, à maneira de Crátilo, Heidegger e Derrida.

Porém, não é exatamente esse o rumo que a história está tomando.

Resumo

Este capítulo partiu da simples ideia de que os tradutores não podem ter certeza absoluta sobre os sentidos que traduzem. Isso é então considerado um problema de determinismo, no sentido de que o texto de partida não causa (ou "determina") totalmente a tradução. Identificamos dois tipos de teorias que admitem essa incerteza. Algumas teorias assumem que o texto de partida está pleno de sentido ao qual se adéquam as traduções. Assim, essas teorias são deterministas em relação à expressão e indeterministas em relação à tradução. Outras teorias, porém, veem a incerteza como uma característica de toda comunicação. Desse modo, são indeterministas em relação aos textos de partida e às traduções ao mesmo tempo. Vista dessa forma, a incerteza torna-se um problema que o tradutor tem de resolver. Identificamos várias maneiras pelas quais os tradutores podem pelo menos conviver com a incerteza. O tradutor pode, por exemplo, acreditar que a fé religiosa ou a iluminação servirá de guia; pode entrar em extensos diálogos a fim de alcançar consenso social sobre o sentido; pode aceitar que sua posição influencia o que encontrará em um texto, de modo que pare para analisar suas próprias motivações; pode entender o próprio ato da tradução como um modo em que o sentido se constrói em seu contexto social; pode entender a tradução como um jogo em que realizamos movimentos e fazemos apostas, em um mundo onde aprendemos a lidar com a incerteza. E, finalmente, a prática da desconstrução é um modo complementar de tratar a incerteza, com base na tradução ou na análise de traduções de forma que os pontos de indeterminação sejam revelados em vez de omitidos.

Sugestões de Leitura

A terceira edição de *Translation Studies Reader* (Venuti, 2012) traz textos de Benjamin, Jakobson, Berman, Lewis e Derrida, com Quine e Levý apenas na primeira edição. Munday (2012) traz relatos sumários sobre Benjamin e Derrida. A melhor introdução geral ainda é Davis (2001). *After Babel*, de George Steiner (1975), dedica bastante espaço à tradição hermenêutica e a uma questionável leitura do ensaio de Walter Benjamin como um texto cabalista. A perspectiva geral de Steiner é, em última análise, uma teoria determinista clássica da expressão subjacente a uma perspectiva indeterminista da recepção. Existe uma série de outros comentários melhores sobre o ensaio de Walter Benjamin, "A Tarefa do Tradutor", que tem sido fetichizado pela crítica literária de língua inglesa. Aconselha-se que os estudantes abordem o texto de Benjamin antes e depois de lerem os comentários. *Translation and Literary Criticism*, de Marylin Gaddis Rose (1997), inclui uma aplicação de Benjamin ao ensino de tradução literária, mostrando forte consciência de como o indeterminismo subjaz a leitura "estereoscópica" de textos literários. Os livros de Rosemary Arrojo em português (1992, 1993), além de seus artigos em inglês, demonstram de forma invariável como a desconstrução pode revelar contradições e inconsistências em outras teorias da tradução. Uma série de outros autores do campo da desconstrução interessa-se mais pela tradução como metáfora capaz de questionar o sentido estável, tomando a própria tradução como prática desconstrutiva. A essa altura, tais abordagens combinam-se com o paradigma da "tradução cultural" (capítulo 8, infra).

> ### SUGESTÕES DE PROJETOS E ATIVIDADES
>
> As atividades aqui listadas foram planejadas para fazer os estudantes pensarem além do binarismo do certo *versus* errado. Todavia, eles também devem ser convidados a desafiarem muitas das certezas nas quais se fundamentam outros paradigmas de tradução.
>
> 1. Retorne a uma tradução que você tenha feito, em prosa e de preferência não muito técnica. Selecione um período do texto de partida e o reformule, na língua de partida, em quantas maneiras diferentes você conseguir. Agora veja sua tradução anterior desse período. Sua tradução segue a *forma* do período que você selecionou, ou a forma de uma das variações que você acabou de produzir? Se for a primeira alternativa, por quê?
> 2. Experimente o mesmo exercício em um verso de um poema, e de novo em um período de um texto bem técnico. Qual é a diferença em cada caso? Podemos dizer que a língua é mais determinada (mais fixa ou menos aberta à interpretação) em alguns casos do que em outros?
> 3. Trabalhando em grupos pequenos, os estudantes escrevem dois períodos, um que considerem não poder ser mal interpretado (que seja relativamente determinado) e um que considerem precisar ser interpretado (que tenha ambiguidades ou seja relativamente indeterminado). Os períodos serão então traduzidos para uma língua estrangeira, e de volta para a língua de partida (por um estudante que não tenha visto o original). O procedimento pode ser repetido para quantas línguas estiverem disponíveis, de modo que o ponto de partida seja sempre a última tradução para a língua de partida. Posteriormente, os grupos verão o que aconteceu com seus períodos. Podem utilizar a informação para responder perguntas como: a) A fonte mais indeterminada é a que mais sofre mudanças? b) Então a equivalência se aplica a alguns textos?
> 4. Repita a atividade 3, agora utilizando os programas de tradução automática Babelfish e Google Tradutor para fazer as traduções e retraduções. O que você vê? Em que momentos as traduções humana

e automática atingem um nível em que as traduções sucessivas não introduzem nenhuma alteração nova? Por quê?

5. As atividades 3 e 4 são versões de um jogo chamado "Telefone" nos Estados Unidos. Verifique os outros nomes pelos quais esse jogo é conhecido no mundo. Por que esse jogo teria tantos nomes diferentes? Existem nomes corretos e incorretos para o jogo?

6. O signo linguístico é arbitrário? Considere os nomes dos heróis e vilões nos filmes ou quadrinhos. Esses nomes poderiam ser mudados, ou alguns soam adequados para vilões e outros, para heróis? Por que "Darth Vader" é um ótimo nome para uma personagem má (ver Crystal, 2006)? Esses sons curiosamente apropriados funcionam da mesma forma em outras línguas? Se não, como deveriam ser traduzidos?

7. Walter Benjamin diz que as palavras em francês e em alemão para "pão" não podem se traduzir, pois evocam tipos diferentes de pão. Isso é mesmo verdade? Encontre um texto literário significativo *online* e faça uma busca dos termos para "pão". Com que frequência esses termos de fato se referem a um tipo de pão que se encontra em apenas uma cultura? O que isso nos diz sobre as unidades linguísticas e culturais com as quais os tradutores trabalham na prática?

8. Faça uma busca na internet por textos apresentados como traduções do poema "Voyelles" de Rimbaud. Há algum a que você não chamaria de tradução? Em que momento determinada versão deixa de ser uma tradução? O que isso diz sobre a tradução como constante criação de sentidos?

9. Para cada texto de partida, compare as traduções feitas em sala, observando os pontos onde as soluções são todas iguais e onde são diferentes (ver Campbell, 2001). Qual é a relação entre a indeterminação e os pontos com diversas traduções? Esses pontos são "nós textuais decisivos" (Lewis)? Eles são os problemas de tradução mais difíceis?

10. Encene um encontro em que são trocadas informações (por exemplo, pedindo orientação na rua ou dando conselho sobre como preparar um prato). Em um momento crucial, um dos atores precisa pedir informação de todas as maneiras possíveis e o outro ator responde de acordo. O mesmo pedido pode ser feito de várias maneiras diferentes? Ou cada formulação diferente recebe uma resposta diferente? Compare isso com o argumento "e daí?" formulado por Chomsky e Katz.

11. Algumas teorias sobre línguas como visões de mundo dizem que a tradução é impossível. Mas como alguém pode saber que existe uma

visão de mundo que não seja a sua própria? Utilize a internet para saber mais sobre a pesquisa realizada por Humboldt, Sapir e Whorf. Você acha que eles utilizaram traduções, em suas pesquisas, a fim de aprender sobre uma língua que não era a deles?

12. Freeman (1999) afirma que a antropóloga estadunidense Margaret Mead foi enganada pelas meninas samoanas que eram suas informantes "nativas". Esse caso é parecido com o exemplo *gavagai* de Quine? A brincadeira ocorreu devido à indeterminação? O que o caso diz sobre a etnografia como espécie de tradução?

13. Considere a seguinte passagem do filósofo estadunidense Richard Rorty:

> A ideia de que um comentador descobriu o que um texto realmente está fazendo – por exemplo, que está *realmente* desmistificando um construto ideológico, ou *realmente* desconstruindo as oposições hierárquicas da metafísica ocidental, mais do que apenas sendo utilizado para esses propósitos – é, para nós pragmatistas, nada mais do que ocultismo (Eco et al., 1992, p. 102-103).

> Essa é uma crítica justa de como a desconstrução tem sido aplicada na análise de tradução? Segundo a descrição neste capítulo, haveria grandes diferenças entre "construtivismo" e "desconstrução"? Busque esses termos na internet e tente identificar as diferentes áreas nas quais eles são utilizados.

14. Rosemary Arrojo se recusa a discutir se os sentidos são "mais ou menos" estáveis. Ela está certa ao fazer isso? Eis o seu argumento a respeito:

> Os sentidos são sempre vinculados ao contexto. Dependendo de nosso ponto de vista e de nossas circunstâncias, podemos percebê-los como sendo "mais" ou "menos" estáveis, mas todos são sempre igualmente dependentes de um determinado contexto. Um nome próprio como *University of Vic*, por exemplo, só faz sentido para os que têm familiaridade com o contexto implícito e explícito ao qual pertence e que o torna significativo. O mesmo, com certeza, se aplica a noções como "democracia", que podem ser percebidas por alguns como menos estáveis. Se perguntássemos a Fidel Castro, ou a Augusto Pinochet, por exemplo, o que é "democracia", a

resposta deles certamente indicará que não existe nada de "instável" em suas definições do conceito, não importa quão diferentes possam ser. Tanto Castro como Pinochet teriam cada um sua certeza de que ter a "definição" certa, verdadeira, e que a do outro estaria errada. As implicações de tais afirmações para a tradução, sem dúvida, são essenciais e abrangentes e podem ser sintetizadas assim: nenhuma tradução jamais será definitiva e universalmente aceitável, nenhuma tradução jamais escapará à ideologia ou ao perspectivismo (ver Chesterman e Arrojo, 2000, Ad. 10).

Como essa posição poderia relacionar-se ao que se conclui nas atividades 1, 2 e 3 anteriores? Você concorda com Arrojo?

15. Jakobson e outros veem toda produção de sentido como tradução. Então, o que fazer da seguinte passagem de George Lakoff (1987, p. 312)?

> A diferença entre tradução e compreensão é esta: a tradução requer o mapeamento de uma língua a outra. Compreensão é algo interno a uma pessoa. Tem a ver com sua capacidade de conceitualizar e comparar esses conceitos com suas experiências, por um lado, e com as expressões de uma nova língua, por outro. A tradução pode ocorrer sem compreensão e a compreensão pode ocorrer sem possibilidade de tradução.

16. Venuti (2013, p. 235, 243) argumenta que tradutores literários americanos devem produzir mais teoria, já que explicações não teóricas sofrem de falta de "precisão". Há alguma precisão nas teorias de indeterminação.

Capítulo 7

Localização

"Localização" é um termo que geralmente se refere à tradução e adaptação de *software*, manuais de instrução e *websites*. Este capítulo vai explorar essa área de atuação como um paradigma da teoria da tradução. Embora alguns vejam a localização como forma ampla de adaptação, sua aplicação geralmente envolve o uso de restrições extremas. Isso se deve em parte ao uso de novas tecnologias de tradução, a vários tipos de internacionalização – como a tradução generalizada de uma para várias línguas – e a modos não lineares de produção e recepção de texto (que nada têm a ver com a lógica não linear). Percorreremos, aqui, os principais conceitos da teoria da localização, além de alguns relacionados às tecnologias que ela emprega. Ao fim do capítulo, questiona-se se a tradução faz parte da localização ou vice-versa, e quais seriam os efeitos culturais da localização, especialmente no que se refere ao número crescente de tradutores voluntários. Será nosso argumento geral que os conceitos básicos da teoria da localização têm muito a dizer sobre como a tradução tem funcionado no mundo globalizado.

> PRINCIPAIS TÓPICOS ABORDADOS NESTE CAPÍTULO:
> - A indústria da localização responde ao problema da incerteza com a criação de línguas e culturas artificiais.
> - A localização é a preparação de um produto para um novo "locale".
> - Um "locale" é o estabelecimento de um conjunto de parâmetros linguísticos, econômicos e culturais para a utilização final do produto.

- O que faz da localização um novo paradigma é o papel fundamental desempenhado pela "internacionalização", que consiste em preparar o material de forma que possa ser traduzido rápida e simultaneamente para muitas línguas de chegada diferentes.
- Embora as novas tecnologias de tradução não devam ser equiparadas à localização, reforçam o papel da internacionalização.
- Um dos efeitos das novas tecnologias é uma tendência a modos não lineares de produzir, utilizar e traduzir textos.
- A teoria da localização pode ser considerada um retorno parcial à equivalência visto que utiliza glossários e promove a tradução descontextualizada. A oposição entre "padronização" e "diversificação" como estratégias de localização também é reminiscente das categorias da equivalência direcional.

7.1. A Localização Como Paradigma

No início deste livro, descrevemos um forte paradigma fundamentado em equivalência. Por ser considerado um paradigma científico, objetivo, a equivalência foi seriamente desafiada pelo princípio da incerteza. Diante desse conflito, os teóricos da tradução desenvolveram pelo menos três formas de resposta. O paradigma com base em propósito, respondeu aproximando a teoria da prática, reduzindo a equivalência a um caso especial e insistindo na negociação entre tradutores e seus clientes sobre como traduzir. Paralelamente, os estudos descritivistas da tradução (DTS, na sigla em inglês) transformaram a equivalência em uma característica de todas as traduções, independentemente de parecerem boas ou ruins, e se dispuseram a descrever as muitas mudanças e transformações que as traduções produziam. Uma terceira resposta seria o próprio paradigma indeterminista, em especial a desconstrução, que se propõe a desfazer as muitas ilusões de equivalência como relação semântica estável.

Essas três respostas merecem ser chamadas de paradigmas. Cada uma delas é coerente em si, e são diferentes uma da outra a ponto de os estudiosos de qualquer desses paradigmas terem dificuldades em considerar as teorias dos demais. Admitido isso, devemos reconhecer também pelo menos mais um paradigma. As ideias e práticas cada vez mais conhecidas sob o nome de "localização" não constituem uma teoria da tradução em um sentido acadêmico; apenas formam, provavelmente, um conjunto de denominações desenvolvidas em setores específicos da indústria linguística. Por outro lado, esses conceitos fornecem uma resposta coerente ao problema da incerteza. Se as línguas e culturas são indeterminadas a ponto de ninguém poder ter certeza da equivalência, então uma solução será criar *línguas e culturas artificiais* estáveis, nas quais seja possível uma certeza relativa. É uma solução viável. Mas o motivo de se chamar "localização" está longe de ser evidente.

7.2. O Que É Localização?

Iniciamos com um episódio que resume a história. Nos idos da década de 1980, a empresa americana Microsoft desenvolvia programas de computador para o mercado norte-americano e depois traduzia esses programas para as principais línguas de outros mercados (do inglês para o alemão, do inglês para o francês, do inglês para o espanhol e assim por diante). Tudo ia bem enquanto havia poucos mercados estrangeiros. Contudo, com o crescimento do número de mercados, o modelo simples de tradução "de uma língua para uma língua" passou a ser considerado inadequado e caro. Os programas exigiam não apenas a substituição de itens linguísticos nos menus, nas caixas de diálogo e arquivos de ajuda visíveis ao usuário, mas também atenção a uma longa lista de detalhes aparentemente secundários, como formatos de data, atalhos, convenções de pontuação e contratos de usuário. Alguns de fato dizem respeito à tradução; outros exigem conhecimento técnico de um engenheiro de produto; outros exigem, ainda, técnicos em telecomunicações, terminólogos, especialistas em marketing, e até advogados. Juntas, essas tarefas são de preferência realizadas em equipes, das quais fazem parte tradutores. Todo esse processo, do qual a tradução faz parte, chama-se "localização".

TAREFAS DE LÍNGUA E CULTURA NA LOCALIZAÇÃO DE SOFTWARE

- Manuais de localização de programas apresentam listas de problemas e tarefas como as seguintes, sendo que apenas algumas delas se referem claramente à tradução tradicional:
- Convenções de tempo: culturas diferentes têm maneiras diferentes de apresentar relógios e calendários (*11.04.05* quer dizer "4 de novembro de 2005" nos Estados Unidos e "11 de abril de 2005" em virtualmente todos os outros lugares do mundo anglófono; e o inglês usado na China coloca o ano primeiro).
- Números: culturas diferentes (e diferentes empresas) utilizam pontuação diferente na apresentação de números, de modo que o número em inglês *1,200.01* fica *1.200,01* em espanhol tradicional; 1 200,01 no espanhol reformado (e no Sistema Internacional de Unidades); e 1 200.01 no espanhol ibérico, que atualmente aceita interferência do inglês (e/ou do Sistema Internacional de Unidades).
- As moedas são diferentes, assim como as formas nas quais são representadas.
- Algumas escritas seguem da esquerda para a direita; outras, da direita para a esquerda.
- Os atalhos podem ser relocalizados (por exemplo, em inglês, *Control+O* abre um documento; em espanhol é *Control+A* (de *abrir*). Porém, nesse caso precisamos ter certeza de que o comando *Control+A* não está sendo utilizado para outra coisa. Na verdade, a complicação é tanta que os programas mais profissionais em espanhol acabam ficando com o *Control+O*.
- Exemplos e cores precisam ser adaptados a preferências locais.
- Os produtos devem adaptar-se a exigências legais, fiscais, de segurança e do ambiente local.
- Os produtos também precisam ser adaptados a padrões locais no que se refere a telecomunicações, unidades de medida, tamanhos de papel e disposições de teclado.

A localização pode envolver um amplo conjunto de tarefas, em geral ligadas a tecnologia da informação e marketing, além de competências linguísticas. As definições de localização refletem isso ao falar de *produtos e não de textos*, e ao descrever o processo em termos de "preparo", "adequação" ou "adaptação" do produto para uma nova circunstância. É uma mudança importante. Algumas mudanças ainda mais significativas, entretanto, vêm dos outros termos associados à localização. O primeiro deles é *locale*, que denota um conjunto de parâmetros linguísticos e culturais que definem o contexto de utilização final. Trata-se de um bom termo, conciso, para substituir expressões como "língua e/ou cultura de chegada". Ele também subentende que os tradutores dificilmente trabalham para línguas ou culturas inteiras; nossos públicos sempre foram mercados locais, "locales", para os quais faltava o termo adequado.

O ponto importante é que o paradigma da localização envolve muito mais do que o simples termo "localização".

OS CONCEITOS FUNDAMENTAIS DA LOCALIZAÇÃO

Os termos básicos da localização podem ser definidos de várias maneiras. As três primeiras definições abaixo foram propostas pela já extinta Associação de Padronização do Setor de Localização (*Localization Industry Standards Association* – LISA) em 1998:

- **LOCALIZAÇÃO**: envolve tomar um produto e torná-lo linguística e culturalmente apropriado ao "locale" de chegada (país/região e língua) onde ele será utilizado e vendido.
- **INTERNACIONALIZAÇÃO**: é o processo de generalizar um produto de modo que ele possa administrar múltiplas línguas e convenções culturais sem a necessidade de redesenho. A internacionalização acontece ao nível do desenho do programa e do desenvolvimento de documentação.
- **GLOBALIZAÇÃO**: refere-se a questões comerciais ligadas a tornar um produto global. Na globalização de produtos de alta tecnologia, isso envolve integrar a localização a toda uma empresa, após a devida internacionalização e o desenho do produto, além de marketing, vendas e suporte no mercado mundial. Este sentido é mais específico do que o processo de globalização econômica em geral.
- **UMA-PARA-VÁRIAS**: é como denominamos um processo de tradução que segue de uma versão internacionalizada para muitas versões em várias

> línguas de chegada simultaneamente. Não deve ser confundido com o termo "um para vários" de Kade, utilizado para descrever como um item na língua de partida pode correlacionar-se com muitos itens na língua de chegada (ver 3.2, supra).
> - **LOCALIZAÇÃO PARCIAL:** o processo de localização no qual nem todo texto visível ao usuário é traduzido, em geral para poupar gastos no trabalho referente a um locale pequeno.
> - **LOCALIZAÇÃO REVERSA:** o processo de localização que segue de uma língua menor para uma língua mais importante (ver Schäler, 2006).
> - **CAT:** sigla tradicional para "Tradução Assistida por Computador" (*Computer-Aided Translation*), às vezes utilizada para identificar pacotes de memória de tradução e de gerenciamento terminológico como "ferramentas CAT" (*CAT tools*). O termo é enganoso, pois quase toda tradução é feita em computadores atualmente, de maneira que todos os processos são sempre, em alguma medida, assistidos por computador.

7.3. O Que É Internacionalização?

Pode parecer que não há nada de novo na localização: o termo estaria simplesmente se referindo à tradução tradicional com uma certa medida de adaptação. Certamente, isso não é nenhuma novidade: a teoria do escopo já havia verificado que muitos tradutores realizam várias tarefas além da produção de traduções (daí o conceito de "ação tradutória"). Ainda assim, há muitas coisas genuinamente novas na teoria da localização.

Retornemos ao programa de computador americano que precisa ser localizado para uma série de mercados europeus (francês, alemão, espanhol e assim por diante). Em muitos casos, esses projetos de localização individuais enfrentarão as mesmas dificuldades, nos mesmos pontos dos programas, ainda que suas soluções sejam muitas vezes diferentes. Esses pontos específicos são muitas vezes os mesmos que descrevemos anteriormente: formatos de data, referências a moedas, apresentações numéricas e assim por diante. São também os pontos onde o programa americano é específico relativamente às preferências culturais americanas (por exemplo, no uso de data em formato mês, dia, ano). Nesses momentos, não há uma real necessidade de traduzir toda vez da versão americana para todas as diferentes versões de chegada. Isso envolveria negociar um imenso número de diferenças culturais e correr enormes riscos de errar. Consegue-se maior eficiência removendo do programa os elementos especificamente americanos, substituindo-os por elementos genéricos, tanto quanto for possível.

O que aconteceu aqui? Na tradução tradicional, vamos de um texto de partida para um texto de chegada:

Partida ⟶ Alvo

FIGURA 7.1a – Modelo simplificado de tradução convencional.

Na localização, por outro lado, vamos de uma fonte para uma versão intermediária geral. A produção dessa versão intermediária chama-se "internacionalização", e o objeto produzido se chama "versão internacionalizada". É um nome impreciso, pois as nações não têm nada a ver com ele (por isso temos o termo "locale", afinal). Mas não estamos aqui para corrigir as terminologias do setor. Nosso modelo geral se parece com:

Partida ⟶ Internacionalizada ⟶ Alvo

Figura 7.1b – Modelo simplificado de tradução com internacionalização.

Ou seja, a internacionalização prepara o produto antes do momento da tradução. Isso torna o processo de tradução propriamente dito mais fácil e rápido. A localização pode funcionar a partir da versão internacionalizada, sem referência obrigatória ao texto inicial, e pode fazê-lo em muitas línguas simultaneamente, em um fluxo de trabalho de uma para várias línguas. Isso traz maior eficiência, com muitas localizações acontecendo ao mesmo tempo, produzindo várias versões de chegada diferentes:

Internacionalizada ⟶ Alvo 1
⟶ Alvo 2
⟶ Alvo N

Figura 7.1c – Modelo de localização.

Essa produção simultânea de versões de chegada tem sua lógica. A globalização econômica implica que produtos importantes (como uma nova versão do sistema operacional da Microsoft) sejam lançados ao mesmo tempo em vários "locales" pelo mundo, com planos de marketing e campanhas publicitárias semelhantes. A época da *remessa simultânea* requer localização rápida, não apenas dos produtos, mas também do material de marketing.

O conceito geral de internacionalização pode tomar várias formas, algumas das quais superam o que os praticantes da indústria reconheceriam como internacionalização. Em um extremo, pode envolver o acréscimo de *mais informações e mais formatos potenciais* no produto a ser localizado. O localizador então precisa apenas consultar as glosas ou selecionar a opção adequada. É bem provável que o modelo mais bem-sucedido desse tipo de internacionalização seja o desenvolvimento da *codificação de caracteres*. Antigamente, quando os programas existiam em poucas línguas além do inglês, o código ASCII em 7 bits era suficiente: permitia 128 caracteres diferentes. Contudo, quando a IBM começou sua distribuição internacional, percebeu que um conjunto de 8 bits era necessário para atender todos os acentos e símbolos das línguas neolatinas: isso permitia 256 caracteres diferentes. Hoje em dia, com a ampla globalização, passamos para os sistemas de codificação USO 32 bits ou Unicode, que permitem mais de 4 milhões (no caso do USO). Todos os caracteres são agora codificados de maneira mais complexa, incluindo os que tinham codificação simples em sistemas anteriores. Assim, o código portador de informação expande-se imensamente, porém os caracteres de todos os "locales" em potencial podem, assim, ser representados. Esta seria a lógica tecnológica da internacionalização: *expandir a fonte*, de modo que se permitam todas as possibilidades de localização.

No outro extremo, a internacionalização pode deixar *mais simples* o texto, reduzindo a variação na superfície com o uso da *linguagem controlada*. Quando um documento tem um número limitado de estruturas sintáticas e uma terminologia multilíngue completamente controlada, como no caso do "inglês técnico Caterpillar" para maquinário pesado, o processo de localização pode acontecer quase automaticamente, com tradução automática e posterior revisão. Mais tarde retornaremos a várias modalidades de internacionalização entre esses dois extremos.

Graças à internacionalização, a ideia fundamental da localização não é somente que os produtos precisam ser adaptados a novos usuários em culturas diferentes. A inclusão da internacionalização indica que essas adaptações precisam ser *pensadas desde o início* e planejadas a cada etapa do desenvolvimento do produto. A tradução é em geral considerada algo que vem depois, após a produção do texto de partida. A localização, por outro lado, envolve idealmente um completo repensar sobre como os produtos e textos são produzidos.

Essa reestruturação geral de processos é às vezes chamada de *globalização*, uma vez que é projetada com vistas ao mercado global. Uma empresa pode decidir globalizar-se ao introduzir processos de internacionalização e localização. Deve-se, porém, tomar certo cuidado com esse termo. "Globalização" em sentido amplo refere-se ao desenvolvimento de mercados transnacionais, o que traz uma poderosa série de consequências econômicas e financeiras. Só para confundir a questão, a Microsoft tende a utilizar o termo "globalização" para referir-se ao que chamamos de "internacionalização". Aqui, ficaremos com alguns termos descritos até agora: em uma empresa que se *globalizou*, os produtos são *internacionalizados* de modo que possam ser *localizados* de forma rápida e simultânea, sendo que parte desse processo de localização é "tradução".

7.4. A Localização É Mesmo Algo Novo?

Se considerada um processo de adaptação cultural, a localização provavelmente não acrescenta nada novo à teoria da tradução existente. Afinal, as prioridades que a teoria do escopo dá ao propósito da tradução podem justificar uma ampla variedade de adaptações. De outro lado, se considerarmos a *internacionalização* uma parte fundamental dos processos de localização, então de fato encontramos algo novo. Algo parecido com esse conceito pode ser encontrado em algum outro paradigma da teoria da tradução? É possível defender que a ideia de remover ou reduzir os elementos culturais específicos pode ser descrita pelas teorias da equivalência natural, onde se buscava um *tertium comparationis* neutro, ou núcleo subjacente, como garantia de que se estava dizendo a mesma coisa (ver 3.4, supra). Entretanto, seria necessário verificar várias centenas de páginas para encontrar ideias sobre trabalhar a partir de uma versão intermediária. Internacionalização, sugerimos, é um elemento teórico novo.

Isso não quer dizer que o processo de uma para várias não possa ser encontrado em alguns projetos de tradução, de interpretação em *relais* e de tradução de tela. Em geral, um filme de Hollywood não será traduzido (em dublagem ou legendagem) a partir da sua versão audiovisual original ou do roteiro original. É cada vez mais frequente as traduções serem feitas a partir de roteiros preparados especialmente para os tradutores mundo afora, contendo comentários sobre itens culturais específicos, sobre referências cruzadas necessárias no texto do filme, e de fato qualquer outro tipo de observação que possa prevenir erros de tradução. Esses roteiros preparados podem ser considerados versões internacionalizadas. Nos mesmos moldes, muitos projetos de tradução da *Bíblia* são realizados atualmente, com a consulta não apenas aos textos em hebraico e em grego, mas também ao programa *Paratext*, que reúne esses textos, outras traduções em várias línguas, comentários explicativos e ferramentas de concordância sofisticadas (basicamente referências cruzadas de todas as ocorrências de um termo nos textos bíblicos). Esse poderia ser um caso de internacionalização (ampliação da fonte) com localização.

De modo significativo, as traduções de fato são realizadas por equipes de falantes nativos das várias centenas de línguas de chegada menores, com a ajuda de "consultores de tradução" especializados, familiarizados com os estudos bíblicos, que possam trabalhar com várias equipes ao mesmo tempo. A presença e a função do consultor também pode ser vista como um caso humanizado de internacionalização. Tais práticas oferecem uma comparação interessante com a localização de programas.

Esses modelos podem ser ainda mais aprofundados. Note-se, por exemplo, como as *notícias internacionais* são reunidas e traduzidas. Um fato acontece, produzindo relatos de partida; esses textos são depois reunidos e formatados em uma agência de notícias internacionais como a Reuters; essas versões "internacionalizadas" são então localizadas por jornais, rádios, redes de televisão e *websites*, alguns com tradução interlinguística, outros sem, todos com adaptação. A terminologia da localização pode descrever todo esse processo. De modo parecido, *websites multilíngues* precisam ser desenvolvidos de forma que as localizações sejam pensadas desde o início, tanto no projeto como na engenharia. As localizações, assim, funcionam necessariamente a partir de uma versão internacionalizada.

Encontramos, portanto, uma série de práticas de tradução que funcionam de maneiras semelhantes ao modelo de internacionalização com localização. Não podemos dizer que tais práticas sejam todas novas. Podemos, porém, argumentar que o uso da teoria da localização para descrever esses processos não apenas é novo, como também útil. Ao estendermos os termos e conceitos para além da indústria de programas de computador, começamos a ver algumas tendências gerais sobre como a globalização econômica está interferindo na tradução.

Em regra, quanto mais global e instantâneo o meio, mais esperaríamos encontrar práticas correspondentes à internacionalização com localização. Quanto mais tradicional, monocultural e diacrônico o meio (transmissão de mensagens através dos séculos, por exemplo, como em muitas ideologias literárias), mais encontraríamos modelos binários tradicionais, em que a tradução segue da fonte para o alvo a cada vez. Contudo, mesmo na tradução literária, os termos da localização não se perdem completamente. Por exemplo, a editora Harlequin, de sede canadense, pode publicar o mesmo romance em umas 24 línguas e cerca de 100 "locales", não somente traduzindo, em cada caso, como também editando o texto para atender as expectativas locais quanto ao tamanho, ao contexto e a estilos narrativos (ver Hemmungs Wirtén, 1998, que propõe o termo "transedição").

Pode-se dizer que, mesmo nesse fluxo de trabalho, a tradução continua sendo tradução a cada passo específico. Então não seria necessária nenhuma teoria nova? Existe de fato um novo paradigma em questão aqui? Sim, de fato, a tradução provavelmente continua sendo o que sempre foi, em um certo sentido elementar. As consequências da localização, porém, não se limitam à produção de versões internacionalizadas. Essas mudanças são ampliadas pela tecnologia.

7.5. O Papel das Tecnologias

Nos últimos anos houve uma tendência em oferecer cursos específicos sobre localização para ensinar os alunos a utilizarem uma série de ferramentas: memórias de tradução; ferramentas específicas para a localização de programas de computador ou *websites;* gerenciamento terminológico e, cada vez mais, a tradução automática integrada, às vezes com um sistema de gerenciamento de conteúdo, um sistema de gerenciamento de globalização ou ainda uma ferramenta de gerenciamento de projeto. À despeito dos cursos, essas ferramentas não devem ser confundidas com a natureza da localização como paradigma. As ferramentas estão aí; sem dúvida, são utilizadas na indústria da localização; porém, memórias de tradução, tradução automática e gerenciamento terminológico podem ser utilizados sem o desenvolvimento de qualquer tipo de localização, sendo que a internacionalização e a localização podem ser realizadas de forma totalmente independente de tais ferramentas. A teoria da localização é uma coisa; as ferramentas eletrônicas são outra.

Ao mesmo tempo, deve-se dar atenção especial ao efeito que essas ferramentas causam nos processos de trabalho como um todo. Em geral, as diversas tecnologias permitem que a língua seja analisada e processada de maneira paradigmática. Ou seja, elas mostram as alternativas disponíveis em pontos específicos de um texto. E interrompem, assim, a dimensão sintagmática ou linear da língua. Pode-se pensar aqui nas ferramentas eletrônicas mais simples, que estão também entre as mais úteis. Ao escrevermos com um *software* de processamento de textos, um corretor ortográfico automaticamente compara nossas palavras a um dicionário eletrônico. Se temos dúvida sobre a ortografia ou sobre a adequação de uma palavra, podemos rapidamente consultar uma lista com sugestões de formas ou sinônimos. A ferramenta, então, nos dá uma lista vertical de alternativas, para além do fluxo horizontal do texto. Essa lista é paradigmática e interrompe o fluxo sintagmático. A tecnologia *impõe o paradigmático sobre o sintagmático*. Em certa medida, toda tecnologia de tradução faz isso.

Como a tecnologia se relaciona com a internacionalização e a localização? Para responder à pergunta, precisamos verificar algumas ferramentas em mais detalhe.

7.5.1. Sistemas de Gerenciamento

Anos atrás, uma equipe de tradutores seria contratada para verter um programa inteiro ou site de internet de empresa para uma língua específica. Para entender esse processo, deve-se considerar que as partes visíveis ao usuário do programa ou *site* seriam consideradas como um texto, e os tradutores deveriam, então, traduzir a totalidade desse texto, estando cada um deles mais ou menos conscientes do produto como um todo. Em suma, todos estariam informados do que se passaria. Hoje em dia, programas e sites dificilmente são desenvolvidos dessa maneira. O que vemos tende a ser um fluxo constante de modificações e atualizações (*updates*), na evolução gradual de uma versão a outra. Mesmo quando temos uma nova versão do programa, ou um novo formato do *site*, muito do material anterior é reutilizado, em geral de forma ligeiramente modificada ou atualizada. Assim como novas versões da *Bíblia* incorporam descobertas e soluções de traduções anteriores, novas localizações de programas e *sites* utilizam material produzido em localizações anteriores. Isso significa que os tradutores não trabalham mais em textos inteiros, nem mesmo em versões internacionalizadas inteiras, mas apenas em *novas adições e modificações*.

O resultado disso é uma mudança radical no modo de pensar dos tradutores. O que recebem não é um texto no sentido de um todo coerente, mas, em geral, uma lista de períodos e frases isoladas, ou às vezes parágrafos novos, em sequência, na forma de um conjunto de itens organizado verticalmente. O tradutor deve traduzi-los de acordo com um glossário fornecido, que é outro documento paradigmático, também em forma de lista. O trabalho do tradutor é, portanto, duplamente vertical, paradigmático, e não horizontal, sintagmático.

Onde fica a tecnologia aqui? Imagine-se uma empresa que tem incontáveis documentos sobre todos os seus produtos e operações. A empresa oferece seus produtos em sete línguas diferentes, contatando seus clientes por meio de um *site* multilíngue, manuais de usuário e material de publicidade. Quando uma versão atualizada de um produto está em preparação, a empresa, evidentemente, não irá reescrever e traduzir a totalidade de seus documentos anteriores. Ela precisa, de algum modo, isolar os acréscimos e modificações e coordená-los de forma que a produção final seja adequada a todas as mídias que serão utilizadas. O verdadeiro problema não é tanto fazer as traduções, mas rastrear todas as alterações. Para fazer isso com algum grau de eficiência, a empresa divide sua informação (*conteúdo*) em unidades, geralmente de um ou vários parágrafos (*blocos*), de modo que essas unidades possam ser atualizadas individualmente e combinadas de novas maneiras para atender a novos propósitos. *Sistemas de gerenciamento de conteúdo* permitem que esse processo seja controlado com certa eficiência em uma língua; *sistemas de gerenciamento de globalização* permitem que o conteúdo seja coordenado com versões em várias línguas. Uma alteração introduzida em um segmento em inglês indicaria, assim, que alterações são necessárias nos segmentos correspondentes das versões em outras línguas.

O que o sistema de gerenciamento prepara para os tradutores são as listas verticais de *traduzíveis*, além da lista vertical de itens de glossário que devem ser respeitados. Os tradutores não têm mais acesso a uma visão global do texto ou projeto. Não têm a possibilidade de realizar as tarefas extratradutórias previstas pela teoria do escopo, pois têm pouquíssimas pistas sobre o propósito comunicativo. Com efeito, todas as questões de planejamento estratégico passaram para o gestor de projeto ou para um especialista em marketing, enquanto o projeto global como conjunto de textos é agora realizado pela tecnologia, no sistema de gerenciamento.

7.5.2. XML

Outro nível da mesma ideia de controle coordenado torna-se possível com a linguagem XML (eXtensible Markup Language / linguagem de marcação extensível), que é um padrão técnico utilizado para alteração de conteúdo. Basicamente, a informação é marcada para que possa ser recuperada depois. O exemplo a seguir é um texto em XML simples:

```
<item>
<title>Pride and Prejudice</title> was written by <author>Jane Austen</author> in
<year>1813</year>.
</item>

<item>
<title>Alice in Wonderland</title> was written by <author>Lewis Carroll</author> in
<year>1866</year>.
</item>
```

Ao marcar o texto dessa forma, podemos recuperar apenas a informação sobre autores, por exemplo, para um manual de literatura. Também podemos recuperar informação sobre datas, para criar, por exemplo, uma cronologia de publicações entre 1800 e 1850. O XML é uma forma de escrever textos de modo que seus elementos fiquem disponíveis para fácil reutilização em textos futuros. Por mais que os teóricos da tradução repitam que o significado depende do contexto, aqui o objetivo é preparar textos de forma que eles possam ser utilizados em diferentes contextos.

Quando os sistemas de gerenciamento e XML são utilizados em projetos de localização, algo muito importante acontece com a natureza dos textos envolvidos. Em vários níveis, e de várias maneiras, os textos são divididos em fragmentos que depois ficam disponíveis para reutilização. Novos textos são montados a partir desses fragmentos, não mais de maneira linear: a produção de texto não se realiza em sequência de começo, meio e fim, como Aristóteles propõe em sua *Poética*. Os textos tornam-se *reorganizações de conteúdo reutilizável*. Esses textos sequer são utilizados de modo linear, começando pelo começo e seguindo para o final. Note-se como um arquivo de ajuda de um programa é utilizado, ou um manual de instruções para determinada ferramenta, ou um *site* de internet. A utilização desses textos (não mais uma "leitura") é principalmente não linear, com base em índices, *hiperlinks* ou em mecanismos de busca.

Quando os textos são regularmente *produzidos* de forma não linear, e utilizados de forma não linear, não surpreende que sejam traduzidos de forma não linear.

Tomando um exemplo bem trivial, o tradutor pode ter de traduzir o simples termo em inglês *start*, que pode ser nome ou verbo, dependendo do cotexto (outras palavras vizinhas no texto) ou contexto (situação de utilização futura). O que acontece quando o tradutor não pode ver o cotexto nem o contexto? Traduz-se o nome ou o verbo? É aqui que a relação entre localização e tradução se torna problemática. Observe-se, contudo, que o problema *não* está no esquema ideológico da internacionalização (a internacionalização ideal teria o termo marcado com uma função gramatical). Isso resulta da complexidade do próprio processo de trabalho, além da natureza das tecnologias capazes de lidar com essa complexidade.

A mudança é vasta: alcança os fundamentos da teoria da tradução. Certa vez, na época da linguística comparativa e da equivalência natural, tradutores que trabalhavam com termos e frases. Com o desenvolvimento da linguística textual e das abordagens funcionalistas, passou-se cada vez mais a considerar que os tradutores trabalhavam com *textos*. Com a contribuição do paradigma do propósito, onde a importância é atribuída às instruções e diferentes objetivos comunicativos do cliente, considerou-se que o tradutor trabalhava em um *projeto* (texto com instruções e, às vezes, com informações sobre alguns contextos culturais e profissionais). Essa visão é válida na área da localização, evidentemente, pois os projetos se tornaram tão complexos que são controlados por gestores de projetos especializados. Da perspectiva do tradutor, contudo, o trabalho envolve uma série contínua de atualizações e alterações; o tradutor seria envolvido em um *"programa" de localização a longo prazo*, mais ou menos como os programas de manutenção que utilizamos para termos nossos carros revisados regularmente. Seu campo de atuação passou da oração para o texto e daí para o projeto e de volta para o ponto de partida: os tradutores trabalham em termos e frases, como nos velhos tempos da linguística comparativa, ou da equivalência no nível da frase.

7.5.3. Memórias de Tradução

Por serem complexos, os projetos de localização muitas vezes aliam-se a tecnologias úteis para o controle dessa complexidade. Não por acaso, as tecnologias evoluíram ao mesmo tempo que as práticas de localização (as memórias de tradução comerciais datam do início dos anos 1990). O problema é que as tecnologias fazem algo bem diferente do ideal de adaptação cultural às vezes investido no termo "localização". Eis uma das principais contradições do paradigma.

Todas as tecnologias de linguagem eletrônica baseiam-se no aumento de *capacidade de memória*, o que torna possível sua reutilização. As ferramentas de memória de tradução, como o nome sugere, tornam essa capacidade muito mais próxima do processo de tradução. Em suma, as memórias de tradução armazenam períodos ou frases (segmentos) de tal forma que segmentos de partida são combinados com segmentos de chegada (assim, armazenando bitextos). (Note-se que os bancos de dados resultantes são superficialmente parecidos com os usados no *corpus* linguístico, à despeito de o *corpus* linguístico ter pouco a ver com o desenvolvimento ou o uso profissional desse sistema). Enquanto o tradutor percorre um texto, todos os segmentos que foram traduzidos anteriormente podem ser apresentados na tela; não precisam ser traduzidos novamente. O tradutor precisa traduzir efetivamente apenas os segmentos novos. Ademais, a memória da tradução pode acessar traduções prévias que sejam apenas parcialmente como aquela em que se está trabalhando, e assim apresentar todo um espectro de "correspondências aproximadas". Por exemplo, se você traduziu "the big red car" (ou "o grande carro vermelho") tem quase todos os elementos para traduzir "the big blue car" (ou "o grande carro azul"). O tradutor tem apenas que mudar os elementos que não são uma combinação completa. A ideia é simples e *efetiva*. Para gêneros textuais altamente repetitivos há ganhos reais na *produtividade* do tradutor. Mais importante que isso, contudo, é como as memórias de tradução tendem a impor terminologia e fraseologia homogênea ao longo dos projetos, garantindo que diferentes tradutores, enfim, utilizem o mesmo tipo de linguagem. Do ponto de vista do cliente, e para muitos gestores que coordenam o trabalho de equipes de tradução, esse é um dos principais benefícios das memórias de tradução: o *aumento da consistência* pode ser tão importante quanto qualquer ganho em produtividade.

Isso significa que os meios de controle são ainda mais amplos quando os sistemas de memória de tradução são integrados a ferramentas de terminologia. O tradutor recebe não apenas os traduzíveis e a memória de tradução, mas também a terminologia a ser seguida na realização da tradução.

7.5.4. Tradução Automática Baseada em Dados

O principal avanço recente nas tecnologias de localização é, provavelmente, a integração da tradução automática aos sistemas de memória de tradução. Em alguns casos, isso é muito simples. Quando a memória de tradução não oferece uma correspondência total ou aproximada, pode apresentar uma sugestão de tradução extraída de um sistema de tradução automática *online*. A tradução pode não estar perfeita, mas costuma estar boa o bastante para justificar um processo de revisão (pós-edição). Há, no entanto, muito mais na tradução automática do que a simples abordagem de "plano b".

Os tradutores passaram várias décadas afirmando que as máquinas jamais seriam capazes de traduzir. Hoje, precisamos começar a repensar o que isso significa. É muito fácil colocar texto em um sistema de tradução automática *online* e achar graça dos resultados. Mas, para muitos pares de línguas, chegamos a um ponto em que é mais rápido revisar (pós-editar) a produção da tradução automática do que começar a traduzir do zero (Pym, 2009; García, 2010), sendo que as diferenças de qualidade podem não ser assim tão significativas.

Os mais bem-sucedidos sistemas de tradução automática são "baseados em dados" ou "estatísticos". Isso significa que além das regras de mapeamento linguístico, eles são capazes de buscar em imensos bancos de dados de bitextos, propor os pares mais estatisticamente prováveis e determinar quais deles são bem formados na língua de chegada. É o que o Google Tradutor e o Bing Tradutor estão fazendo, *online* e de graça, e a mais acessível integração da tradução automática na memória da tradução é o *Google Translator Toolkit*, também *online* de graça. Uma vez que muitas pessoas estão usando esses serviços, eles têm um potencial revolucionário, muito além da localização. De um lado, esses sistemas permitem um *ciclo virtuoso*: quanto mais os resultados da tradução automática são usados inteligentemente e pós-editados, e mais bitextos de boa qualidade são retroalimentados no sistema, maiores os bancos de dados pareados se tornam, e também as correspondências, fazendo com que a ferramenta seja ainda mais usada e assim por diante. Eventualmente, todos terão acesso de graça a serviços de tradução bem aproveitáveis. De outro lado, porém, há um círculo vicioso: quando as pessoas pensam que a tradução automática crua é utilizável sem pós-edição, elas retroalimentam o sistema com más traduções, o pareamento se torna pior e o sistema falha.

Qual desses processos sairá vitorioso? O jeito mais simples de evitar o círculo vicioso é que cada companhia tenha seu próprio sistema de tradução automática estatística, que irá assim se tornar um pouco diferente de um amplo sistema de memória de tradução. Tradutores trabalhando para uma companhia estarão ou preeditando textos para prepará-los para o sistema ou pós-editando os resultados da tradução automática. Pode ser que não queiramos mais chamá-los de "tradutores", mas esse problema foi resolvido pelo conceito de "ação tradutória" lá atrás, na teoria do escopo (4.3, supra).

No domínio público, entretanto, essas tecnologias ainda têm o potencial de alterar a forma como nossas sociedades veem e usam as traduções. E a educação pública deve ser o principal fator de desequilíbrio da balança entre os círculos vicioso e virtuoso.

7.5.5. Tradução Voluntária

Se existe um sistema que se aperfeiçoa à medida de sua utilização, logicamente será necessário que muita gente o utilize. Um sistema como o *Google Translator Toolkit*, lançado em 2009, utiliza essa lógica ao fornecer gratuitamente um sistema de memória de tradução que, por predefinição, incorpora sugestões de tradução automática. Ou seja, ao traduzir, pode-se construir memórias de tradução próprias ao mesmo tempo que se pós-edita a produção da tradução automática (não confundir isso com o sistema de tradução automática Google Tradutor). Em troca dessa ferramenta gratuita, as traduções que o usuário produz são, por predefinição, armazenadas nos bancos de dados do Google, aperfeiçoando, assim, o sistema deles. Quanto mais pessoas aderem ao sistema, melhor ele funciona, então mais pessoas aderem e assim por diante. É assim que uma empresa privada resolve uma série de problemas de tradução oferecendo alguma coisa de graça, você usa o sistema, mas o Google recebe sua tradução.

Essa lógica de adesão pública pode ser vista nas configurações do *Google Translator Toolkit*, que, explicitamente, serve o grupo com tradução de *sites* de internet e de artigos da Wikipédia. O sistema é criado para projetos em que a tradução não apenas será feita de forma voluntária, como também realizada por uma equipe de tradutores conectados via internet. A tecnologia, assim, nos leva a novos tipos de contratos de trabalho, e a um desafio fundamental para a utilização de tradutores individuais como profissionais remunerados.

Existem muitos nomes para esse tipo de incorporação de tradutores voluntários. "Tradução gerada por usuário", "colaboração em massa" (*crowdsourcing*, que deriva de *outsourcing*, "externalização"), "tradução comunitária", "tradução colaborativa" são algumas das denominações populares. Nenhum deles parece concentrar-se no que pode ser o elemento mais inovador: sob todas essas rubricas, o trabalho tradutivo será feito por pessoas que não são financeiramente recompensadas por seus esforços. Ou seja, o trabalho será voluntário, e por essa simples razão, acreditamos que "tradução voluntária" é o nome mais condizente e provocador para essa inovação.

A tradução voluntária é às vezes realizada por uma comunidade de usuários, como no caso do Facebook ou do Twitter. Isso faz sentido do ponto de vista social. Afinal, as pessoas que utilizam esses serviços em rede são, provavelmente, as mais aptas a decidir sobre as traduções mais adequadas, e as que mais serão beneficiadas com os resultados. No caso do sistema de colaboração em massa do Facebook, os usuários propõem traduções possíveis (sobretudo para períodos nada complicados como "Quem você procura?"), depois os próprios usuários votam na sugestão mais adequada. O processo de tradução foi, assim, significativamente socializado, o que condiz com a natureza social do próprio serviço em rede. Em casos mais comprometidos como o do Greenpeace ou da Anistia Internacional, podemos dizer, mais facilmente, que o trabalho de tradutores voluntários constitui uma intervenção ativa, uma democratização fortalecedora da tecnologia de tradução. Os ativistas assinalam, corretamente, que serviços de tradução remunerada tendem para os textos da cultura *oficial*, sendo necessário voluntários para traduzir formas alternativas, de resistência cultural (ver Boéri e Maier, 2010).

Em todos esses casos, várias tecnologias estão sendo combinadas para levar a tradução muito além da atividade profissional de um indivíduo conforme a visão tradicional. Algumas associações de tradutores profissionais já começaram a apontar os perigos de se depositar confiança indevida em tecnologias públicas e tradutores voluntários, não qualificados. Ao mesmo tempo, os motivos para acreditar que os usuários interessados não estejam aptos a decidir sobre as traduções mais adequadas são insuficientes: os fãs do Facebook sabem o que funciona para sua classe e geração específicas, e os ativistas do Greenpeace são, aparentemente, muito bons em encontrar os termos ecológicos corretos para seus locales específicos. A qualidade da tradução pode, em última análise, não ser o problema principal. Por outro lado, pode realmente haver problemas relacionados à consistência entre produtos, prazos de fluxo de trabalho e à corrupção por parte de invasores. Devido a esses aspectos problemáticos, parece que o caminho indicado é envolver vários tipos de cooperação entre voluntários e profissionais, com ambas as equipes interferindo em diferentes etapas do fluxo de trabalho.

7.5.6. A Tecnologia e o Retorno da Equivalência

Retornamos aqui à questão fundamental: essas tecnologias de memória necessariamente fazem parte do paradigma da localização? Como dissemos, uma relação direta pouco se justifica. Afinal, alguns tradutores podem utilizar uma ferramenta de memória de tradução para traduzir romances de forma bem tradicional. Parece não haver motivo, no nível da teoria da tradução, para chamar essas utilizações de localização.

Evidentemente, precisamos questionar quais usos os processos de localização fazem da tecnologia. As seguintes observações já podem ser feitas:

- Quando os tradutores recebem um texto de partida acompanhado de memórias de tradução e bancos de termos, o efeito na tradução será funcionalmente semelhante à internacionalização. Ou seja, as tecnologias de reutilização de texto funcionam como formas de pré-tradução: assim como o Unicode e a escrita controlada tentam resolver problemas de localização antes que eles surjam, as memórias de tradução e bancos terminológicos fazem a tradução funcionar antes de o tradutor entrar em cena. A generalidade da repetição (reutilização de texto) impede a especificidade da situação (determinado tradutor, com determinado texto, para determinado propósito). Com efeito, *as tecnologias estão sendo utilizadas para uma espécie mais ampla de internacionalização*, e nesse ponto tornaram-se fundamentais para o que é novo na localização.

- Ao simplesmente acessarem memórias de suas próprias traduções anteriores, os tradutores em geral são livres para alterar as concordâncias e manter a memória aprimorada como parte de seu capital de trabalho. Contudo, quando as empresas utilizam memórias de tradução *online* para projetos que envolvam equipes de tradutores, esses tradutores não têm uma real *posse dessas memórias* e, assim, pouco interesse pessoal em corrigir as falsas concordâncias. De fato, os tradutores são, muitas vezes, orientados a não alterar as concordâncias totais, não importa o grau de erro que essas concordâncias apresentem, e, consequentemente, os tradutores não são pagos por essas concordâncias (embora sejam pagos em tarifas variáveis pelas concordâncias parciais). Quando isso acontece, o processo de trabalho propriamente dito do tradutor é alterado em seu âmago: uma vez que as concordâncias anteriores não são verificadas, a linearidade textual quase desaparece, e os equivalentes limitam-se cognitivamente ao nível do segmento.
- As decisões de tradução nos projetos de localização também envolvem *conflitos de autoridade*. Onde as tecnologias de reutilização apresentam uma solução "oficial" (estabelecida em contrato), espera-se que o tradutor a adote, mesmo quando as soluções alternativas já estejam disponíveis ou sejam claramente necessárias. É possível que os tradutores apenas corrijam as memórias quando têm autoconfiança e experiência naquela área específica, ou um bom salário, não têm prazos e têm forte responsabilidade ética com a qualidade da comunicação, sendo que tudo isso parece ser uma combinação rara de fatores no contexto da localização. Note-se que tais correções, que vão da situação específica para o banco de dados geral, contrariam a lógica subjacente da internacionalização, que deveria fazer todos os movimentos fluírem do banco de dados para a situação.

- Em projetos nos quais há envolvimento simultâneo de vários tradutores, as tecnologias de reutilização resultam em textos onde os períodos e segmentos serão extraídos de diferentes cotextos e contextos, provavelmente traduzidos por diferentes tradutores. Bédard (2000) nota a consequente degradação da qualidade do texto, que resulta em uma "*salada de frases*" – o texto de chegada terá características de vários tradutores diferentes e, provavelmente, de diversas situações discursivas.

- Devido a esses problemas, os projetos de localização tendem a incluir extensivas etapas de *testagem de produto* e *revisão ou correção de documentação*, dependendo do nível de qualidade exigido. Desse modo, os efeitos negativos dos processos de internacionalização (todos de pré-tradução) são em alguma medida evitados por uma série de processos de checagem (pós-tradução). A revisão passa a ser uma parte extremamente importante dos processos de tradução, merecendo teorização própria.

Assim, que tipo de equivalência a localização envolve? A resposta dependerá de qual parte específica do processo de localização estamos falando. Em relação à internacionalização, e do ponto de vista do profissional da linguagem contratado como tradutor e nada mais que isso, o ideal dominante será indubitavelmente a equivalência no nível do período ou frase, reforçada pela equivalência no nível da função do produto (ou o usuário aperta o botão ou não – e isso é muitas vezes o que realmente importa). Contudo, se compararmos isso com as teorias dos anos 1960 e 1970, veremos que essa equivalência internacionalizada não é mais "natural" (contextualizada pela dinâmica social da língua e da cultura) ou "direcional" (com criatividade pontual). Passou a ser *padronizada, artificial*, a criação de uma *língua e cultura puramente técnicas*, em muitos casos a língua de uma empresa específica.

Ao mesmo tempo, para além das tecnologias, há tipicamente duas formas pelas quais projetos de localização podem ser conduzidos. Por um lado, os conteúdos multilíngues podem ser fortemente centralizados e reproduzidos em todas as línguas de chegada, resultando em uma extrema *padronização* dos projetos de localização. Por outro lado, os conteúdos podem ser altamente adaptados às normas e preferências dos locales de chegada, seguindo uma abordagem de *diversificação* descentralizada da comunicação multilíngue. Em termos dos modelos mencionados nesse capítulo, a "padronização" indicaria que a internacionalização desempenha um papel fundamental, enquanto a "diversificação" daria maior escopo à localização como adaptação. O binarismo subjacente também é fundamental na organização de campanhas publicitárias internacionais. O intrigante aqui, porém, é que a oposição entre padronização e diversificação retoma as oposições clássicas encontradas nas teorias da *equivalência direcional* (formal vs. dinâmico etc., ver 3.4, supra). Há, assim, um certo retorno às linhas de pensamento utilizadas tanto no caso da equivalência natural (nas consequências da tecnologia) como da equivalência direcional (nas alternativas voltadas para as políticas de comunicação).

Arriscamos acrescentar que a localização de fato inclui momentos (na composição textual com base em gerenciamento de conteúdo e na edição de pós-tradução) em que, sem dúvida, a equivalência não está na ordem do dia. Nesses momentos, *o acréscimo e a omissão são estratégias legítimas*, em um sentido não previsto nas teorias clássicas da equivalência. Além disso, a adaptação cultural pode exigir graus de transformação que ultrapassam em muito os limites clássicos da tradução, mas que podem justificar-se no paradigma do propósito. Na localização pode haver muito mais do que era contemplado pelas teorias convencionais da equivalência. O problema, evidentemente, é que as novidades, a adaptação e a edição, tendem a não ser feitas por pessoas contratadas como tradutores.

7.6. A Tradução na Localização?

Estamos agora em condições de tratar de uma aparente *contradição entre o discurso e os processos de trabalho da localização*. A ideologia da localização baseia-se na diversidade cultural, ainda que o princípio da reutilização de texto exija que a língua não seja dependente de situações específicas, e, portanto não precise, em tese, ser adaptada. A contradição é mais aparente do que real, pois coisas diferentes acontecem em níveis diferentes, ou em etapas diferentes: a reutilização de texto é uma questão de tecnologia e internacionalização, enquanto a adaptação é algo que tende a ser feito por formuladores de políticas e especialistas em marketing. Para nós, o aspecto mais problemático é onde entra a tradução nestas etapas.

TAREFAS NA LOCALIZAÇÃO DE PROGRAMAS COMPUTACIONAIS

Temos a seguir um modelo de etapas realizadas na localização de programas computacionais (adaptado de Esselink, 2000, p. 17-18):

Análise de material recebido
Agendamento e orçamento
Tradução de glossário ou configuração de terminologia
Preparação do pacote de localização (materiais para os tradutores)
Tradução de programa computacional
Tradução da ajuda e da documentação
Processamento de atualizações
Testagem de programa computacional
Testagem da ajuda e publicação da documentação
Controle de qualidade do produto e entrega
Post mortem com o cliente

Um projeto de localização pode envolver várias tarefas, do momento em que o material é recebido até a discussão de *post mortem* com o cliente. São coisas que o gestor precisa considerar. A tradução é em geral apresentada como apenas uma ou duas dessas etapas, de modo que os gestores, logicamente, concluem que *a tradução é uma pequena parte da localização* (como de fato é o caso no modelo de fluxo de trabalho de Gouadec, 4.8, supra). Em termos das listas de tarefas, isso está totalmente correto. A tradução tornou-se uma substituição de sequências de língua natural visíveis ao usuário (ou seja, os bits não codificados com os quais o usuário terá de interagir). É bem provável que essa seja a parte menos atrativa da localização, tanto para praticantes como para teóricos. Os custos elevados (e os lucros substanciais) estão em tarefas mais amplas do que a simples tradução: a internacionalização do produto; a identificação e extração de traduzíveis; a estruturação de hierarquias de línguas de chegada segundo prioridades de mercado; organização de complexas equipes de serviços linguísticos; a preparação de cronogramas; testagem de produtos localizados; pós-edição de traduções; criação de relações de trabalho cooperativo entre empresas de serviços especializados; utilização e desenvolvimento de programas de computador adequados para localização e trabalho com escrita controlada. Em suma, não importa o modelo de localização escolhido, a substituição de sequências de língua natural (tradução) parecerá uma parte menor. A distribuição dos orçamentos muitas vezes estimam a tradução em menos de um terço dos custos totais.

Essa redução operacional da tradução está por trás da confiança na equivalência "artificial". Ela também separa efetivamente a tradução das áreas mais amplas da ação buscada no paradigma do propósito, mesmo se o conceito fundamental de localização estivesse de acordo com essas abordagens. Desnecessário dizer que não há espaço para a incerteza. O quadro da localização devolve a tradução à estaca zero.

7.7. Objeções Frequentes

Apesar desses dilemas tocarem em nada menos do que na própria forma da tradução, tem havido pouco debate sobre localização entre os teóricos da tradução. Isso acontece, em parte, devido à natureza do discurso da localização, que é espaço de especialistas-gurus, novos termos para novas tendências, entusiasmo por avanços tecnológicos, rápidas pesquisas da indústria e ideologias vindas do capitalismo globalizado. Os especialistas dessa indústria não têm necessidade de conceitos teóricos apurados.

Talvez pelos mesmos motivos, os estudiosos têm mostrado pouca disposição para levar a sério a indústria da localização, ao menos não em um sentido que pudesse ameaçar as crenças fundamentais sobre a tradução.

Um *milieu* relativamente informal e mal informado como esse provê a base para as atuais objeções, das quais fornecemos algumas:

7.7.1. "A Localização É uma Parte da Tradução"

A indústria da localização em geral vê a tradução como parte da localização; teóricos de outros paradigmas às vezes entendem essa relação de modo inverso – para eles, a localização é apenas um tipo específico de tradução. A solução seria que diferentes falantes explicassem exatamente o que querem dizer quando utilizam o termo "tradução", como Locke teria recomendado.

7.7.2. "Não Há Novidade na Localização"

Tal afirmação é a principal arma utilizada pelos que veem a localização como parte da tradução (teóricos da tradução tradicionais, especialmente da teoria do escopo). Já defendemos que os elementos realmente novos na localização são, na verdade, a internacionalização e o consequente processo de tradução de uma para várias. Outros tendem a defender que as várias tecnologias de reutilização de texto são a verdadeira novidade, e que as tecnologias não são específicas da indústria da localização. De um jeito ou de outro, há algo novo.

7.7.3. "A Localização Menospreza os Tradutores"

Essa afirmação reúne vários aspectos: o sentido restrito de tradução como substituição de segmentos, a tendência a evitar que as memórias de tradução (disponibilizadas *online*) pertençam aos tradutores que as produzem, a distribuição de custos e remuneração e as extremas restrições de tempo colocadas ao trabalho de tradução em equipe. Alguns representantes da indústria da localização afirmam que as vantagens são essas: os tradutores agora podem concentrar-se no que aparentemente fazem bem (tradução), sem ter de se incomodar com todos os aspectos tecnológicos de engenharia e formatação do produto e sem precisar se preocupar com os aspectos melhor trabalhados por especialistas em marketing e engenharia. Por outro lado, vozes dessa indústria também afirmam que os tradutores têm o conhecimento cultural específico capaz de garantir o sucesso dos produtos em novos mercados e deveriam, assim, ser ouvidos para além do nível da frase.

7.7.4. "A Localização Leva à Comunicação de Baixa Qualidade"

Há várias coisas aqui. Muitos representantes dessa indústria expressam preocupações sobre a qualidade linguística das traduções devido ao uso de tradução em equipe com memórias de tradução, e traduções automáticas. Outros estão mais apreensivos com o acúmulo de erros nas memórias de tradução. Outros, ainda, concentram-se na relativa invisibilidade do texto gráfico e da situação de comunicação, entendendo que isso levará à comunicação descontextualizada. No momento, nenhuma dessas dúvidas tem base em evidência empírica irrefutável, sendo que todas parecem referir-se ao uso de memórias de tradução e não a conceitos fundamentais da localização propriamente dita.

7.7.5. "A Padronização Reduz a Diversidade Cultural"

Crítica às vezes feita à indústria da localização em geral. Devemos reconhecer, porém, que a padronização pertence mais precisamente à parte de internacionalização da localização, e que considerável adaptação cultural ainda é concebível em termos do paradigma da localização. A objeção deveria concentrar-se não tanto nas estratégias de comunicação, mas no *conjunto de culturas e línguas* em que a indústria da localização interfere. Para os produtos mais globais, as listas são impressionantes (vejam-se por exemplo as configurações de idioma e região no Microsoft Office). Para além do próprio interesse comercial, esse aspecto também não é uma virtude menor. A entrada de uma língua na comunicação eletrônica, com *scripts* padronizados e identidade Unicode, pode fazer bem mais pelo aumento de sua longevidade do que poderão fazê-lo várias centenas de estudos bem-intencionados de teóricos culturais. A própria existência e relativa prosperidade da indústria da localização poderia, assim, assegurar essa diversidade linguística e cultural, independentemente das estratégias de comunicação padronizadas ou diversificadas adotadas nos projetos de localização. Ao mesmo tempo, contudo, o principal fator de mudança cultural é, provavelmente, a própria introdução da comunicação eletrônica, cujas consequências podem ser amplas e muito possivelmente comuns a todas as culturas que adotam o meio. A tendência à não linearidade, por exemplo, parece estar inscrita nas tecnologias. É de se esperar que ela se torne uma característica de certos gêneros em todas as sociedades que adotam a comunicação eletrônica.

Sobre a maioria dessas questões, ainda não se chegou a uma conclusão.

7.8. O Futuro da Localização

Já que a localização é importante devido à sua associação com a globalização econômica, permitam-me delinear uma teoria simples de como essa relação funciona (para as complexidades envolvidas, ver Cronin, 2013).

Como as tecnologias reduzem os custos de transporte e comunicação, há maior mobilidade de capital, de mercadoria e de trabalho, o que requer cruzamento massivo de fronteiras culturais e linguísticas. Esses cruzamentos tendem a exigir aprendizado de língua (quando a relação é duradoura, como na circulação de mão de obra) e tradução (quando as relações são breves, como é cada vez mais o caso na circulação de capital e mercadoria). As *relações de longo prazo* inclinam-se ao uso de línguas francas, em especial nas relações de produção. Especialistas de diferentes profissões e diferentes culturas primárias reúnem-se para trabalhar em um espaço multinacional, onde falarão inglês, ou chinês, ou qualquer que seja a língua dominante a ser aprendida.

Relações de curto prazo, porém, fazem maior uso da tradução. Ninguém vai aprender uma língua apenas para vender um produto por seis meses. Toda a lógica comercial da tradução pode basear-se no raciocínio de que, no curto prazo, é um pouco mais barato utilizá-la do que aprender línguas em toda sua complexidade.

Temos, assim, algumas línguas sendo aprendidas como segundas ou terceiras línguas para uso a longo prazo por pessoas de diversas proveniências. Elas se tornam as línguas da produção globalizada. E há outras línguas utilizadas em relações fortes e avançadas de produção em nível nacional, ou que formam locais grandes e/ou ricos. Estas se tornam línguas tanto de produção como de consumo: usuários finais demandarão produtos em suas línguas. E, por fim, em um dos extremos desse espectro, algumas línguas são virtualmente aprendidas apenas pelos falantes nativos e por tradutores ocasionais. Como não estão associadas a possíveis lucros, suficientes para formar um mercado viável, tais línguas podem ser efetivamente excluídas do consumo. Um falante de ao-naga, querendo utilizar um computador, deverá aprender um pouco de inglês ou de bengali para fazê-lo.

O que esboçamos aqui é a lógica tradutória do que tem sido chamado de *sistema linguístico mundial* (de Swaan, 2002). O quadro geral é de uma hierarquia de línguas em que algumas são centrais e utilizadas para produção, outras são semicentrais e impõem fortes restrições ao consumo, e ainda outras são virtualmente excluídas das relações de produção, consumo e tradução. O resultado é estranhamente parecido com algumas dinâmicas e ideologias da hierarquia medieval das línguas.

Nessa hierarquia, a tradução tende a passar da produção centralizada para o consumo semicentral. Isso quer dizer, muitas vezes, partir do inglês para todas as principais línguas do mundo. Existem movimentos similares partindo de outras línguas, por exemplo do japonês para videogames (um mercado maior do que o de filmes de Hollywood), ou do coreano para computadores, carros e navios produzidos em *chaebol*. O inglês, sem dúvida, não é a única língua da produção internacional, embora a lógica do movimento de uma para várias permaneça a mesma.

A globalização econômica pode, assim, explicar por que a configuração de uma para várias é tão importante. É por isso que a lógica e as ideologias da localização estão ligadas ao desenvolvimento da globalização econômica.

A localização é marcada por uma *forte direcionalidade*, seguindo de línguas centrais em direção a línguas mais periféricas. Essa direcionalidade é tão forte que os movimentos na direção contrária têm sido chamados de "localização reversa" (Schäler, 2006). Por exemplo, encontraríamos traduções *para o* inglês no caso de 1. setores especializados que exigem informações sobre outras culturas, incluindo retornos sobre padrões de consumo e 2. intercâmbio fácil com culturas terceiras, em situação onde a língua central torna-se uma espécie de centro de distribuição (um banco romeno anunciará oportunidades de investimento em inglês; filosofia francesa é vendida em inglês no Leste Europeu; a propósito, Newton escreveu em latim, ainda "centro de distribuição" de produção científica em sua época). Apenas o segundo desses motivos tem ligação com a localização, onde age como mais um tipo de internacionalização. Observe-se, contudo, que esses exemplos de localização reversa não têm a configuração inicial de uma para várias que consideramos tão importantes no paradigma da localização. Pelo contrário, esses exemplos sugerem um padrão preliminar de "muitas para uma", antes que a localização propriamente dita, em seu sentido mais forte, possa começar. Com o crescimento da globalização, podemos esperar que o fenômeno da localização reversa se torne mais frequente.

Mais problemático, porém, é o que ocorre no outro extremo da escala, com línguas que são marginais no que se refere tanto à produção quanto ao consumo. Na localização de programas de computador, por exemplo, os locais maiores recebem *localização completa* (quer dizer que todo texto visível ao usuário é traduzido e itens como atalhos são adaptados); locais secundários terão *localização parcial* (os menus talvez sejam traduzidos, mas não os atalhos ou arquivos de ajuda), e locais ainda menores recebem produtos apenas *habilitados* (pode-se trabalhar com eles na língua local, mas os menus e arquivos de ajuda não são traduzidos). E depois há as incontáveis línguas para as quais a habilitação ainda não é possível, já que elas não têm padrão de formas escritas, ou suas formas escritas ainda não têm espaço em nossos sistemas de codificação de caracteres, ou nossas tecnologias ainda não trabalham com base apenas na voz. Essa lógica comercial racional indica que os usuários que mais precisam de arquivos de ajuda e explicações das caixas de diálogo nos menus são os mesmos que não têm essas informações em sua própria língua.

Desse modo, a localização configura relações entre culturas de formas bem diferentes a depender do lugar da hierarquia do qual se observa. Entre as línguas centrais, um regime de equivalência bem-sucedida, ainda que artificial, pode dominar, em grande parte graças à internacionalização. Mais abaixo na hierarquia, a direcionalidade indica que os equivalentes são impostos por meio de calques e empréstimos diretos, como ocorria no caso da direcionalidade descendente na hierarquia medieval de línguas. Ainda mais abaixo, as decisões de localizar ou não desempenham um papel no drama da sobrevivência linguística, o que é uma das maiores tragédias de nossa época.

Se a localização seguisse apenas a globalização econômica, todas as culturas provavelmente seriam pegas pelo turbilhão da internacionalização de produto. Ao mesmo tempo, conforme afirmamos, a indústria da localização tem um interesse ativo na defesa da diversidade linguística e cultural, no reforço dos locales, pois é onde os mercados podem se expandir. Além da lógica comercial, muitos dos nossos documentos e serviços oficiais são agora disponibilizados *online*, utilizando sistemas de comunicação que seguem os conceitos e as ferramentas dos projetos de localização. A *acessibilidade* então se torna uma questão de *democracia* e de ética social, e uma vasta parte da acessibilidade é a disponibilidade de informações na própria língua dos usuários. Seja no setor comercial ou no setor governamental, os processos de localização incorporam poderosas tecnologias que podem influenciar fortemente o futuro da diversidade. Mais do que disseminar um regime de igualdade, o paradigma da localização participaria ativamente na salvação da diferença.

Resumo

Este capítulo apresentou a localização como algo mais do que um mero sinônimo para adaptação ou um uso de novas tecnologias. Em vez disso, a localização apresenta um novo paradigma devido ao papel fundamental desempenhado pela "internacionalização" ao permitir padrões de tradução de uma para várias línguas. Esse fundamental fluxo de trabalho de uma para várias línguas, permite que a indústria da localização atenda as necessidades das relações econômicas globalizadas. Além disso, o processamento de uma para várias é assegurado por uma série de tecnologias que interferem amplamente no modo como produzimos, utilizamos e traduzimos textos, impondo o paradigmático sobre o sintagmático. A prática dos tradutores, assim, modificou-se consideravelmente. A consequência global da localização pode ser uma crescente padronização das culturas. Contudo, o paradigma também permite uma considerável adaptação cultural, indo muito além dos limites da tradução tradicional com base em equivalência. Na maioria dos aspectos, os reais efeitos culturais da localização ainda estão por ser conhecidos.

Sugestões de Leitura

A terceira edição de Munday (2012) aborda a localização em um capítulo sobre "novas mídias" (que curiosamente inclui estudos de *corpus*). A maioria das publicações em livro sobre a localização são agora um pouco datadas, uma vez que o campo muda de forma acelerada, apesar de haver valor em *Perspectives on Localization* (2006) editado por Keiran J. Dunne. O meu *The Moving Text* (2004b) é uma tentativa de repensar a tradução da perspectiva da localização. A literatura em blogues e revistas *online* está repleta de publicidade, com inúmeros casos de estudos sobre como a localização transformou miraculosamente empresas, e de histórias recicladas de desastres sobre o que acontece quando isso não é feito por profissionais. O Machine Translation Archive (http://www.mt-archive.

info) é rico em informações sobre vários aspectos da localização, muitos altamente técnicos. Informações sobre os desenvolvimentos mais recentes em tecnologia e nos mercados podem ser encontradas nos periódicos *Multilingual* e *Localisation Focus*.

SUGESTÕES DE PROJETOS E ATIVIDADES

1. Busque em seus programas a presença de "locales". Quantos locales você encontra para sua língua? No Word, verifique os dicionários e tesauros disponíveis. Nos Windows, do XP ao 10, vá a Painel de Controle/Configurações de idioma e região. Podemos descrever esses locales como línguas ou culturas?

2. Ofereça uma explicação para o problema de localização na caixa de diálogo da Figura 7.2 (não é necessário saber catalão para ver isso! – apenas considere como você vai saber quando é sexta-feira 13). Esse erro ocorreria em um processo de tradução tradicional? Como você resolveria esse problema? Para quantas línguas você precisaria resolvê-lo? (Observação: a partir do Windows Vista, a Microsoft resolveu o problema ao utilizar a internacionalização.)

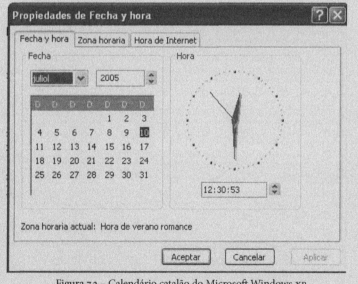

Figura 7.2 – Calendário catalão do Microsoft Windows XP

3. Observe o *site* de internet de uma grande organização ou empresa internacional (de preferência *sites* de vendas como Ikea.com ou de organizações como o Banco Mundial). Compare as diferentes versões localizadas. Quais partes da localização poderiam ser chamadas de tradução? Quais partes vão além da tradução? Existem exemplos de localização parcial ou incompleta? A estratégia geral é de padronização ou de diversificação (ver item 7.5.6, supra)? É possível dizer qual versão foi a fonte para as outras?
4. Uma vez concluída a atividade 3, selecione uma empresa ou agência *nacional* que tenha um *site* multilíngue (a maioria dos bancos têm). Ajudará se a empresa nacional estiver no mesmo setor da multinacional. Quais são as diferenças, na estratégia de comunicação, entre a empresa nacional e a multinacional? Existe maior ou menor adaptação no caso da localização reversa?
5. Procure pelos seguintes termos e os defina: *l10n*, *i18n*, *g11n*. Qual seria a versão por extenso de *t9n*? Ela pode ser encontrada com um mecanismo de busca da internet? Se não, por quê?
6. Faça uma busca na internet por empresas de seu país que anunciem serviços de "localização" (o termo local provavelmente derivará do inglês). Elas também oferecem "tradução"? Como apresentam a relação entre "localização" e "tradução"? Para quais setores econômicos específicos essas empresas trabalham?
7. Observe o *site* oficial de sua cidade. Se for multilíngue, as diferentes línguas foram localizadas? Se não for multilíngue, em quais línguas você acha que ele deveria estar localizado? Você traduziria todo o conteúdo do *site*, ou selecionaria conteúdo de interesse para não residentes? Você acrescentaria conteúdo na versão em alguma língua?
8. Um *site* multilíngue deve utilizar a estratégia da padronização ou da diversificação? Qual será o efeito a longo prazo nas culturas do mundo?
9. Verifique os portais do Google e do Yahoo! no maior número de línguas possível. Como estratégia geral, eles utilizam a padronização ou a diversificação? De que forma cada empresa procura combinar as duas estratégias?
10. A tradução em equipe pode produzir bons resultados? Verifique como o Facebook é traduzido.

Capítulo 8

Tradução Cultural

A teoria da localização desenvolveu-se a partir da indústria e incorporou elementos do paradigma da equivalência. Mais ou menos ao mesmo tempo, um número considerável de teorias apontou na direção contrária. Este capítulo examina uma série de abordagens que utilizam a palavra "tradução", porém não se referem a traduções como textos finitos. A tradução é vista, então, como atividade geral de comunicação entre grupos culturais. Esse conceito amplo de "tradução cultural" pode, assim, ser utilizado para discutir questões de sociologia pós-moderna, pós-colonialismo, imigração, hibridismo cultural, entre várias outras questões.

> PRINCIPAIS TÓPICOS ABORDADOS NESTE CAPÍTULO:
> - A tradução cultural pode ser entendida como um processo no qual não existe texto de partida e, em geral, não existe um texto de chegada fixo. O que importa são os *processos* culturais e não os produtos.
> - A causa principal da tradução cultural diz respeito à circulação de pessoas (sujeitos) e não de textos (objetos).
> - Os conceitos ligados à tradução cultural podem complementar outros paradigmas ao destacar a posição intermediária do tradutor, o hibridismo cultural que pode caracterizar essa posição, os movimentos transculturais que moldam os lugares onde os tradutores trabalham e a natureza problemática das fronteiras culturais pelas quais transita toda tradução.

> - Houve várias iniciativas anteriores no sentido de propor teorias mais abrangentes nos estudos da tradução e com maior ênfase nos efeitos culturais da tradução.
> - A tradução cultural pode utilizar várias noções abrangentes de tradução, em especial as desenvolvidas: 1. na antropologia social, onde a tarefa do etnógrafo é descrever a cultura estrangeira; 2. na teoria ator-rede ("sociologia de tradução"), onde as interações que formam redes são vistas como traduções; e 3. em sociologias que estudam a comunicação entre grupos em sociedades complexas e fragmentadas, em especial naquelas formadas pela imigração.
>
> Esse paradigma ajuda-nos, assim, a pensar a respeito de um mundo globalizado em que lados "de chegada" e "de partida" não são estáveis e tampouco inteiramente separados.

8.1. Um Novo Paradigma?

O *The New Centennial Review*, que adicionou o "new" como parte de seu nome em 2001, inicia sua declaração de objetivos da seguinte maneira:

> Este periódico reconhece que a língua das Américas é tradução, e que as questões de tradução, diálogo e cruzamento de fronteiras (linguísticas, culturais, nacionais e outras) são necessárias para repensar os fundamentos e os limites das Américas.

Esse uso de "tradução" é difícil de situar nos termos dos paradigmas que examinamos até agora. Como uma língua inteira pode ser tradução? Não parece haver nenhuma equivalência envolvida, nenhuma atividade comunicativa, não há textos ou tradutores a serem descritos e nada suficientemente definido sobre o que ter incerteza. Tem-se a impressão de que os *processos coloniais e pós-coloniais* deslocaram e misturaram as línguas, e esse deslocamento e essa mistura estão de alguma forma relacionados à tradução. Chamar isso de "tradução", porém, soa deliberadamente metafórico: é "como se" cada palavra fosse o resultado de uma tradução, e "como se" todos os colonizadores e colonizados fossem tradutores. Parece que nossa perplexidade marca a passagem para um novo paradigma.

Existem muitos exemplos desse uso de "tradução". O propósito deste capítulo é analisá-los e verificar se eles formariam um novo paradigma. Partiremos dos princípios básicos da teoria pós-colonial, fazendo uma leitura do influente teórico Homi Bhabha. Tal leitura tentará mapear um conceito de tradução cultural. Em seguida, abordaremos tentativas anteriores que buscaram visões mais abrangentes nos estudos da tradução, sendo a maioria delas derivações diretas dos paradigmas já vistos neste livro. A análise abordará os usos do termo "tradução" na etnografia (onde o termo "tradução cultural" foi utilizado pela primeira vez), na sociologia pós-moderna e, sucintamente, na psicanálise. Tudo isso pode constituir um único paradigma? O sentido estrito de "tradução" deve ser ampliado em todas essas direções? O capítulo encerrará com uma breve avaliação das questões políticas em jogo.

8.2. Homi Bhabha e a Tradução "Não Substantiva"

A ideia de tradução cultural foi apresentada de modo mais consistente pelo teórico indiano dos estudos culturais Homi Bhabha em um capítulo intitulado "How Newness Enters the World: Postmodern Space, Postcolonial Time and the Trials of Cultural Translation" ("Como a Novidade Adentra o Mundo: O Espaço Pós-Moderno, o Tempo Pós--Colonial e os Desafios da Tradução Cultural", em *The Location of Culture*, 1994/2004). Parte do capítulo discute o romance *Os Versos Satânicos*, de Salman Rushdie (1989), escritor britânico nascido na Índia. Bhabha está interessado no que esse tipo de discurso misto, representativo daqueles que emigraram do subcontinente indiano "para o Ocidente", poderia significar para a cultura ocidental. Ele constrói a discussão com duas alternativas possíveis, as quais poderíamos simplificar da seguinte maneira: ou o imigrante permanece o mesmo ao longo do processo, ou ele se integra à nova cultura. Ou um ou outro. Curiosamente, esse tipo de questionamento lembra alguns dos principais antagonismos da teoria da tradução: a tradução deve manter a forma do texto de partida ou deve funcionar plenamente como parte do novo ambiente cultural (ver 3.4, supra)? Ou, dito de outra forma: os projetos de localização devem buscar a diversificação ou a padronização (ver 7.5.6, supra)? O modo como Bhabha utiliza o termo "tradução" poderia justificar-se a partir desses antagonismos tradicionais. O questionamento básico de Bhabha, contudo, refere-se mais precisamente a dilemas fundamentais enfrentados por famílias de imigrantes, em especial nas segunda e terceira gerações: qual/quais língua(s) falamos em casa, por exemplo? Bhabha não define uma posição em relação a essas questões; ele se propõe a verificar como elas são enfrentadas (ou melhor, performadas) no romance de Rushdie. Como esperado, Bhabha lê e cita Rushdie, depois comenta outros episódios de experiência pós-colonial, relacionando tudo isso à tradução, na busca de algum tipo de solução para os problemas culturais básicos da imigração. Ele não menciona, porém, os antagonismos clássicos a que nos referimos; ele utiliza apenas o ensaio de Walter Benjamin sobre a tradução (ver 6.3.2, supra) e o comentário de Derrida sobre o assunto (com breve referência a de Man). Uma das dificuldades de ler Bhabha é que, como os professores de literatura tendem a fazer, ele pressupõe que todos têm um conhecimento funcional de todos esses textos. Outra dificuldade é que ele nos leva a pensar que esses são os únicos teóricos disponíveis, pressuposição que os leitores deste livro não irão assumir, espero.

Então o que significa a *tradução cultural* aqui? Até chegar ao referido capítulo, em *The Location of Culture* (1994/2004), Bhabha vinha utilizando o termo várias vezes, de forma vaga e metafórica. Ele fala sobre "a ideia do novo como ato insurgente de tradução cultural" (p. 10), "a condição fronteiriça da tradução cultural" (p. 11), "o processo de tradução cultural, evidenciando o hibridismo de qualquer filiação genealógica ou sistemática" (p. 83), "tradução cultural, espaços híbridos de sentido" (p. 234) e assim por diante. Nesse capítulo, porém, há uma tentativa mais séria de relacionar essa noção à tradução e à teoria da tradução. Bhabha não está interessado nos tradutores de *Os Versos Satânicos*, mesmo que tenham sido eles os que acabaram por sofrer o impacto da *fatwā*, isto é, da condenação islâmica do livro: Hitoshi Igarashi, o tradutor japonês, foi morto a facadas em 11 julho de 1991; outros dois tradutores do romance, Ettore Capriolo (para o italiano) e Aziz Nesin (para o turco) sobreviveram a tentativas de assassinato no mesmo período. Não importa: Bhabha está interessado no próprio romance como um tipo de tradução. O que causou a *fatwā*, argumenta ele, é a forma implícita como o romance traduz o sagrado em profano: o nome "Mahomed" torna-se "Mahound", e as prostitutas levam nomes de esposas do profeta. Tais exemplos de fato parecem traduções; a blasfêmia pode muito bem ser descrita como "um ato transgressor de tradução cultural"; assim, tem algum fundamento afirmar que certo tipo de escrita transcultural pode ser tradutória. Não obstante, cabe indagar de novo, que tipo de teorização permite que uns poucos exemplos possam ser representativos de gêneros inteiros de discurso?

O que Bhabha seleciona da teoria da tradução não é nenhuma grande oposição binária (os dilemas da imigração já apresentam várias dessas oposições), mas a noção de *intraduzibilidade* encontrada na breve afirmação de Walter Benjamin de que as próprias traduções são intraduzíveis (Benjamin, 1923/1977, p. 61; 6.3.2, supra). Na verdade, Benjamin afirma que esta intraduzibilidade se deve à "fugacidade [*Flüchtigkeit*] demasiada com que o sentido adere às traduções" (1923/1977, p. 61), e preferimos entender isso como uma referência à posição subjetiva e momentânea do tradutor (ver comentário em 6.3.2, supra). Bhabha, no entanto, não tem nenhum interesse nessa "fugacidade" (e por isso abre mão de várias aproximações relacionadas a *Flüchtling* como "sujeito deslocado", "refugiado", "foragido"). Para ele, esse caráter intraduzível das traduções é antes um ponto de *resistência*, uma negação de integração total e um *desejo de sobrevivência* encontrados na subjetividade do imigrante. Assim, tal característica apresenta uma saída para os dilemas binários. Esse parece ser o grande atrativo da tradução como metáfora ou modo de pensar, nesse caso e nos estudos culturais em geral: ela pode ir além dos binarismos.

269

Para associar resistência com sobrevivência, contudo, Bhabha precisa misturar essa "intraduzibilidade" com a parte do ensaio de Benjamin que discorre sobre as traduções como continuação da vida do original. Benjamin de fato diz que as traduções proporcionam um "pós-vida" (*Fortleben*, "prolongamento da vida"), o qual, segundo Benjamin, "só não poderia se chamar assim se não consistisse em transformar e renovar algo vivo – o original sofre uma mudança" (Benjamin 1923/2012, p. 77). Mas para transformar "pós-vida" em "sobrevivência", é preciso ter lido o comentário de Derrida em *The Ear of the Other* (A Orelha do Outro, 1982/1985, p. 122-123), onde ele afirma que 1. Benjamin utiliza os termos *Überleben* e *Fortleben* (Derrida teria deixado passar *Nachleben*?) indistintamente no sentido de "continuar a viver" e 2. o termo em francês *survivre* ("sobreviver", "continuar a viver") traduz ambos os termos utilizados por Benjamin (o assunto também aparece em Derrida 1979, 1985). O "prolongamento da vida" no entender de Benjamin (*Fortleben/Nachleben*) pode, então, tornar-se "sobrevivência" (*Überleben*, *survie*) aos olhos de Bhabha, e os dois sentidos se referem a estar no, ou dentro do, problemático limite entre a vida e a morte. Nessa trama de interpretações interidiomáticas, evidentemente, algumas nuanças são apagadas, e isso com uma certeza alarmante: o "fugaz" de Benjamin é transformado em "resistência"; a discussão de Benjamin e Derrida sobre textos é transformada em uma explicação sobre pessoas; o que era uma questão de línguas torna-se uma questão relacionada a apenas uma língua (Bhabha escreve como professor da área de inglês discutindo um romance escrito em inglês); o que era para Derrida a fronteira entre a vida e a morte se torna as fronteiras culturais da imigração, e o que era uma teoria da tradução em geral, como transformação linguística, torna-se uma luta por novas identidades culturais. Em suma, toda uma teorização anterior sobre tradução foi como que investida em uma só palavra ("sobrevivência") e aplicada a um contexto completamente novo. Bhabha sintetiza tudo isso da seguinte maneira:

> Se hibridismo é heresia, então blasfemar é sonhar. Sonhar não sobre o passado ou sobre o presente, nem sobre o presente

> contínuo; não é o sonho nostálgico da tradição, nem o sonho utópico do progresso moderno; é o sonho da tradução como "sobrevivência", conforme Derrida traduz o "tempo" do conceito de Benjamin de pós-vida da tradução, como *sur-vivre*, o ato de viver em fronteiras. Rushdie traduz isso para o sonho de sobrevivência do imigrante; interstícios *iniciático* [sic]; uma condição fortalecedora de hibridismo; uma emergência que transforma "retorno" em reinscrição ou redescrição; uma iteração que não é atrasada, mas irônica e insurgente. (Bhabha, 1994/2004, p. 324.)

Não há, aqui, nenhuma tentativa explícita de relacionar a noção de sobrevivência a alguma coisa que possamos encontrar nos paradigmas de equivalência e propósito. Talvez não devamos insistir tanto no uso que Rushdie faz de nomes blasfemos como traduções de fato. Na leitura de Bhabha, não existe texto de partida específico, nem alvo específico, nem mesmo uma missão bem definida a cumprir, nada além da "resistência". Tudo isso (fonte, alvo, propósito, vida e morte) certamente pertence mais à *fatwā* como arma criada para punir traduções incorretas. Contudo, se a resistência de Rushdie é de fato tradução, ela deve também considerar a leitura incorporada na *fatwā*, mesmo que seja apenas para contestá-la. De fato, será apenas pela negação dessa leitura que o objeto da tradução cultural poderá ser devidamente descrito como *tradução não substantiva*, como o próprio Bhabha teria chamado (ver Trivedi, 2007, p. 286). O que temos, no entanto, mais parece um tipo difuso de anseio ("sonhar") que provém da posição do tradutor, situado nas ou dentro das fronteiras entre as culturas, definidas pelo *hibridismo cultural*. Nesse sentido, algo da "fugacidade" de Benjamin pode então ser recuperada na próxima página do texto de Bhabha, onde tal ideia está relacionada à indeterminação do híbrido: "a ênfase está em fazer a ligação através dos elementos instáveis da literatura e da vida – o arriscado encontro marcado com o 'intraduzível' – em vez de chegar a nomes prontos" (Bhabha, 1994/2004, p. 325). Isso é então resumido na seguinte fórmula: "Tradução é a natureza performática da comunicação cultural" (1994/2004, p. 326), o que talvez possa ser entendido apenas nos termos das aproximações de Bhabha em relação a qualquer tipo de fronteiras entre e dentro das culturas, não apenas aquelas ligadas à imigração, mas também as de qualquer cultura minoritária: Bhabha menciona as escritas feministas, gays, lésbicas e a "questão irlandesa". Sempre que houver cruzamento de fronteiras, pode haver tradução cultural.

Como espaço de teorização, o texto de Bhabha não toma uma posição entre as alternativas que apresenta. Os imigrantes devem permanecer inalterados ou devem se integrar? Qual deve ser sua língua cotidiana? Como a cultura ocidental predominante deveria reagir ao hibridismo cultural? Tais perguntas não são respondidas; elas são suprimidas. Bhabha simplesmente aponta para esse "entre-lugar", outras vezes chamado de "terceiro espaço", onde os termos dessas questões são colocados. Uma vez que se verifique o funcionamento desse espaço, as questões não precisam mais de respostas do tipo "sim" ou "não".

O sentido de "tradução" aqui abordado é muito mais abrangente do que os textos que chamamos de traduções. Tal abordagem teórica é bastante diferente dos estudos descritivistas, que examinam como as traduções foram realizadas em contextos coloniais e pós-coloniais. Bhabha não está falando de um conjunto particular de traduções, mas de um sentido diferente para tradução.

Pode-se agora, talvez, compreender por que o periódico americano declarou corajosamente que "a língua das Américas é a tradução". Tais afirmações parecem até mesmo inofensivas. Em um mundo onde os maiores movimentos demográficos aparentemente enfraqueceram as categorias estáveis de "uma sociedade", "uma língua", "uma cultura" ou "uma nação", qualquer estudo sério exige novos termos para descrever seus objetos. "Tradução" é um desses termos convenientes, além de "emergência" (coisas que simplesmente não estão lá; estão emergindo e imergindo na história), "hibridismo" (a partir de Bhabha, todo objeto cultural é híbrido) e "minorização" (que recuperaria o papel de todos os elementos excluídos pela suposição ou imposição de um sistema linguístico ou cultural). Tradução é, assim, apenas uma entre várias alternativas, que acabou se tornando popular. E Bhabha é apenas um entre vários teóricos dessa área, embora seja talvez o mais influente.

Essa teorização tem algo a oferecer aos outros paradigmas da teoria da tradução? É tentador julgar a contribuição de Bhabha como um mero conjunto de opiniões vagas, apresentadas na forma de metáforas da moda. Ao mesmo tempo, se aceitarmos essa abordagem como um paradigma da teoria da tradução, ela revelará alguns aspectos que foram ignorados ou deixados de lado por outros paradigmas:

- Essa visão de tradução realiza-se a partir da *perspectiva do tradutor* (*metafórico*), não das traduções. Nenhum outro paradigma – com exceção, talvez, de algumas partes da teoria do escopo – discutiu a posição de alguém que produz linguagem no "entrelugar" das línguas e culturas (é possível falar também de "justaposição").
- A ênfase no *hibridismo*, sem dúvida, tem algo a dizer sobre a posição geral dos tradutores, os quais, por definição, conhecem duas línguas e, provavelmente, duas culturas pelo menos, e pode dizer algo fundamental sobre os impactos que a tradução provoca nas culturas ao abri-las a outras culturas. Bhabha não diz que as traduções são híbridas; ele apenas encontra um discurso tradutório que realiza o hibridismo.
- A ligação com a imigração destaca a forma como a tradução ocorre a partir da *circulação material*. Bhabha não gostaria de ter sua visão sobre tradução vinculada a algum tipo de determinismo materialista. Ainda assim, a concepção de tradução a partir da circulação material das pessoas parece não ter sido a ênfase de nenhum outro paradigma.
- Bhabha entende que as circulações cruzam as *fronteiras previamente estabelecidas* e então as questiona. Nenhum outro paradigma levantou de forma tão enérgica o problema da fronteira bilateral representado pelas traduções (ver 3.5), embora o paradigma da incerteza questione como as fronteiras produzem oposições imaginárias.

São todos tópicos válidos que indicam pontos cegos importantes em outros paradigmas e justificam um novo, chamado "tradução cultural". E o mais importante, talvez, seja que esses tópicos se referem a problemas profundos resultantes da natureza cada vez mais fragmentada de nossas sociedades e das várias misturas de nossas culturas, nem todas relacionadas à imigração (as tecnologias da comunicação também desempenham um papel relevante). Além disso, esses tópicos parecem ser abordados de uma forma um pouco diferente de como são discutidos no chamado paradigma da incerteza: enquanto as propostas de Benjamin e Derrida, por exemplo, voltavam-se para a leitura e a tradução de *textos*, procurando explicitar múltiplos sentidos potenciais, Bhabha faz afirmações bem mais programáticas sobre o mundo, sem se preocupar muito com segundas intenções ou referentes claros (por exemplo: "Rushdie traduz isso para o sonho de sobrevivência do imigrante"). Em vez de uma hermenêutica de textos, a "tradução cultural" tornou-se uma forma de falar sobre o mundo.

Vejamos agora as questões práticas: realmente precisamos passar por Rushdie, Benjamin e Derrida para chegar aos princípios da "traducão cultural"? Ou tudo isso já foi dito antes, em diferentes lugares, sob diferentes perspectivas? Será que elas não estão sendo ditas em outros lugares também, como respostas diferentes, porém similares, aos fenômenos subjacentes da globalização?

> **SEPARANDO OS TERMOS**
>
> A partir de Bhabha, o termo "tradução cultural" pode ser associado com circulação material, a posição do tradutor, o hibridismo cultural e o cruzamento de fronteiras. Utilizado dessa forma, o termo não deve ser confundido com várias outras formulações que soam parecidas mas significam coisas diferentes. Tentamos, assim, definir as diferenças:
>
> - **TRADUÇÃO CULTURAL** (Bhabha): no sentido de Bhabha (1994/2004), refere-se a um conjunto de discursos que realiza o hibridismo por meio do cruzamento de fronteiras culturais e que revela as posições intermediárias de tradutores (metafóricos). Esse é o sentido mais geral, o mesmo que adotamos para descrever o paradigma.

- **TRADUÇÃO CULTURAL** (etnografia): na tradição da antropologia social britânica, trata-se de uma abordagem da etnografia como descrição de uma cultura estrangeira. Isto é, o etnógrafo traduz a cultura estrangeira para a descrição etnográfica.

- **VIRADA CULTURAL**: termo proposto por Snell-Hornby (1990) e legitimado por Lefevere e Bassnett (1990) segundo o qual os estudos da tradução devem se concentrar nos efeitos culturais das traduções. Para Snell-Hornby, a "unidade de tradução" (a unidade considerada em cada análise) deve seguir do texto para a cultura. A proposta dessa abordagem não desafia os usos tradicionais do termo "tradução" e faz parte da experiência intelectual do paradigma descritivista. Outras correntes entendem a "virada" como o uso de variáveis culturais para explicar as traduções, o que também faz parte do paradigma descritivista.

- **CULTURA DA TRADUÇÃO** (*Übersetzungskultur*): termo utilizado pelo grupo de Göttingen (ver Frank, 1989) para descrever as normas culturais que governam as traduções em um sistema de chegada, segundo o modelo de *Esskultur*, que seria o que descreve como determinada sociedade se alimenta (incluindo todos os restaurantes chineses e indianos na Alemanha, por exemplo). Esse conceito aplica-se ao que a sociedade faz com as traduções e ao que espera delas; o conceito não desafia definições tradicionais de tradução e sua ênfase não está no tradutor. O conceito funciona claramente no paradigma descritivista.

- **CULTURA DE TRADUÇÃO** (*Translationkultur*): segundo Erich Prunč, é um "conjunto variável de normas, convenções e expectativas que moldam o comportamento de todos os interagentes no campo de atuação da tradução" (Prunč, 2000, p. 59; ver Pöchhacker, 2001, que apresenta o termo como "padrões de tradução"), considerada um "subsistema historicamente desenvolvido de uma cultura" (Prunč, 1997, p. 107). Esse conceito dá ênfase ao tradutor e aos atores sociais relacionados, mas, curiosamente, não os posiciona em uma fronteira entre culturas. Apresentando clara afinidade com a teoria do escopo, o conceito é basicamente descritivo.

- **ESTUDOS CULTURAIS**: conjunto difuso de estudos acadêmicos que adotam uma abordagem crítica e teórica em relação aos fenômenos culturais em geral, com destaque para a heterogeneidade, o hibridismo e a crítica do poder. O uso pós-colonial de "tradução cultural" encaixa-se nesse contexto. Normalmente, o pesquisador está envolvido no objeto estudado (como no caso de Bhabha).

- **PESQUISA CULTURAL**: termo preferido por Even-Zohar para designar o estudo de como as culturas se desenvolvem, interagem e morrem. Nessa abordagem, as culturas são vistas como sistemas que precisam de transferências (intercâmbio) para a manutenção de sua energia e, portanto, para sua sobrevivência. O pesquisador, em geral, adota uma postura o mais objetiva possível.
- **INTERCULTURA PROFISSIONAL**: lugar cultural onde as pessoas combinam elementos de mais de uma cultura principal e fazem isso para facilitar ou realizar a comunicação transcultural. Para Pym (2004a), as interculturas profissionais são os lugares onde se definem as fronteiras entre as culturas principais. Elas incluem a maioria das situações nas quais os tradutores trabalham. É um conceito sociológico.

8.3. Tradução Sem Traduções: Iniciativas Por uma Disciplina Mais Ampla

A "tradução cultural" vai além da ênfase nas traduções como textos (escritos ou falados) restritos. Sua preocupação é com os processos culturais gerais em vez de produtos linguísticos fechados. É nesse sentido que podemos falar em "tradução sem traduções". Mas tal visão abrangente da tradução foi inventada por Homi Bhabha em 1994? Provavelmente, não. Paradigmas anteriores já ensaiaram propostas para o estudo da tradução sem traduções, embora sem desfazerem o conceito de "uma tradução" (produto) como tal. Aqui, relembraremos apenas algumas dessas propostas.

8.3.1. Mediação (*Sprachmittlung*)

O termo *Sprachmittler* (mediador de línguas) há muito tem se feito presente no alemão como um super-ordenador para tradutores e intérpretes (ver Pöchhacker, 2016, p. 217). *Sprachmittlung* (mediação de línguas) é usado como um termo geral com referência a todos os modos de comunicação entre línguas na escola de Leipzig (ver Kade, 1968, 1977). No sistema de Leipzig, "mediação" é o termo de emprego geral para qualquer coisa que possa ser feita para comunicar-se entre línguas, enquanto "tradução" e "interpretação" são formas específicas constrangidas pela equivalência. Isso não significa que há formas de tradução que escapam das restrições da equivalência, mas sim que a tradução deve ser estudada em um quadro mais amplo que o da equivalência.

Em meados dos anos 1980, a teoria do escopo (ver 4.3, supra) afrouxou os critérios da equivalência, usando a "ação tradutória" como um sinônimo para comunicação mediada interlinguística. Holz-Mänttäri (1984) estava cônscio de que tradutores podem fazer mais do que traduzir (eles podem aconselhar quando não estão traduzindo, por exemplo, ou escrever textos novos sob encomenda), então ela propôs que se estudasse todo o espectro dessa atividade.

Ao mesmo tempo, porém, o termo "mediação" passou a ter um sentido ligeiramente diferente nas pesquisas sobre bilinguismo (ver Pöchhacker, 2006, p. 217). Knapp e Knapp-Potthoff (1985) usaram o termo *Sprachmitteln* ("mediação linguística") para descrever o desempenho de bilíngues não treinados em comunicação cara a cara. Era o que os estudos da tradução vinham chamando "tradução natural" (depois de Harris, 1976). Estudiosos alemães em aquisição de segunda língua agora referem-se à mediação como todo o espectro daquilo que falantes podem fazer com as duas línguas, indo desde informar a essência de um texto estrangeiro ou indicar o sentido das ruas direto até a tradução no sentido mais estrito. O termo "mediação" figura proeminentemente com essa acepção no Quadro Europeu Comum de Referência para Línguas (Conselho da Europa, 2001), no qual é referido como a *quinta capacidade linguística*, junto com falar, ouvir, escrever e ler.

Isso significa que o termo "tradução" ganhou um sentido muito restrito (e restritivo) nos estudos de bilinguismo e educação em línguas, ao mesmo tempo que se tornou virtualmente sinônimo de "mediação" nos estudos de tradução em língua alemã. Entre esses dois significados, os estudos da tradução têm sido expulsos do ensino de um novo idioma, às vezes porque a tradução não é, de certa forma, considerada uma "atividade comunicativa".

Se se defender que "tradução" e "mediação" são efetivamente a mesma coisa, então o resultado será não só um mais amplo e diverso campo de estudos, mas também uma base conceitual para o retorno das atividades de tradução dinâmica às salas de aula de idiomas. Há mais aqui do que uma simples confusão acerca de palavras.

Até o momento, muitos educadores na Alemanha usam "mediação" com o significado de "tradução sem traduções".

8.3.2. Jakobson e a Semiose

Quando discutimos o desenvolvimento da hermenêutica no paradigma da incerteza, mencionamos a afirmação de Roman Jakobson de que "o sentido de qualquer signo linguístico é sua tradução em um signo novo, alternativo" (1959/2012, p. 127). Esse é o ponto chave de uma teoria da *semiose*, onde *o sentido é constantemente criado pelas interpretações* e, assim, jamais chega a ser algo fixo, que possa ser objetivado e transferido. Conforme observamos, em vez de representar um sentido prévio, a tradução seria a produção ativa de sentido. Isso foi em 1959, no contexto de um tipo de linguística que, naquele momento, estava para se tornar semiótica, o estudo mais abrangente de todos os tipos de signos.

O artigo de Jakobson publicado em 1959 procura identificar algumas das consequências da semiose. Uma dessas consequências é sua classificação de três tipos de tradução, que, segundo ele, são a "intralingual" (por exemplo, qualquer reformulação na mesma língua), "interlingual" (reformulação entre línguas diferentes), ou "intersemiótica" (interpretação entre diferentes sistemas de signos, como, por exemplo, a interpretação de uma obra musical na forma de um poema). Ou seja, uma vez definida a tradução como processo e não como produto, podem-se encontrar provas desse processo praticamente em tudo. Qualquer uso da língua (ou sistema semiótico) que reformule ou retrabalhe qualquer outra obra linguística (ou de um sistema semiótico) pode ser vista como resultado de um processo tradutório. E uma vez que as línguas se baseiam exatamente na repetição de enunciações em diferentes situações, produzindo sentidos diferentes porém relacionados, assim como todos os textos se tornam significativos por meio da intertextualidade, *qualquer uso da linguagem pode ser considerado tradução*. As consequências dessa abordagem provavelmente são muito mais amplas e mais revolucionárias do que Bhabha tem a dizer. É por isso que situamos a tese de Jakobson no limiar da desconstrução, e por isso também podemos situá-lo como teórico fundamental no paradigma da tradução cultural.

A realização mais importante feita a partir da abordagem de Jakobson talvez se encontre na obra do filósofo francês Michel Serres. Seu livro *La Traduccion* (1974), que faz parte de uma coleção sobre comunicação geral, discute como diferentes ciências traduzem os conceitos umas das outras, como a filosofia é traduzida a partir de linguagens formais, como a pintura pode traduzir a física (Turner traduz a termodinâmica antiga), e como a literatura traduz a religião (Faulkner traduz a *Bíblia*). Serres não afirma estudar qualquer conjunto de textos chamados de traduções; seus interesses estão mais voltados para a tradução como processo de comunicação entre domínios normalmente considerados como separados. Sua prática de "tradução geral" seria importante para a sociologia francesa (ver 8.5, infra).

Jakobson, no entanto, não quis ir tão além. Sua classificação preserva a ideia de "tradução propriamente dita" para "tradução interlingual" e sua definição de "tradução intersemiótica" privilegia os signos verbais (como na "tradução propriamente dita") como ponto de partida. Nesse sentido, ele foi precedido pelo semioticista dinamarquês Louis Hjelmslev, cuja proposta de tradução intersemiótica era, de modo parecido, direcional:

> Na prática, uma língua é uma linguagem semiótica para a qual todas as outras linguagens semióticas podem ser traduzidas – tanto todas as outras línguas quanto todas as outras estruturas semióticas concebíveis. Essa traduzibilidade reside no fato de que todas as línguas, e apenas elas, estão em posição de formar algum sentido [...]. (Hjelmslev, 1943/1963, p. 109.)

Similarmente, o teórico italiano Umberto Eco (2001) também classificou os processos tradutórios entre os sistemas semióticos, ao mesmo tempo que privilegiava o lugar da "tradução propriamente dita" como produto textual limitado de processos interlinguais (5.4.6, supra). Jakobson e Eco visualizaram um espaço conceitual abrangente para a "tradução sem traduções", embora não tenham pretendido abandonar ou desmerecer as traduções que os tradutores profissionais fazem.

TIPOLOGIA DA TRADUÇÃO SEM TRADUÇÕES?

Roman Jakobson reconhece três tipos de tradução (1959/2012, p. 127):

- Tradução **INTRALINGUAL** ou reformulação é a interpretação de signos verbais por meio de outros signos da mesma língua.
- Tradução **INTERLINGUAL** ou tradução propriamente dita é a interpretação de signos verbais por meio de outra língua.
- Tradução **INTERSEMIÓTICA** ou transmutação é a interpretação de signos verbais por meio de sistemas de signos não verbais.

Tal classificação pode ser comparada com a descrição que Umberto Eco faz de diferentes formas de interpretante (1977, p. 70):

- Um signo equivalente em outro sistema semiótico (o desenho de um cão corresponde à palavra "cão").
- Um índice direcionado a um objeto individual (fumaça significa a existência de fogo).
- Uma definição no mesmo sistema ("sal" significa "cloreto de sódio").
- Uma associação emotiva que adquire o valor de uma conotação estabelecida ("cão" significa "fidelidade").
- Uma "tradução para outra língua" ou substituição por um sinônimo.

8.3.3. A Proposta de Even-Zohar Para uma Teoria da Transferência

O artigo de 1959 de Jakobson é um dos pontos de partida para a insistência de Itamar Even-Zohar em estender o escopo para além dos estudos da tradução. Uma vez que todos os sistemas são heterogêneos e dinâmicos, Even-Zohar propõe que sempre existe trânsito de "modelos textuais" de um sistema para o outro, e a tradução é apenas um desses tipos de movimento. Devemos, assim, estudar todos os tipos de transferências:

> Alguns receberiam isso como uma proposta para liquidar os estudos da tradução. Penso que ocorre exatamente o contrário: em um contexto mais amplo, ficará ainda mais evidente que a "tradução" não é um procedimento marginal nos sistemas culturais. Em segundo lugar, o contexto mais amplo ajudará a identificar o que é realmente específico na tradução. Em terceiro lugar, isso mudará a concepção de texto traduzido no sentido de que se possa talvez libertar de certos critérios postulados. Em quarto lugar, pode ajudar a descrever os "procedimentos tradutórios" (Even-Zohar, 1990a, p. 74).

O termo "transferência" aqui não se refere simplesmente à utilização de um modelo textual de determinado sistema em outro; tal modelo *integra-se* às relações do sistema anfitrião e, ao mesmo tempo, sofre e gera mudanças. Desse modo, a "transferência [...] correlaciona-se à transformação" (Even-Zohar, 1990b, p. 20). Isso de fato delimita um tipo de estudo no qual existem várias circulações entre sistemas, sendo que apenas algumas delas podem ser consideradas traduções, e que os mesmos tipos de circulação cruzam fronteiras também *no interior* dos sistemas.

Tal extensão é, então, comparável ao que vimos na "tradução cultural" de Bhabha, com exceção de que:

1. O que é transferido, nesse caso, limita-se a "modelos textuais" (embora a obra mais recente de Even-Zohar mencione "mercadorias", "tecnologias" e "energia ideacional");
2. Nessas formulações, não existe uma ênfase especial sobre o elemento humano, a posição e o papel dos mediadores e, portanto, não se fala em "terceiro espaço";

3. Consequentemente, o modelo continua sendo um modelo de sistemas separados por fronteiras, não importando quantas fronteiras (e, portanto, subsistemas) existam no interior de cada sistema e
4. Além disso, por conseguinte, o pesquisador claramente permanece fora dos sistemas investigados, apesar de todas as armadilhas do discurso científico.

Talvez devido a essas escolhas, a "teoria da transferência" proposta por Even-Zohar tenha causado pouco impacto no desenvolvimento geral da teoria da tradução. Muitos dos que abriram caminho para a "tradução cultural" provavelmente ficariam surpresos com a dimensão com que Even-Zohar abordou, anos antes deles, problemas semelhantes. Devemos acrescentar que seu livro, *Ideation Labor and the Production of Social Energy* (2008), de fato demonstra um interesse maior nos sujeitos intermediários, e em geral considera a transferência necessária para a sobrevivência da cultura, não da mesma forma como Bhabha se preocupa com quem de fato seja Salman Rushdie, mas em relação ao desaparecimento de culturas inteiras pelo desejo de transferências de outras culturas. Esse sentido de sobrevivência é muito mais perturbador.

8.4. A Etnografia Como Tradução

Nenhuma das abordagens anteriores utiliza o termo "tradução cultural"; todas podem ser vinculadas a outros paradigmas da teoria da tradução; nenhuma delas (a não ser breves referências a Jakobson) é mencionada pelos teóricos da tradução cultural. Um antecedente mais consistente, contudo, encontra-se na tradição da etnologia ou "antropologia social", onde o termo "tradução cultural" parece ter sido inventado. O que isso tem a ver com o novo paradigma?

A ideia básica aqui é que, quando os etnólogos propõem-se a descrever culturas distantes (tecnicamente tornando-se, assim, etnógrafos, os que registram descrições), eles estão na verdade traduzindo as culturas para a sua própria linguagem profissional. Em alguns casos, tais traduções são notavelmente semelhantes aos casos tradicionais abordados no paradigma da equivalência: podem envolver um conceito cultural, o nome de um lugar ou frase carregada de valor. Em outros casos, porém, eles estão tratando de questões que têm mais a ver com a filosofia e a ética do discurso transcultural. De maneira simplificada, o etnógrafo não pode nem presumir uma diferença cultural radical (a ponto de não ser possível descrever ou compreender) nem uma igualdade absoluta (a ponto de não haver necessidade de descrição). Entre os dois polos, o termo "tradução" é usado.

Os primeiros antropólogos ocidentais em geral não pensavam em suas descrições como traduções, pois tendiam a supor que sua própria língua fosse capaz de descrever adequadamente o que encontrassem (ver Rubel e Rosman, 2003). Talal Asad (1986) observa que, na tradição britânica, a tarefa da antropologia social era descrita como um tipo de "tradução" desde a década de 1950. Asad retoma Walter Benjamin (provavelmente, ele teria encontrado bases mais sólidas em Schleiermacher) para argumentar que boas traduções mostram a estrutura e a natureza da cultura estrangeira; desse modo, ele anuncia uma "proposta de transformar uma língua para traduzir a coerência do original" (Asad, 1986, p. 157), principalmente em situações em que existe uma assimetria visível nas relações de poder das línguas envolvidas.

Vale observar que o termo "tradução cultural", aqui, significa a *tradução de uma cultura*, e a teoria da tradução (Benjamin e não muito mais do que isso) está sendo utilizada em um argumento sobre como isso deve ser feito. Não é exatamente o mesmo sentido que encontramos em Bhabha, onde a "tradução cultural" aproxima-se mais da problemática do hibridismo e do cruzamento de fronteiras. O argumento de Asad sobre uma tradução "melhor" leva, sem dúvida, a "tradução cultural" para um tipo de espaço mais híbrido, abrindo a língua de maior poder para os que pertencem a culturas de menor poder. Hesita-se, contudo, em comparar o uso que Bhabha faz de "tradução cultural" com esse sentido mais simples e mais tradicional de "descrever outras culturas".

Alguns teóricos da tradução já comentaram a maneira como o termo "tradução" foi utilizado na etnografia. Wolf (1997) admite que esse é um tipo de tradução, mas observa que o método de trabalho dos etnógrafos normalmente consiste em duas etapas: primeiro interpretam o discurso falado dos informantes e depois adaptam a interpretação para o consumo da cultura dominante. O trabalho em duas etapas envolvendo a mediação oral e depois a escrita pode, com certeza, ser encontrado na história da tradução preponderante (a prática foi observada na Hispânia dos séculos XII e XIII). A principal diferença é que o etnógrafo em geral não tem um texto materialmente fixo de onde partir. Nesse sentido, a tradução etnográfica pode ainda encaixar-se na "tradução não substantiva" de Bhabha.

Algumas coisas ainda mais interessantes foram feitas ou no contexto da proposta etnográfica ou relacionadas a ela. James Clifford (1997, principalmente) elaborou uma abordagem na qual a ação de viajar torna-se o meio principal de contato entre culturas, configurando os espaços nos quais a tradução cultural é realizada. No âmbito da hermenêutica literária, entende-se esse tipo de abordagem como uma redução das assimetrias da alteridade intercultural e um risco em direção da uniformidade (ver, por exemplo, os ensaios em Budick e Iser, 1996, onde a teoria da tradução retorna a uma série de posturas prescritivas). A linha de pensamento de Clifford, no entanto, continua extremamente interessante para pesquisas futuras. A forma como as traduções representam culturas através da viagem e para viajantes é um campo enorme que requer novas formas de teorização (como em Cronin, 2000, 2003).

Uma proposta mais próxima de Bhabha é apresentada por Wolfgang Iser, que considera a tradução um conceito chave não apenas para "o encontro entre culturas" (1994, p. 5), mas também para as interações entre elas. Iser utiliza a ideia de *intraduzibilidade* não no sentido da resistência do imigrante, como no caso de Bhabha, mas como o uso da diferença cultural para mudar a maneira como são produzidas as descrições. Na tradução, diz Iser, "a cultura estrangeira não é simplesmente submetida ao sistema de referência de alguém, mas o próprio sistema se sujeita a alterações a fim de acomodar o que não se ajusta" (1994, p. 5).

A essa altura, as referências à etnografia como tradução entram num debate mais geral sobre o modo como as diferentes culturas se interrelacionam, e qualquer sentido de traduções como um tipo específico de textos praticamente se perde.

8.5. A Sociologia de Tradução

Mencionamos o trabalho de Michel Serres como forma de "tradução generalizada". Esse trabalho influenciou um grupo de etnógrafos da ciência franceses, particularmente Michel Callon e Bruno Latour, que desenvolveram o que chamam de *sociologie de la traduction* (ver Akrich et al., 2006), também conhecida como "teoria ator-rede". Aqui, preferimos a expressão "sociologia de tradução" (*translation sociology*) à "sociologia da tradução" (*the sociology of translation*) porque, para nós, o termo "tradução", no primeiro, refere-se ao método de análise e não ao objeto analisado (conscientes de que a própria teoria rejeitaria essa distinção). Isso apesar de o termo "sociologia da tradução" (*the sociology of translation*) ter sido utilizado durante muito tempo em inglês por esses mesmos sociólogos (em Callon, 1986, por exemplo). O que deve ficar muito bem esclarecido nesse ponto é que tal grupo não se propõe a explicar as traduções interlinguais, e seu interesse não está voltado para as questões éticas e históricas da "tradução cultural" à maneira de Bhabha. Em vez disso, tal grupo utiliza um modelo de tradução para explicar como as negociações ocorrem e como se formam as redes entre os atores sociais, em especial no que se refere a relações de poder envolvendo a ciência.

Michel Callon (1986), por exemplo, em um artigo que é hoje considerado seminal, estuda o modo como os biólogos marinhos tentaram deter o declínio da população de vieiras influenciando os grupos sociais envolvidos. Isso envolveu não apenas a formação de redes, mas também a produção e a ampliação dos discursos sociais sobre o problema. Em cada etapa da análise, desde as ações das vieiras até as dos pescadores, dos cientistas e mesmo do sociólogo, existe um processo comum em que um ator ou grupo é levado a representar (ou falar em nome de) outros. O resultado é um nivelamento bastante poético onde o único processo ("tradução") aplica-se a todos, incluindo as vieiras. Eis o ponto chave, e o que interessaria à teoria da tradução. A tradução, para Callon, está na base do processo em que uma pessoa ou grupo diz coisas que devem constar como "em nome de" ou "no lugar de" outra pessoa ou grupo. Isso poderia ser apenas outra versão da abordagem de Jakobson de sentido linguístico, ou de semiose; a diferença é que, nesse caso, o processo de representação é visto como a formação do poder social. No comentário a seguir, Callon e Latour discutem algo mais geral do que o caso das vieiras, a saber, o "contrato social" proposto pelo filósofo inglês do século XVII, Thomas Hobbes:

> O contrato social é apenas um caso do fenômeno mais geral conhecido como tradução. Por "tradução" entendemos um conjunto de negociações, intrigas, atos de persuasão, tramas, atos de violência em que um ator ou uma força assume ou se permite ser levada a assumir a autoridade de falar ou agir em nome de outro ator ou força: "seus interesses são nossos interesses", "faça o que eu quero", "você não pode obter sucesso sem mim". A partir do momento em que um ator diz "nós", ele ou ela traduz outros atores para uma única aspiração [*volonté*], da qual ela ou ele se torna o chefe ou porta-voz. (Callon e Latour, 1981/2006, p. 12-13.)

A palavra "tradução" no original do trecho citado leva a uma nota de rodapé referindo a Serres (1974) e a Callon (1975).

Nesses termos, a tradução torna-se um alicerce fundamental de relações sociais e, portanto, das sociedades, objeto da sociologia. Desse modo, essa sociologia é única no sentido de que procura *não* presumir qualquer tipo de fronteiras preexistentes. Ela simplesmente seguirá as traduções, que são os nós das redes, com intenção de observar a verdadeira organização de qualquer fronteira. Não é necessário, portanto, questionar o que está sendo traduzido. De fato, segundo Bruno Latour (1984/1988, p. 167), "nada é, por si próprio, cognoscível ou incognoscível, dizível ou indizível, próximo ou distante. Tudo é traduzido". De forma semelhante, não existe "sociedade ou esfera social", apenas tradutores que geram "associações rastreáveis" (Latour, 2005, p. 108). A tradução torna-se o processo pelo qual formamos as relações sociais.

Em relação às teorias que veem traduções como textos, e mesmo no interior do paradigma da tradução cultural, o apelo da sociologia de tradução tem sua base em várias razões:

1. A *recusa em reconhecer fronteiras culturais e sociais preestabelecidas* é basicamente o que os discursos da tradução cultural estariam fazendo ao se posicionarem no espaço intermediário entre as culturas. A sociologia de tradução desafia as fronteiras a se manifestarem, como de fato o fazem os discursos híbridos da tradução cultural.
2. A ênfase na tradução *como formação de relações de poder* está claramente alinhada à problemática pós-colonial, em particular no que diz respeito a relações entre grupos culturais.
3. Se o alicerce das relações de poder é o processo em que um ator social se habilita a ou é encarregado de *"falar em nome de outro"*, não é exatamente isso que todas as traduções se habilitam ou são encarregadas de fazer? Isso levantaria a interessante questão de por que nem todos os tradutores recebem o poder social atribuído àqueles que se habilitam a falar em nome da ciência.
4. As *redes* nas quais os tradutores tendem a trabalhar são tão pequenas, tão interculturais e tão marcadas pelo hibridismo cultural que são pouco abordadas pelas sociologias clássicas ou mesmo pelas sociologias de sistemas (como em Luhmann) e dos grupos sociais estruturalmente definidos (como em Bourdieu). A sociologia de tradução seria perfeita para esse objeto, assim como conceitos poderosos como microcosmopolitanismo (Cronin, 2006).
5. O reconhecimento de que *as redes se estendem e incluem o sociólogo* (ou qualquer outro pesquisador) está de acordo não apenas com o sentido geral de envolvimento encontrado nos teóricos da tradução cultural, mas também com a pesquisa de ação (que

influencia enormemente o campo da formação do tradutor) e mesmo as abordagens psicanalíticas.

Isso não significa que a sociologia de tradução passa automaticamente a fazer parte do paradigma da tradução cultural. Existem muitas outras coisas em curso. Poderíamos dizer, contudo, que o trabalho de Callon e Latour respondeu a uma fragmentação crescente das categorias sociais, assim como o fizeram outros teóricos como Bhabha, a partir de outras perspectivas. Foram feitos alguns esforços para aplicar a sociologia de tradução às redes nas quais trabalham os tradutores (Buzelin, 2007, por exemplo), e muito mais pode ser feito. Seria um erro lamentável, no entanto, pensar que a sociologia de tradução deveria ser aplicada aos tradutores profissionais apenas porque a palavra "tradução" é relevante em ambos os contextos. Ela tem, na verdade, sentidos muito diferentes nos dois lugares.

Uma conexão mais eficaz entre a sociologia de tradução e a tradução cultural encontra-se em um grupo alemão de sociólogos e teóricos da tradução. Na vertente geral da sociologia de tradução, por exemplo, Joachim Renn (2006a, 2006b) argumenta que nossas sociedades pós-modernas estão tão fragmentadas culturalmente que a tradução é o melhor modelo de como grupos diferentes podem se comunicar entre si e garantir a possibilidade de governo. A tradução cultural pode, portanto, ser associada à forma como diferenças culturais são mantidas e negociadas em sociedades complexas, tanto como a instituição e ao mesmo tempo a resistência ao que uma sociologia de sistemas mais tradicional chamaria de "manutenção da fronteira" (a partir de Parsons, 1951). Uma vez que isso em geral envolve um deslocamento de pessoas muito mais do que algum tipo de texto, não demoramos a chegar à visão da própria imigração como forma de tradução (ver Papastergiadis, 2000; Cronin, 2006; Vorderobermeier e Wolf, 2008), o que em último caso nos remete à proposta pós-colonial. Os trabalhos dos intelectuais alemães estabelecem uma ponte, portanto, entre as distâncias que inicialmente separavam a sociologia de tradução de Callon e Latour da tradução cultural de Bhabha.

8.6. Spivak e a Psicanálise da Tradução

Uma última vertente deve ser mencionada antes de passarmos a uma avaliação ampla da tradução cultural. Alguns autores exploraram as relações entre a psicanálise e a tradução; poucos deles, no entanto, chegaram a fazer alguma contribuição original à teoria da tradução em si. A ideia geral é que a psicanálise se preocupa com o uso da língua, e como a tradução é um uso da língua, podemos encontrar vestígios do inconsciente nas traduções. Outras abordagens consideram os termos que Freud utilizou para as operações do inconsciente (Andrew Benjamin, 1992), muitas das quais podem ser vistas como formas de tradução. Isso efetivamente torna os processos tradutórios anteriores à formação do sentido, concordando portanto com muitas das ideias elaboradas no paradigma da incerteza. Nada disso tem a ver com a tradução cultural conforme analisamos neste capítulo. Uma aproximação intrigante é feita, contudo, pela teórica Gayatri Spivak, ao retomar a abordagem psicanalítica de Melanie Klein para descrever um tipo primordial de tradução:

> A criança apreende um objeto e depois objetos. Essa apreensão (*begreifen*) de um exterior indistinguível de um interior constitui um interior, indo e voltando e codificando tudo em um sistema de signos por objeto(s) apreendido(s). É possível chamar tal codificação inicial de "tradução". (2007, p. 261.)

A tradução, nesse sentido, descreveria como a criança ingressa na cultura e forma a subjetividade; trata-se de uma dinâmica de espaços em que as fronteiras se estabelecem. Em Spivak, esse sentido de tradução pode aplicar-se a todos os ingressos posteriores em outras culturas. A tradução, assim, é também o trânsito das culturas aborígenes na Austrália ou em Bengala para as culturas predominantes de suas regiões, ou mesmo de qualquer outra circulação cultural envolvida no que consideramos "tradução cultural" (embora Spivak não utilize o termo no artigo que estamos citando).

Apesar de Spivak declarar abertamente que esse não é o sentido literal da palavra "tradução" – "um termo que utilizo não para complicar, mas porque o considero indispensável" (2007, p. 267) –, ela o amplia até a inclusão de seu próprio trabalho como tradutora de Derrida e da escritora bengalesa Mahasweta Devi. Isto é talvez o mais próximo que veremos de uma descrição de tradução do ponto de vista de um tradutor:

> Quando um tradutor traduz de uma língua constituída, cujo sistema de inscrição e narrativas autorizadas são as "dela própria", esse ato secundário, tradução em sentido estrito, por assim dizer, é também um ato peculiar de reparação – no que se refere à língua do interior, uma língua na qual somos responsáveis, a culpa de vê-la como uma entre muitas línguas. (2007, p. 265.)

A narrativa primordial, assim, dá conta de explicar os vários sentidos da palavra "tradução".

Parte do interesse da abordagem de Spivak sobre a tradução está não apenas em sua experiência como tradutora, mas em sua disposição para experimentar formas de tradução que ultrapassam a reprodução de sentenças. Seus prefácios informativos e autorreflexivos e seu material peritextual (em particular nas traduções de Devi) não apenas tornam a tradutora altamente visível como também inscrevem o contexto de uma tradução cultural mais ampla. A proposta de Spivak é uma das poucas que poderiam aproximar o paradigma da tradução cultural da prática efetiva dos tradutores.

A mensagem de Spivak, no entanto, não é unívoca. Essa deveria ser a política da identidade como resistência. Spivak opõe-se a teorias que propugnam que a tradução deve privilegiar a estranheza e a resistência (assim como reivindicou, em outro momento, o direito de utilizar o essencialismo na desconstrução):

> O maior problema aqui é a tradução do dialeto para o idioma padrão, algo antiquado entre os progressistas da elite, sem o

qual as estruturas abstratas da democracia não podem ser compreendidas. (2007, p. 274.)

A democracia de Bengala exige uma compreensão consensual de termos-padrão compartilhados. O mesmo vale para qualquer democracia. E línguas-padrão, particularmente em situação minoritária, não são bem servidas por traduções Esse é um dos grandes debates com os quais as teorias da tradução resolveram não se envolver.

8.7. Tradução Generalizada

Dentro e além das abordagens anteriores, sem dúvida não faltam usos metafóricos da palavra "tradução". A língua é uma tradução do pensamento; a escritura traduz a fala; a literatura traduz a vida; uma leitura traduz um texto; todas as metáforas são também traduções (*metapherein* é um dos termos gregos para "tradução"), e como diz a canção de Lauryn Hill, "tudo é o que é" (*everything is everything*). As metáforas já foram há muito apresentadas na teoria literária e estão cada vez mais atuantes na teoria cultural. Selecionamos a seguir apenas alguns tópicos:

- A tradução é o deslocamento da teoria de uma localização topográfica a outra (Miller, 1995, por exemplo); é a figura do nomadismo intelectual, que transita de disciplina em disciplina (Vieira, 2000; West, 2002; por exemplo), o que já estava em Serres.
- A tradução é "uma metáfora para entender como o estrangeiro e o familiar estão interrelacionados em cada forma de produção cultural" (Papastergiadis, 2000, p. 124).
- A tradução faz parte de toda produção de sentido; não existe não tradução (Sallis, 2002), mas essa afirmação já estava em Jakobson e Latour.
- A tradução desempenha um papel central na transmissão de valores de geração a geração, e assim faz parte de todo "revigoramento literário" (Brodski, 2007).

- A tradução é "um meio de reposicionar o sujeito no mundo e na história; um meio de tornar o autoconhecimento estrangeiro para si próprio; um modo de desnaturalizar cidadãos, tirando-os da zona de conforto do espaço nacional, do ritual diário e dos acordos domésticos predeterminados" (Apter, 2006, p. 6).
- E um longo *et cetera* (ver outras referências em Duarte, 2005).

Essa generalização pode ser libertadora e animadora para muitos e dispersante e sem sentido para outros. Devemos apenas observar que muitas das (embora não todas as) referências mencionadas são dos Estados Unidos ou estão alinhadas ao desenvolvimento da teoria literária e da literatura comparada ali. Ao mesmo tempo, os Estados Unidos são um país com pouquíssimas instituições de formação de tradutores e, assim, com relativamente pouca demanda para o tipo de teoria da tradução desenvolvida nos paradigmas do escopo ou da equivalência, e com escasso desenvolvimento dos estudos da tradução nos moldes do paradigma descritivista. Em termos de mercados acadêmicos, pelo menos, os Estados Unidos apresentaram condições nas quais o que chamamos de paradigma da incerteza pôde prosperar em várias formas de tradução generalizada.

A maioria das referências mencionadas aqui não se referem de fato à "tradução cultural", uma vez que o termo surgiria depois. No entanto, elas abriram enormes espaços conceituais para esse paradigma. Uma vez cortadas as amarras da equivalência, a tradução corre o risco de tornar-se um barco à deriva.

8.8. Objeções Frequentes

Os pontos positivos do paradigma da tradução cultural são, grosso modo, os que traçamos em relação a Bhabha (em 8.2, supra): ele introduz uma dimensão humana, entendendo a tradução do ponto de vista do tradutor (metafórico); refere-se à tradução como processo cultural em vez de produto textual; sua ênfase no hibridismo desfaz muitas das oposições binárias que marcavam a teoria da tradução anterior; relaciona a tradução com a circulação demográfica que está mudando a forma de nossas culturas; em geral, pode funcionar em meio a todas as críticas decorrentes do paradigma da incerteza.

Tais virtudes não são pequenas. A existência da tradução cultural como paradigma, contudo, é ilustrada pelos muitos casos em que os outros não vêem sentido, ou não aceitam suas redefinições para termos fundamentais. As objeções a seguir são decorrentes de sua emergência como mais um paradigma entre os paradigmas.

8.8.1. "Essas Teorias Utilizam a Tradução Apenas Como Metáfora"

Muitos dos teóricos que citamos aqui reconhecem que estão utilizando o termo "tradução" de forma metafórica. Eles levam ideias de uma área de atuação (aquilo que os tradutores fazem) para várias outras áreas (os modos como as culturas se interrelacionam). Como sugerimos, isso pode ser produtivo e estimulante para ambas as áreas envolvidas. Por outro lado, a produção generalizada de metáforas pode expandir o conceito de "tradução" a ponto de fazer o termo perder o sentido (Duarte, 2005), ou mesmo perder de vista o referente original. Michaela Wolf alerta para o risco de desenvolver "uma sociologia da tradução sem tradução" (2007, p. 27).

Seria arriscado, porém, defender qualquer sentido original ou verdadeiro da palavra "tradução". O que há de errado nas metáforas? Existe algo novo em seu funcionamento? Afinal, as metáforas sempre relacionam duas áreas de atuação, e quando se pensa sobre isso, as palavras utilizadas para as atividades dos tradutores ("tradução", *translation*, *Übersetzen*, etc.) não são menos metafóricas, uma vez que propõem imagens de circulação no espaço (mais do que no tempo; ver D'hulst, 1992). Talvez o problema seja que elas se tornaram metáforas mortas, imagens de certa forma aceitas como verdades óbvias. As metáforas mais conscientes da "tradução cultural" podem, portanto, nos ajudar a pensar mais criticamente sobre todos os tipos de tradução.

8.8.2. "A Tradução Cultural É um Pretexto Para o Devaneio Intelectual"

Essa é nossa tradução para o que Antoine Berman chama de *vagabondage conceptuel* (1985/1999, p. 21), termo que ele cunhou para reclamar da proliferação de metáforas e da "tradução generalizada" que via em George Steiner e Michel Serres (e que se tornou ainda mais generalizada desde então). Berman reconhece que as traduções sempre produzirão mudança cultural, e que sempre haverá a tentação de associar mudança à tradução. Ele alerta, no entanto, que isso pode levar a uma visão em que qualquer coisa pode traduzir qualquer coisa, em que existe "traduzibilidade universal". Para combater isso, e também a teorização excessiva, ele sugere o conceito de "tradução restrita" que respeita a letra do texto estrangeiro (ver Godard, 2002).

A visão de Berman, contudo, parece não levar em conta muitos teóricos da tradução cultural que enfatizam a *intraduzibilidade*, a resistência e a manutenção da estrangeiridade em todos os processos de tradução. Ou seja, muitos concordariam com sua política, mas não com sua estratégia. De fato, muitos receberiam o "devaneio intelectual" como elogio – afinal, o termo grego *aletheia* supostamente significa "devaneio divino".

8.8.3. "A Tradução Cultural É um Espaço Para a Interdisciplinaridade Simplória"

Associada à crítica da "tradução generalizada" está a suspeita de que os pesquisadores que trabalham com tradução cultural não sabem nada sobre tradução interlingual ou não estão interessados nela. Desse ponto de vista, os vários teóricos da cultura estariam roubando a ideia de tradução, sem levar em consideração os outros paradigmas da teoria da tradução. Wolf (2009, p. 77-78) responde:

> surge a questão "quem é o dono do termo tradução?". Em minha opinião, banir uma variante metafórica da ideia de tradução – a chamada "tradução cultural", por exemplo – do campo de

pesquisa dos estudos da tradução seria, em último caso, rejeitar qualquer tipo de trabalho interdisciplinar nesse sentido.

Uma disciplina pode ser dona de uma palavra? É claro que não. Ela pode tentar proibir as outras disciplinas de utilizarem tal palavra? É difícil conceber isso. Ainda assim, há uma pergunta óbvia aqui: por que devemos trabalhar com outros teóricos apenas porque eles utilizam a mesma palavra que nós? Se estamos produzindo uma teoria sobre os garfos (*forks*) como ferramentas para alimentação, teríamos de desenvolver interdisciplinaridade com os especialistas em "encruzilhadas na estrada" (*forks in the road*), em "diapasões" (*tuning forks*) ou em "garfo" como estratégia no xadrez? A analogia talvez não seja tão forçada quanto parece.

Pode-se encontrar uma saída, nesse caso, na diferença entre uma palavra ("tradução") e um termo ("tradução" com um conjunto de características definitórias, como as mencionadas em 5.4, supra). Se um termo é definido de modo preciso, como ferramenta conceitual para trabalhar sobre determinado problema, então é possível que ele pertença a uma disciplina. Evidentemente, ninguém pode proibir, então, que outras disciplinas utilizem as palavras conforme desejarem.

O segundo argumento de Wolf é que, se não aceitarmos essa *interdisciplinaridade*, então devemos recusar qualquer interdisciplinaridade. Esse tipo de argumento lembra o ativismo político binário: "Se você não está conosco, está contra nós". Aparentemente, não haveria motivo para os pesquisadores da tradução escolherem trabalhar com algumas disciplinas (sociologia, psicologia e linguística, por exemplo) e não com outras (estudos culturais, filosofia e psicanálise, por exemplo), desde que a cooperação seja adequada para o problema a ser investigado.

8.8.4. "A Tradução Cultural Pode Ser Estudada Totalmente em Inglês"

A partir do momento em que a definição de "tradução" abre mão de seu aspecto interlingual, ela pode ser estudada sem ligação com línguas diferentes. Na verdade, tudo pode ser estudado dentro das línguas principais, muitas vezes no inglês (ou francês, ou alemão): como observamos, Homi Bhabha escrevia como professor da área de inglês sobre um romance escrito em inglês. O resultado é um paradoxal eclipse da alteridade, segundo Harish Trivedi: "em vez de nos ajudar a encontrar e vivenciar outras culturas, a tradução teria sido assimilada em uma única cultura global monolíngue" (2007, p. 286). Essa crítica alinha-se ao receio que Berman demonstrava sobre a "traduzibilidade universal", e também a um tipo de teorização em que o modelo de sociedade pós-moderna de certa forma se aplica a qualquer sociedade, e em que se explica qualquer tipo de tradução como o mesmo tipo de "tradução entendida corretamente" (após a leitura de Walter Benjamin, em inglês). As teorias da tradução cultural afastariam, assim, a alteridade que normalmente afirmam defender.

8.8.5. "A Tradução Cultural Está Desconectada da Tradução Como Profissão"

Isso faz parte de uma censura tradicional à teoria da tradução em geral: as pessoas que teorizam na realidade não saberiam traduzir, então, não podem saber nada de verdade sobre tradução. A crítica pode ser mais grave no caso da "tradução cultural", uma vez que a discussão dos teóricos vai muito além das traduções como textos, e existe o argumento correlacionado de que eles estão mais interessados em seu poder na academia do que em qualquer coisa ligada a outras culturas minoritárias. Comentamos que há muito pouco interesse pelos tradutores reais (os tradutores de Rushdie levaram os tiros em lugar do autor, e ainda assim Bhabha declara tranquilamente que a resistência de Rushdie é "intraduzível") e podemos, em termos mais gerais, lamentar que a dinâmica das culturas sufoca qualquer ênfase em "culturas da tradução" ou "interculturas profissionais" específicas. Nesse sentido, o paradigma é poderoso demais para fortalecer os tradutores de forma clara.

De outro lado, alguns teóricos são de fato tradutores, e tradutores bastante inovadores (Spivak, sem dúvida, e Venuti), sendo que a maioria dos outros vive e trabalha entre múltiplas culturas. Eles não estão inconscientes dos tipos de situações nas quais os tradutores trabalham. De modo mais promissor, a conexão com a imigração nos ajuda a considerar muitas possíveis e novas situações de tradução, com ênfase em "necessidades sociais" em vez de em demandas de mercado. Não existe motivo teórico para o paradigma da tradução cultural excluir uma atenção maior aos tradutores.

As objeções acima são reais e significativas para o futuro da teoria da tradução. Algumas delas são fortes o suficiente para ameaçar qualquer tentativa de ver a tradução cultural como paradigma coerente; outras constituem discussões que garantem o dinamismo e a relevância do paradigma. Ao percorrê-las, obtém-se uma tabela de pontos positivos e negativos. No computo geral, para nós, as virtudes da tradução cultural merecem uma atenção séria.

Resumo

Este capítulo se iniciou com a análise de como Homi Bhabha utiliza o termo "tradução cultural" no capítulo "How Newness Enters the World" (Como a Novidade Adentra o Mundo). Questionamos desde então quão novo o conceito realmente é. Revisamos preposições anteriores por uma disciplina mais abrangente, em especial Jakobson e Even-Zohar, e verificamos como o termo "tradução cultural" se desenvolveu a partir da antropologia social. Essa visão mais abrangente também conta com a teoria ator-rede (sociologia de tradução) e com os trabalhos em alemão sobre a comunicação entre diferentes grupos culturais em sociedades complexas, em particular em contextos que envolvem imigração. Se algo novo entrou no mundo da tradução, provavelmente surgiu das imigrações e mudanças nos padrões de comunicação, a ponto de não podermos mais conceber línguas e culturas separadas. Não existem mais os espaços fundamentais que no passado estabeleceram a teoria da equivalência. A tradução cultural pode, assim, oferecer formas de pensar sobre as muitas situações em que a tradução funciona no mundo hoje.

Sugestões de Leitura

A terceira edição de *The Translation Studies Reader* (Venuti, 2012) inclui textos de Berman, Spivak, Appiah e Derrida (embora o texto deste último não seja tão representativo dos usos que o teórico faz de tradução). Munday (2012) aborda esse paradigma em três capítulos, de certa forma distinguindo entre cultura, ideologia, sociologia e filosofia. Homi Bhabha deve ser leitura fundamental para todos os interessados em tradução cultural. Para onde ir a partir dessa referência depende muito de quais são os interesses de pesquisa. O volume *Nation, Language, and the Ethics of Translation*, editado por Bermann e Wood (2005), apresenta amostras dos trabalhos em curso nos Estados Unidos. Muitas das vertentes mais internacionais estão sendo reunidas no periódico *Translation Studies*, da Routledge.

SUGESTÕES DE PROJETOS E ATIVIDADES

1. Pesquise na *web* o termo "tradução cultural". Quantos sentidos diferentes você encontrou? Todos se encaixariam no mesmo paradigma?
2. Se um romance de Salman Rushdie pode ser considerado um ato de tradução cultural, o mesmo pode ser dito de todos os romances? Existem usos não tradutórios da linguagem?
3. Considere a afirmação de que "a língua das Américas é tradução". O mesmo vale para todas as línguas? (Existe alguma língua que não foi deslocada?) Quantas línguas naturais diferentes são faladas nas Américas? Quantas delas não subsistiram? Qual seria a consequência ideológica de dizer que elas são realmente uma única língua? Quem disse que "a língua da *Europa* é tradução"?
4. Even-Zohar propõe que os "estudos da transferência" verifiquem a circulação, de cultura para cultura, das tecnologias fundamentais, como o cavalo e o alfabeto. Essas coisas devem ser consideradas pela teoria da tradução?

5. Encontre uma das traduções realizadas por Spivak de uma obra de Mahasweta Devi (ou qualquer tradução literária que tenha um prefácio considerável escrito pelo tradutor). Como a tradutora descreve as línguas de partida do processo de tradução? Quantas línguas de partida existem no conteúdo do texto (por exemplo, as ideias partem de quais línguas?) Os textos de partida são considerados mais autênticos do que as traduções? Os textos de partida podem ser considerados traduções?

6. Callon e Latour entendem a tradução como ato em que alguém fala em nome de outro alguém, tornando-se indispensável e, assim, obtendo poder. É esse o caso em todas as traduções? Seria o caso da relação entre Bhabha e Rushdie, ou entre Spivak e Devi?

7. Emily Apter é uma professora americana das áreas de literatura comparada e francês que associa a teoria da tradução a uma "nova literatura comparada" (2006). Ao fazer isso, ela menciona os seguintes "pioneiros no campo dos estudos da tradução": "George Steiner, André Lefevere, Antoine Berman, Gregory Rabassa, Lawrence Venuti, Jill Levine, Michel Heim, Henri Meschonnic, Susan Sontag, Richard Howell e Richard Sieburth" (2006, p. 6). Quem são essas pessoas? O que elas têm em comum? Por que tão poucas dessas pessoas foram mencionadas neste livro?

8. Acesse o *website* do Instituto Europeu para Políticas Culturais Progressivas (European Institute for Progressive Cultural Policies – EIPCP) e consulte suas várias atividades envolvendo "tradução cultural". Que tipo de tradução produziu esse esplêndido website multilíngue? Qual a relação entre o que os autores dizem sobre a tradução e como utilizam as traduções? Em qual língua a sigla "EIPCP" faz sentido? Por que existem tão poucas referências aos "pioneiros" mencionados por Apter?

9. A tradução pode ser estudada por meio da pesquisa em uma única língua? Ela deve ser estudada por pessoas que saibam apenas uma língua?

10. Em 1928, no auge do surrealismo, o poeta brasileiro Oswald de Andrade anunciou seu *Manifesto Antropófago* à cultura brasileira. Eis um excerto:

> Só a Antropofagia nos une. Socialmente. Economicamente. Filosoficamente.
>
> Única lei do mundo. Expressão mascarada de todos os individualismos, de todos os coletivismos. De todas as religiões. De todos os tratados de paz.

> Tupi or not tupi, that is the question.
> Contra todas as catequeses. E contra a mãe dos Gracos.
> Só me interessa o que não é meu. Lei do homem. Lei do antropófago.

(Andrade, 1928/1980, p. 81.)

Em 1978, o poeta brasileiro Augusto de Campos aplicou isso à tradução, listando seus poetas estrangeiros favoritos e declarando:

> Minha maneira de amá-los é traduzi-los. Ou degluti-los, segundo a Lei Antropofágica de Oswald de Andrade: só me interessa o que não é meu. (1978, p. 7.)

Compare essas afirmações com a dinâmica interna/externa descrita por Spivak. Eles estão falando do mesmo tipo de tradução? Agora compare isso com a culpa descrita por Spivak ou com o poder de "falar em nome de" mencionado por Callon e Latour. Os graus de culpa ou poder dependem da direcionalidade da tradução? Eles teriam alguma coisa a ver com a sua experiência ao traduzir?

11. Compare as afirmações de Andrade e Campos com as considerações da teoria do canibalismo pós-colonial em Vieira (1999) ou Gentzler (2008). As afirmações acima realmente apresentam uma teoria da tradução ou uma teoria da tradução coerente? Os comentários de Vieira ou Gentzler de algum modo construíram uma verdadeira escola de pensamento ("a forte comunidade de estudos da tradução brasileira", diz Munday, 2001, p. 136) sem referência às práticas de tradução reais no Brasil (ver Milton e Bandia, 2008, p. 12)?

12. Busque informações sobre serviços de tradução (não) oferecidos a imigrantes em seu país. Os próprios imigrantes são obrigados a tornarem-se tradutores? Qual o papel desempenhado pelas crianças? Qual é a posição das mulheres no que se refere às várias línguas? Esses problemas e tipos de tradução são abordados por algum outro paradigma da teoria da tradução?

Pós-Escrito

E se Todos Eles Estiverem Errados?

Tentarei posicionar-me em relação aos vários paradigmas (pois não existe descrição neutra) e depois sugerirei como você pode estabelecer seu próprio posicionamento.

    O que penso desses paradigmas? Para mim, a equivalência é uma ilusão social eficiente. As pessoas acreditam nela como acreditam no valor do dinheiro que levam em seus bolsos; acreditamos nessas coisas mesmo sabendo que não existe certeza linguística por trás da equivalência, nem ouro o suficiente para respaldar nosso dinheiro. Devemos então procurar entender como funcionam as crenças de equivalência. A partir disso, posso admitir que todos os outros paradigmas têm coisas válidas a dizer. A teoria do escopo, para mim, é uma seleção de coisas muito evidentes, infelizmente incapazes de resolver problemas éticos que envolvam propósitos concorrentes. O paradigma descritivista situa-se no centro da pesquisa em tradução e não pode ser ignorado, mas lhe falta refletir criticamente sobre o papel do pesquisador, daquele que descreve. O paradigma da incerteza tem partes boas e ruins – aceito as lições da desconstrução e procuro conviver com elas. Por outro lado, não concordo com teorias que acreditam na supremacia do texto de partida e tenho problemas com a tradição hermenêutica que olha nessa direção. Do paradigma da incerteza, tenho mais interesse em aspectos que possam ajudar a criar um futuro, particularmente na dinâmica de gerenciamento de risco e cooperação (logo deveremos construir um mundo melhor, assim como criticar os mundos ruins).

Quanto à localização, sou fascinado pelos efeitos da tecnologia, que nos oferecem um futuro melhor, assim como fico chocado com a forma ingênua como a equivalência retornou nesse paradigma, com toda a sua simplicidade ilusória. A tradução cultural, por sua vez, abre novos caminhos para a compreensão da tradução em contextos sociais. Para mim, contudo, o paradigma deixa de funcionar como teoria da tradução quando passa a não mais tratar de tradução, e acredito que boa parte do trabalho realizado sobre tradução cultural seria melhor identificado como "estudos interculturais".

Se assumo todos esses posicionamentos, claramente não pertenço a um único paradigma. Não penso que seja necessário colocar-se em um lugar ou em outro. Devemos ficar à vontade para nos mover entre paradigmas, selecionando ideias que nos ajudem a solucionar problemas. Penso que as teorias da tradução deveriam se desenvolver dessa forma.

Eis, por exemplo, um problema que tem me atormentado nos últimos dias, com relação ao qual eu preciso da ajuda das teorias. Parte do problema já é em si uma grande teoria institucional. Nas décadas recentes, o Vaticano tem visto a tradução como um aspecto da "inculturação", descrita como "a encarnação do Evangelho em culturas autônomas e, ao mesmo tempo, a introdução dessas culturas na vida da Igreja" (João Paulo II, 1985, p. 21). Muitos tradutores pensam que a tradução vai de uma cultura à outra, mas o Vaticano, e vários proponentes da tradução cultural, sabe melhor do que ninguém: a inculturação envolve, muito idealisticamente, um duplo movimento, em vez de uma simples tradução de mão única. "Por meio da inculturação, a Igreja faz o *Evangelho* encarnar em diferentes culturas e, ao mesmo tempo, introduz pessoas, junto com sua cultura, na comunidade dela" (João Paulo II, 1990, p. 52). O objetivo da tradução é, simultaneamente, inserir a cultura católica *na* cultura-alvo e trazer a cultura-alvo para *dentro* da cultura católica. É assim apenas com os católicos? As comunicações da União Europeia não têm claramente mais ou menos esse mesmo duplo movimento como objetivo? E não estão as instituições da literatura internacional trabalhando dessa mesma forma (com fusão de casas editoriais e a lista de *best-sellers* globais)? E algo como a cultura MTV? Ou o humanismo liberal do sistema universitário mundial?

Minha preocupação não é exatamente como descrever o imperialismo assimétrico: teorias de sistemas não lineares podem lidar com a absorção complexa de uma cultura por outra. E não faltam teorias de mistura cultural. Meu problema específico é que os tipos de comunicação mais empregados nesses movimentos de alguma maneira fazem com que as pessoas *queiram* desistir da, ou transformar, sua cultura doméstica – eles são textos que promovem aspiração e conversão. E, no entanto, quase todas as nossas teorias da tradução são a respeito da tradução de conteúdo, proposições, informação e nós treinamos gerações de tradutores e intérpretes para que foquem em coisas tão anódinas em vez de nas aspirações pelas quais o mundo muda. Estarão todas as teorias erradas? Deveríamos nos ocupar de uma dimensão um tanto diferente da comunicação? E assim, saí em busca de auxílio, relendo Meschonnic em clave política, retornando à sociolinguística de Gumperz e Tannen, encontrando o sentido de "envolvimento" deles no pensamento básico de Nida e, então, relendo Paulo de Tarso, o grande convertido, e dali, como muitos nos dias de hoje (incluindo Venuti, 2013, p. 184-186), Alain Badiou e a teoria dos eventos, por todo o tempo assombrado pelos clássicos debates entre retórica e ética. Os paradigmas da tradução existentes não são de grande ajuda para esse tipo de problema. Você terá de ir à caça, de inquirir, questionar, buscar tipos alternativos de teorização.

Aqui vai, então, o meu conselho: ao teorizar a tradução, ao desenvolver sua própria teoria da tradução, primeiro identifique um problema – uma situação de dúvida que exija ação ou uma questão não respondida. Depois vá em busca de ideias que possam lhe ajudar a estudar o problema. Não é necessário começar em um paradigma específico nem pertencer a um.

Referências

AKRICH, M.; CALLON, M.; LATOUR, B. (2006). *Sociologie de la traduction: Textes fondateurs*. Paris: Presses de l'École des Mines.
AMMANN, M. (1994). Von Schleiermacher bis Sartre: Translatologische Interpretationen. In: Snell-Hornby, M.; Kaindl, K. (eds). *Translation Studies: An Interdiscipline*. Amsterdam/Philadelphia: Benjamins.
ANDRADE, O. de (1928/1980). Manifesto Antropófago. In: SCHWARTZ, J. (org.). *Literatura Comentada*. São Paulo: Abril.
ANGELONE, E. (2010). Uncertainty, Uncertainty Management and Metacognitive Problem Solving in the Translation Task. In: SHREVE, G.M.; ANGELONE, E. (eds.). *Translation and Cognition*. Amsterdam/Philadelphia: Benjamins.
APPIAH, K.A. (1993/2012). Thick Translation. In: VENUTI, L. (ed.). *The Translation Studies Reader*. London/New York: Routledge.
APTER, E. (2006). *The Translation Zone: A New Comparative Literature*. Princeton/Oxford: Princeton University Press.
ARROJO, R. (1992). *Oficina de Tradução: A Teoria na Prática*. 2. ed. São Paulo: Ática.
____ (1993). *Tradução, Deconstrução e Psicanálise*. Rio de Janeiro: Imago.
____ (1994). Fidelity and the Gendered Translation. TTR: *Traduction, Terminologie, Rédaction*, v. 7, n. 2.
____ (1997). Asymmetrical Relations of Power and the Ethics of Translation. TEXTconTEXT, Neue Folge, Jahrgang 11, Heft. 1.
____ (1998). The Revision of the Traditional Gap between Theory and Practice and the Empowerment of Translation in Postmodern Times. *The Translator*, v. 4, n. 1.
ASAD, T. (1986). The Concept of Cultural Translation in British Anthropology. In: CLIFFORD, J.; MARCUS, G.E. (eds.). *Writing Culture: The Poetics and Politics of Ethnography*. Berkeley/Los Angeles/London: University of California Press.
AGOSTINHO DE HIPONA. (c. 400/1969). De catechizandis rudibus. In: BAUER, I.B.(org.). *Aurelii Augustini Opera*. Pars XIII, 2, Corpus Christianorum, Series Latina 46. Turnholt: Brepols.

BASCOM, B. (2007). Mental Maps and the Cultural Understanding of Scripture. *Translation, Identity, and Language Heterogeneity: International Conference on Translations*. Universidad Nacional Mayor de San Marcos, Lima, Dec. 7-9.

BAUMGARTEN, S. (2009). *Translating Hitler's Mein Kampf: A Corpus-Aided Discourse-Analytical Study*. Saarbrücken: VDM.

BÉDARD, C. (2000). Mémoire de traduction cherche traducteur de phrases... *Traduire*, v. 186.

BENJAMIN, A. (1989). *Translation and the Nature of Philosophy: A New Theory of Words*. London/New York: Routledge.

____ (1992). Translating Origins: Psychoanalysis and Philosophy. In: VENUTI, L. (ed.). *Rethinking Translation: Discourse, Subjectivity, Ideology*. London: Routledge.

Benjamin, W. (1923/1977). Die Aufgabe des Übersetzers. *Illuminationen: Ausgewählte Schriften*. Frankfurt: Suhrkamp.

____ (1923/2004). The Task of the Translator. In: VENUTI, L. (ed.). *The Translation Studies Reader*. 2. ed. Trans. H. Zohn. London/New York: Routledge.

BERMAN, A. (1984/1992). *The Experience of the Foreign: Culture and Translation in Romantic Germany*. Trans. S. Heyvaert. Albany: State University of New York Press.

____ (1985/1999). *La Traduction et la lettre, ou l'auberge du lointain*. Paris: Seuil.

____ (1995). *Pour une critique des traductions: John Donne*. Paris: Gallimard.

BERMANN, S.; WOOD, M. (eds.) (2005). *Nation, Language, and the Ethics of Translation*. Princeton: Princeton University Press.

BHABHA, H. (1994/2004). *The Location of Culture*. London/New York: Routledge.

BIGELOW, J. (1978). Semantics of Thinking, Speaking and Translation. In: GUENTHNER, F.; GUENTHNER-REUTTER, M. (eds.). *Meaning and Translation. Philosophical and Linguistic Approaches*. London: Duckworth.

BLUM-KULKA, S. (1986/2004). Shifts of Cohesion and Coherence in Translation. In: VENUTI, L. (ed.). *The Translation Studies Reader*. London/New York: Routledge.

BLUM-KULKA, S.; LEVENSTON, E.A. (1983). Universals of Lexical Simplification. In: FAERCH, C.; CASPER, G. (eds.). *Strategies in Inter-language Communication*. London/New York: Longman.

BOÉRI, J.; MAIER, C. (eds.). (2010). *Compromiso Social y Traducción/Interpretación – Translation/Interpreting and Social Activism*. Granada: Ecos.

BRISLIN, R.W. (1981). *Cross-Cultural Encounters: Face-to-Face Interaction*. New York: Pergamon.

BRODSKI, B. (2007). *Can These Bones Live? Translation, Survival, and Cultural Memory*. Stanford: Stanford University Press.

BUDICK, S.; ISER, W. (eds.). (1996). *The Translatability of Cultures: Figurations of the Space Between*. Stanford: Stanford University Press.

BÜHLER, K. Sprachtheorie. (1934/1982). *Die Darstellungsfunktion der Sprache*. Stuttgart/New York: Gustav Fischer.

BURGE, T. (1978). Self-Reference and Translation. In: GUENTHER, F.; GUENTHER-REUTTER, M. (eds.). *Meaning and Translation: Philosophical and Linguistic Approaches*. London: Duckworth.

BUZELIN, H. (2007). Translations "in the Making". In: WOLF, M.; FUKARI, A. (eds.). *Constructing a Sociology of Translation*. Amsterdam/Philadelphia: John Benjamins.

CALLON, M. (1975). L'Opération de traduction. In: ROQUEPIO, P. (ed.). *Incidence des rapports sociaux sur le développement des sciences et des techniques*. Paris: Cordes.

____ (1986). Some Elements for a Sociology of Translation: Domestication of the Scallops and the Fishermen of St-Brieuc Bay. In: LAW, J. (ed.). *Power, Action and Belief: A New Sociology of Knowledge?* London: Routledge.

CALLON, M.; LATOUR, B. (1981/2006). Unscrewing the Big Leviathan: Or How Actors Macrostructure Reality, and How Sociologists Help Them to Do So. In: KNORR, K.D.; CICOUREL, A. (eds.). *Advances in Social Theory and Methodology: Toward an Integration of Micro and Macro Sociologies*. London: Routledge/Kegal Paul.

CAMPBELL, S. (2001). Choice Network Analysis in Translation Research. In: OLOHAN, M. (ed.). *Intercultural Faultlines. Research Models in Translation Studies I: Textual and Cognitive Aspects*. Manchester: St. Jerome.

CAMPOS, A. de. (1978/2009). Verso, Reverso, Controverso. *Verso, Reverso e Controverso*. 2. ed. São Paulo: Perspectiva.

CAMPOS, H. de. (1962/1976). Da Tradução Como Criação e Como Crítica. *Metalinguagem & Outras Metas*. São Paulo: Cultrix.

CATFORD, J.C. (1965). *A Linguistic Theory of Translation: An Essay in Applied Linguistics*. London: Oxford University Press.

CHAU, Simon S.C. (Sui Cheong). (1984). Hermeneutics and the Translator: The Ontological Dimension of Translating. *Multilingua*, v. 3, n. 2.

CHESTERMAN, A. (1996). On Similarity. *Target*, v. 8, n. 1.

____ (1997). *Memes of Translation: The Spread of Ideas in Translation Theory*. Amsterdam/Philadelphia: Benjamins.

____ (1999). The Empirical Status of Prescriptivism. *Folia Translatologica*, v. 6.

____ (2005). Where is Similarity? In: ARDUINI, S.; HODGSON, R. (eds.). *Similarity and Difference in Translation*. Rimini: Guaraldi.

____ (2006). Interpreting the Meaning of Translation. In: SUOMINEN, M. et al. (eds.). *A Man of Measure: Festschrift in honour of Fred Karlsson on His 60th Birthday*. Turku: Linguistic Association of Finland.

____ (2009). The Name and Nature of Translator Studies. *Hermes*, v. 43.

____ (2010). Skopos Theory: A Retrospective Assessment. In: KALLMEYER, W.; REUTER, E.; SCHOOP, J.F. (eds.). *Perspektiven auf Kommunikation: Festschrift Liisa Tittula aum 60. Geburtstag*. Berlin: Saxa.

CHESTERMAN, A.; ARROJO, R. (2000). Forum: Shared Ground in Translation Studies. *Target*, v. 12, n. 1.
CHOMSKY, N. (1980). *Rules and Representations*. New York: Columbia University Press.
CICERO, M.T. (46 a.C./1996) De optimo genere oratorum. In: LAFARGA, F. (ed.). *El Discurso Sobre la Traducción en la Historia*. Bilingual edition. Barcelona: EUB.
CLIFFORD, J. (1997). *Routes: Travel and Translation in the Late Twentieth Century*. Cambridge: Harvard University Press.
COSERIU, E. (1978). Falsche und richtige Fragenstellungen in der Übersetzungstheorie. In: GRÄHS, L.; KORLÉN, G.; MALMBERG, B. (eds.). *Theory and Practice of Translation*. Bern/Frankfurt/Las Vegas: Peter Lang.
COUNCIL OF EUROPE (2001). *Common European Framework of Reference for Languages: Learning, Teaching, Assessment*. Strasbourg: Council of Europe/Cambridge University Press.
CROCE, B. (1909/1922). *Aesthetic as a Science of Expression and General Linguistic*. London: Noonday.
CRONIN, M. (2000). *Across the Lines:Travel, Language, Translation*. Cork: Cork University Press.
____ (2003). *Translation and Globalization*. London/New York: Routledge.
____ (2006). *Translation and Identity*. London/New York: Routledge.
____ (2013). *Translation in the Digital Age*. London/New York: Routledge.
CRYSTAL, D. (2006). *Words, Words, Words*. Oxford: Oxford University Press.
DAVIS, K. (2001). *Deconstruction and Translation*. Manchester/Northhampton: St. Jerome.
DELABASTITA, D. (2008). Status, Origin, Features: Translation and Beyond. In: PYM, A.; SHLESINGER, M.; SIMEONI, D. (eds.). *Beyond Descriptive Translation Studies*. Amsterdam/Philadelphia: Benjamins.
DELABASTITA, D.; D'HULST, L.; MEYLAERTS, R. (2006). *Functional Approaches to Culture and Translation: Selected Papers by José Lambert*. Amsterdam/Philadelphia: Benjamins.
DELISLE, J. (1988). *Translation: An Interpretive Approach*. Trans. P. Logan and M. Creery. Ottawa: University Press.
____ (1993). Traducteurs médievaux, traductrices féministes: Une même éthique de la traduction? TTR: *Traduction, Terminologie, Rédaction*, v. 6, n. 1.
DE MAN, P. (1986). *The Resistance to Theory*. Minneapolis: University of Minnesota Press.
DERRIDA, J. (1967). *De la grammatologie*. Paris: Minuit. (Trad. bras.: *Gramatologia*. 2. ed. São Paulo: Perspectiva, 2013.)
____ (1968). La Pharmacie de Platon. *Tel Quel*, n. 32/33.
____ (1972). *Marges de la philosophie*. Paris: Minuit.
____ (1979). Living On: Border Lines. In: BLOOM, H. (ed.). *Deconstruction and Criticism*. New York: Seabury.

____ (1982/1985). *The Ear of the Other: Otobiography, Transference, Translation: Texts and Discussions with Jacques Derrida*. Trans. P. Kamuf. New York: Schocken.

____ (1985). Des Tours de Babel (bilíngue francês e inglês). In: GRAHAM, J.F. (ed.). *Difference in Translation*. Ithaca: Cornell University Press.

____ (1993). *Spectres de Marx: L'État de la dette, le travail du deuil et la nouvelle Internationale*. Paris: Galilée.

____ (2005). *Qu'est-ce qu'une traduction "relevante"?* Paris: L'Herne.

DIMITROVA, B.E. (2005). *Expertise and Explicitation in the Translation Process*. Amsterdam/Philadelphia: Benjamins.

D'HULST, L. (1992). Sur le rôle des métaphores en traductologie contemporaine. *Target*, v. 4, n. 1.

DUARTE, J.F. (2005). Para uma Crítica de Retórica da Tradução em Homi Bhabha. In: MACEDO, A.G.; KEATING, M.E. (eds.). *Colóquio de Outono. Estudos de Tradução – Estudos Pós-Coloniais*. Braga: Universidade do Minho.

DUNNE, K.J. (ed.) (2006). *Perspectives on Localization*. Amsterdam/Philadelphia: Benjamins.

ECO, U. (1977). *A Theory of Semiotics*. London/Basingstoke: Macmillan.

____ (2001). *Experiences in Translation*. Trans. A. McEwan. Toronto/Buffalo/London: University of Toronto Press.

ECO, U. et al. (1992). *Interpretation and Overinterpretation*. Cambridge: Cambridge University Press.

ELIOT, T.S. (1933/1975). The Use of Poetry and the Use of Criticism. In: KERMODE, F. (ed.). *Selected Prose of T.S. Eliot*. Orlando: Harcourt.

ESSELINK, B. (2000). *A Practical Guide to Localization*. Amsterdam/Philadelphia: Benjamins.

EVEN-ZOHAR, I. (1978). The Position of Translated Literature Within the Literary Polysystem. In: HOLMES, J.S.; LAMBERT, J.; VAN DE BROECK, R. (eds.). *Literature and Translation*. Leuven: Acco, p. 117-127. (Citado aqui a partir de EVEN-ZOHAR, I. *Papers in Historical Poetics*. Tel Aviv: Porter Institute. Disponível em <http://www.tau.ac.il/~itamarez/>. Acesso maio, 2013.)

____ (1986). The Quest for Laws and its Implications for the Future of the Science of Literature. In: VAJDA, G.M.; RIESZ, J. (eds.). *The Future of Literary Scholarship*. Frankfurt: Peter Lang.

____ (1990a). Translation and Transfer. *Poetics Today*, v. 11, n. 1. Especial em estudos polissistêmicos.

____ (1990b). Polysystem Theory. *Poetics Today*, v. 11, n. 1.

____ (2008). *Ideational Labor and the Production of Social Energy: Intellectuals, Idea Makers and Culture Entrepreneurs*. Tel Aviv: Porter Chair of Semiotics. Disponível em: <http://www.tau.ac.il/~itamarez/>. Acesso em mar. 2009.

FAWCETT, P. (1997). *Translation and Language: Linguistic Theories Explained*. Manchester: St. Jerome.
FEDOROV, A.V. (1953). *Vvedenie b teoriu perevoda*. Moskvá: Literaturi na inostrannikh iazikakh.
FOLKART, B. (1989). Translation and the Arrow of Time. *TTR: traduction, Terminologie, Rédaction*, v. 2, n. 1.
____ (1991). *Le Conflit des énonciations: Traduction et discours rapporté*. Montréal: Balzac.
FRANK, A.P. (1989). "Translation as System" and Übersetzungskultur: On Histories and Systems in the Study of Literary Translation. *New Comparison*, n. 8.
FRASER, J. (1996). Professional versus Student Behavior. In: DOLLERUP, C.;APPEL, V. (eds.) *Teaching Translation and Interpreting 3: New Horizons*, Amsterdam/Philadelphia: Benjamins.
FREEMAN, D. (1999). *The Fateful Hoaxing of Margaret Mead: A Historical Analysis of Her Samoan Research*. Boulder: Westview.
GADAMER, H.G. (1960/1972). *Wahrheit und Methode: Grundzüge einer philosophischen Hermeneutik*. Tübingen: Mohr.
GARCÍA, I. (2010). Is Machine Translation Ready Yet? *Target*, v. 22, n. 1.
GENETTE, G. (1976). *Mimologiques: Voyage en Cratylie*. Paris: Seuil.
GENTZLER, E. (1993/2001). *Contemporary Translation Theories*. 2. ed. revista. Clevedon: Multilingual Matters.
____ (2008). *Translation and Identity in the Americas*. London/New York: Routledge.
GODARD, B. (2002). L'Éthique du traduire: Antoine Berman et le "virage éthique" en traduction. *Meta*, v. 14, n. 2.
GORLÉE, D.L. (1994). *Semiotics and the Problem of Translation, with Special Reference to the Semiotics of Charles S. Peirce*. Amsterdam/Atlanta: Rodopi.
GOUADEC, D. (2007). *Translation as a Profession*. Amsterdam/Philadelphia: Benjamins.
GRICE, H.P. (1975). Logic and Conversation. In: COLE, P.; MORGAN, J.L. (eds.). *Syntax and Semantics*. New York: Academic Press, v. 3.
GUTT, E.-A. (1991/2000). *Translation and Relevance: Cognition and Context*. 2. ed. Manchester: St. Jerome.
HALVERSON, S. (1998). Translation Studies and Representative Corpora: Establishing Links between Translation Corpora, Theoretical/Descriptive Categories and a Conception of the Object of Study. *Meta*, v. 43, n. 4.
____ (2007). Translations as Institutional Facts: An Ontology for "Assumed Translation". In: PYM, A.; SHLESINGER, M.; SIMEONI, D. (eds.). *Beyond Descriptive Translation Studies*. Amsterdam/Philadelphia: Benjamins.
HARRIS, B. (1976). The Importance of Natural Translation. *Working Papers in Bilingualism*, n. 12.
HATIM, B.; MASON, I. (1990). *Discourse and the Translator*. London: Longman.

_____ (1997). *The Translator as Communicator*. London/New York: Routledge.
HEIDEGGER, M. (1927-1953). *Being and Time*. Trans. J. Stambaugh. Albany: State University of New York Press.
_____ (1957). *Der Satz vom Grund*. Pfullingen: Neske.
HERMANS, T. (1997). Translation as Institution. In: SNELL-HORNBY, M.; JETTMAROVÁ, Z.; KAINDL, K. (eds.). *Translation as Intercultural Communication*. Amsterdam/Philadelphia: Benjamins.
_____ (1999). *Translation in Systems: Descriptive and Systemic Approaches Explained*. Manchester: St. Jerome.
HERMANS, T. (ed.) (1985). *The Manipulation of Literature: Studies in Literary Translation*. London/Sydney: Croom Helm.
HJELMSLEV, L. (1943/1963) *Prolegomena to a Theory of Language*. Trans. F.J. Whitfield. Madison: University of Wisconsin.
HOFFMAN, E. (1989). *Lost in Translation: Life in a New Language*. New York: Penguin.
HOLMES, J.S. (1970). Forms of Verse Translation and the Translation of Verse Form. In: HOLMES, J.S.; HAAN, F. de; POPOVIČ, A. (eds.). *The Nature of Translation: Essays in the Theory and Practice of Literary Translation*. Haia/Paris, Mouton de Gruyter.
HOLMES, J.S.; HAAN, F. de; POPOVIČ, A. (eds.). (1970). *The Nature of Translation: Essays in the Theory and Practice of Literary Translation*. Haia/Paris: Mouton de Gruyter.
HOLMES, J.S.; LAMBERT, J.; VAN DEN BROECK, R. (eds.). (1978). *Literature and Translation: New Perspectives in Literary Studies with a Basic Bibliography of Books on Translation Studies*. Louvain: Acco.
HOLZ-MÄNTTÄRI, J. (1984). *Translatorisches Handeln: Theorie und Methode*. Helsinki: Academia Scientiarum Fennica.
_____ (1990). Funktionskonstanz-eine Fiktion? In: SALEVSKY, H. (ed.) *Übersetzungswissenschaft und Sprachmittlerausbildung*, v. 1, Berlin: Humboldt-Universität zu Berlin.
HÖNIG, H.G. (1997). Positions, Power and Practice: Functionalist Approaches and Translation Quality Assessment. *Current Issues in Language and Society*, v. 4, n. 1.
HÖNIG, H.G.; KUSSMAUL, P. (1982/1996). *Strategie der Übersetzung: Ein Lehr- und Arbeitsbuch*. Tübingen: Narr.
HOUSE, J. (1997). *Translation Quality Assessment: A Model Revisited*. Tübingen: Narr.
ISER, W. (1994). On Translatability. *Surfaces*, n. 4.
JÄÄSKELÄINEN, R. (1999). *Tapping the Process: An Exploratory Study of the Cognitive and Affective Factors Involved in Translaiting*. Joensuu: University of Joensuu Publications in the Humanities.
JÄÄSKELÄINEN, R.; TIRKKONEN-CONDIT, S. (1991). Automatised Processes in Professional vs. Non-Professional Translation: A Think-Aloud Protocol Study. In:

TIRKKONEN-CONDIT, S.(ed.). *Empirical Research in Translation and Intercultural Studies*. Tübingen: Narr.

JAKOBS, C. (1975). The Monstrosity of Translation. *Modern Language Notes*, v. 90, n. 6, Dec.

JAKOBSEN, A.L. (2002). Translating Drafting by Professional Translators and by Translation Students. In: HANSEN, G. (ed.). *Empirical Translation Studies: Process and Product*. Copenhagen: Samfundslitteratur.

JAKOBSEN, A.L.; JENSEN, K.T.H. (2008). Eye Movement Behavior Across Four Different Types of Reading Task. In: GÖPFERICH, S.; JAKOBSEN, A.L.; MEES, I.M. (eds.). *Looking at Eyes: Eye-Tracking Studies of Reading and Translation Processing*. Copenhagen: Samfundslitteratur.

JAKOBSON, R. (1959/2012). On Linguistic Aspects of Translation. In: VENUTI, L. (ed.). *The Translation Studies Reader*. 3. ed. London/New York: Routledge.

____ (1960). Closing Statement: Linguistics and Poetics. In: SEBEOK, T.A. (ed.). *Style in Language*. Cambridge/New York/London: MIT Press/John Wiley and Sons

JENSEN, A. (1999). Time Pressure in Translation. In: HANSEN, G. (ed.). *Probing the Process in Translation: Methods and Results*. Copenhagen: Samfundslitteratur.

JENSEN, A.; JAKOBSEN, A.L. (2000). Translating under Time Pressure: An Empirical Investigation of Problem-Solving Activity and Translation Strategies by Non--Professional and Professional Translators. In: CHESTERMAN, A.; GALLARDO SAN SALVADOR, N.; GAMBIER, Y. (eds.). *Translation in Context*. Amsterdam/Philadelphia: Benjamins.

JOÃO PAULO II (1985). *Slavorum apostoli* (Os Apóstolos dos Eslavos). Roma: Libreria Editrice Vaticana.

____ (1990). *Redemptories Mission: On the Permanent Validity of Church's Missionary Mandate*, carta encíclica, Dec. 7 1990, Roma: Libreria Editrice Vaticana.

KADE, O. (1968). *Zufall und Gesetzmässigkeit in der Übersetzung*. Leipzig: Verlag Enzyklopädie.

____ (1977). Zu einigen Grundpositionen bei der theoretischen Erklärung der Sprachmittlung als menschlicher Tätigkeit. In: KADE, O. (ed.). *Vermittelte Kommunikation, Sprachmittlung, Translation*. Leipzig: Verlag Enzyklopädie.

KAMENICKÁ, R. (2007). Explicitation Profile and Translator Style. In: PYM, A.; PEREKRESTENKO, A. (eds.). *Translation Research Projects 1*. Tarragona: Intercultural Studies Group.

KATAN, D. (1999). *Translating Cultures*. Manchester: St. Jerome.

KATAN, D. (2000). Language Transfer: What Gets Distorted or Deleted in Translation. *Mostovi*, n. 34.

KATZ, J. (1978). Effability and Translation. In: GUENTHNER, F.; GUENTHNER-REUTTER, M. (eds.) *Meaning and Translation: Philosophical and Linguistic Approaches*. London: Duckworth.

KIRALY, D.C. (2000). *A Social Constructivist Approach to Translator Education: Empowerment from Theory to Practice*. Manchester: St. Jerome.

KLAUDY, K. (2001). The Asymmetry Hypothesis: Testing the Asymmetric Relationship between Explicitations and Implicitations. *Third International Congress of the European Society for Translation Studies*. Copenhagen, 2001. Apresentação de Trabalho.

KNAPP, K.-P. (1985). Sprachmittlertätigkeit in der interkulturellen Kommunikation. In: REHBEIN, J. (ed.) *Interkulturelle Kommunikation*. Tübingen: Gunter narr.

KOLLER, W. (1979/1992). *Einführung in die Übersetzungswissenschaft*. Heidelberg/Wiesbaden: Quelle & Meyer.

KRINGS, H.P. (1988). Blick in die "Black Box" – eine Fallstudie zum Übersetzungsprozess bei Berufsübersetzern. In: ARNTZ, R. (ed.). *Textlinguistik und Fachsprache. Akten des Internationalen übersetzungswissenschaftlichen AILA-Symposions*. Hildesheim: Olms.

KUHN, T. (1962). *The Structure of Scientific Revolutions*. Chicago: University of Chicago Press. (Ed. bras.: *A Estrutura das Revoluções Científicas*. 12. ed. São Paulo: Perspectiva, 2013.)

KÜNZLI, A. (2001). Experts versus Novices: l'utilisation de sources d'information pendant le processos de traduction, *Meta*, v. 46, n. 3.

KUSSMAUL, P. (1995). *Training the Translator*. Amsterdam: Benjamins.

____ (2000). Types of Creative Translating. In: CHESTERMAN, A.; GALLARDO SAN SALVADOR, N.; GAMBIER, Y. (eds.) *Translation in Context*, Amsterdam/Philadelphia: Benjamins.

LAKOFF, G. (1987). *Women, Fire and Dangerous Things: What Categories Reveal About the Mind*. Chicago: The University of Chicago Press.

LATOUR, B. (1984/1988). *The Pasteurization of France*. Cambridge/London: Harvard University Press.

____ (2005). *Reassembling the Social: An Introduction to Actor-Network Theory*. Oxford: Oxford University Press.

LAYGUES, A. (2006). Pour une réaffirmation de l' "être-ensemble" par la traduction. *Meta*, v. 51, n. 4.

LEFEVERE, A. (1992). *Translation, Rewriting, and the Manipulation of Literary Fame*. London/New York: Routledge.

LEFEVERE, A.; BASSNETT, S. (1990). Introduction: Proust's Grandmother and the Thousand and One Nights: The "Cultural Turn" in Translation Studies. In: BASSNETT, S.; LEFEVERE, A. (eds.). *Translation, History and Culture*. London/New York: Pinter, 1990.

LEUVEN-ZWART, K. van. (1989). Translation and Original: Similarities and Dissimilarities, I. *Target*, v. 1, n. 2.

____ (1990). Translation and Original: Similarities and Dissimilarities, II. *Target*, v. 2, n, 1.

LEVÝ, J. (Umění překladu, 1963/2011). *The Art of Translation*. Amsterdam/Philadelphia: Benjamins. (Trad. Alemã: *Die literarische Übersetzung: Theorie einer Kunstgattung*. Frankfurt: Athenäum, 1969.)

_____ (1967/2004). Translation as a Decision Process. In: VENUTI, L. (ed.). *The Translation Studies Reader*. 2. ed. London/New York: Routledge.

LEWIS, P.E. (1985/2012). The Measure of Translation Effects. In: VENUTI, L. (ed.). *The Translation Studies Reader*. 3. ed. London/New York: Routledge.

LOCKE, J. (1690-1841). *An Essay Concerning Human Understanding*. London: Tegg.

LONGA, V.M. (2004). A Non-Linear Approach to Translation. *Target*, v. 16, n. 2.

LÖRSCHER, W. (1991). *Translation Performance, Translation Process and Translation Strategies: A Psycholinguistic Investigation*. Tübingen: Narr.

LOTMAN, Y.; USPENSKI, B. (1971/1979). Sobre el Mecanismo Semiótico de la Cultura. Trad. N. Méndez. *Semiótica de la Cultura*. Madrid: Cátedra.

LUHMANN, N. (1985). *A Sociological Theory of Law*. Trans. E. King and M. Albrow. London: Routledge/Kegan Paul.

LUTHER (Lutero), M. (1530-2002). *Sendbrief von Dolmetschen/Del Arte de Traducir*. Edición y traducción de T. Brandenberger, Madrid: Caparrós.

MALBLANC, A. (1944/1963). *Stylistique comparée du français et de l'allemand: Essai de représentation linguistique comparée et étude de traduction*. Paris: Didier.

MALMKJÆR, K. (1997). Linguistics in Functionland and Through the Front Door: A Response to Hans G. Hönig. *Current Issues in Language and Society*, v. 4, n. 1.

MALONE, J.L. (1988). *The Science of Linguistics in the Art of Translation: Some Tools from Linguistics for the Analysis and Practice of Translation*. Albany: State University of New York Press.

MARAIS, K.J. (2009). Wisdom and Narrative: Dealing with Complexity and Judgement in Translator Education. *Acta Theologica Supplementum*, v. 12.

_____ (2013). *Translation Theory and Development Studies: A Complexity Theory Approach*. London/New York: Routledge.

MAYORAL, R. (2003). *Translating Official Documents*. Manchester: St. Jerome.

MESCHONNIC, H. (1973). Propositions pour une poétique de la traduction. *Pour la poétique II*. Paris: Gallimard.

_____ (1999). *Poétique du traduire*. Lagrasse: Verdier. (Trad. bras.: *Poética do Traduzir*. Jerusa Pires Ferreira e Suely Fenerich. São Paulo: Perspectiva, 2010.)

_____ (2003). Texts on Translation. Trans. Anthony Pym. *Target*, v. 15, n. 2.

_____ (2011). *Ethics and Politics of Translating*. Trans. P.P. Boulanger. Amsterdam/Philadelphia: Benjamins.

MIKO, F. (1970). La théorie de l'expression et la traduction. In: HOLMES, J.S.; HAAN, F. de; POPOVIČ, A. (eds.). *The Nature of Translation: Essays in the Theory and Practice of Literary Translation*. Haia/Paris: Mouton de Gruyter.

MILLER, J.H.(1995). *Topographies*. Stanford: Stanford University Press.

MILTON, J.; BANDIA, P. (2008). Introduction: Agents of Translation and Translation Studies. In: MILTON, J.; BANDIA, P. (eds.). *Agents of Translation*. Amsterdam/Philadelphia: Benjamins.

MONACELLI, C.; PUNZO, R. (2001). Ethics in the Fuzzy Domain of Interpreting: A "Military" Perspective. *The Translator*, v. 7, n. 2.

MOUNIN, G. (1963). *Les Problèmes théoriques de la traduction*. Paris: Gallimard.

MUNDAY, J. (2012). *Introducing Translation Studies: Theories and Applications*. 3. ed. London/New York: Routledge.

MUÑOZ MARTÍN, R. (1998). Translation Strategies: Somewhere over the Rainbow. 4th International Congress on Translation, Universitat Autònoma de Barcelona. Apresentação de trabalho.

NEWMARK, P. (1988). *A Textbook of Translation*. New York: Prentice Hall.

_____ (1997). The Customer as King. *Current Issues in Language and Society*, v. 4, n. 1.

NIDA, E. (1964). *Toward a Science of Translating with Special Reference to Principles and Procedures Involved in Bible Translating*. Leiden: E.J. Brill.

NIDA, E; TABER, C. (1969). *The Theory and Practice of Translation*. Leiden: Brill.

NORD, C. (1988/1991). *Text Analysis in Translation: Theory, Method, and Didactic Application of a Model for Translation-Oriented Text Analysis*. Amsterdam/Atlanta: Rodopi.

_____ (1997). *Translating as a Purposeful Activity: Functionalist Approaches Explained*. Manchester: St. Jerome.

_____ (2001). Loyalty Revisited: Bible Translation as a Case in Point. In: PYM, A. (ed.). *The Translator*, v. 7, n. 2. Número especial Return to Ethics.

_____ (2002/2003). Übersetzen als zielgerichtete Handlung (Teil I und II). *Interaktiv: Newsletter der German Language Division der American Translators Association*, Dec. 2002 (I)-jan. 2003 (II).

OLOHAN, M.; BAKER, M. (2000). Reporting That in Translated English: Evidence for Subconscious Processes of Explicitation? *Across Languages and Cultures*, v. 1, n. 2 Dec. 2000.

PAPASTERGIADIS, N. (2000). *The Turbulence of Migration: Globalization, Deterritorialization and Hybridity*. Cambridge: Polity.

PARSONS, T. (1951). *The Social System*. London: Routledge/Kegan Paul.

PEIRCE, C.S. (1931-1958). *Collected Papers*. Cambridge: Harvard University Press.

PLATO. (C.400BCE/1977). Cratylus. *Plato in Twelve Volumes IV*. Trans. H.N. Fowler, Loeb Classical Library, London: Heinemann.

PÖCHHACKER, F. (2001). Translationskultur im Krankenhaus. In: HEBENSTREIT, G. (ed.). *In Grenzen erfahren – sichtbar machen – überschreiten*. Frankfurt: Peter Lang,.

_____ (2004). *Introducing Interpreting Studies*. London/New York: Routledge.

_____ (2006). Going Social? On Pathways and Paradigms in Interpreting Studies.

PYM, A.; SCHLESINGER, M.; JETTMAROVÁ, Z. et al. (eds.). *Sociocultural Aspects of Translating and Interpreting*. Amsterdam/Philadelphia: Benjamins.

PÖCHHACKER, F.; SHLESINGER, M. (eds.). (2001). *The Interpreting Studies Reader*. London/New York: Routledge.

POPOVIČ, A. (1968/1970). The Concept "Shift of Expression" in Translation Analysis. In: HOLMES, J.S.; HAAN, F. de; POPOVIČ, A. (eds.). *The Nature of Translation: Essays in the Theory and Practice of Literary Translation*. Haia/Paris: Mouton de Gruyter.

PRUNČ, E. (1997). Translationskultur (Versuch einer konstruktiven Kritik des translatorischen Handelns). TEXTCONTEXT, Neue Folge, Jahrgang 11, Heft 2.

____ (2000). Vom Translationsbiedermeier zur Cyber-translation. TEXTCONTEXT, Neue Folge, Jahrgang 14, Heft 1.

PYM, A. (1992a/2010). *Translation and Text Transfer. An Essay on the Principles of Intercultural Communication*. Frankfurt/Berlin/Bern/New York/Paris/Vienna: Peter Lang.

____ (1992b). Translation Error Analysis and the Interface with Language Teaching. In: DOLLERUP, C.; LODDEGAARD, A. (eds.). *The Teaching of Translation*. Amsterdam: Benjamins.

____ (1998). *Method in Translation History*. Manchester: St. Jerome.

____ (2003). Alternatives to Borders in Translation Theory. In: PETRILLI, S. (ed.). *Translation, Translation*. Amsterdam/New York: Rodopi.

____ (2004a). Propositions on Cross-Cultural Communication and Translation. *Target*, v. 16, n. 1.

____ (2004b). *The Moving Text: Translation, Localization and Distribution*. Amsterdam/Philadelphia: Benjamins.

____ (2005). Text and Risk in Translation. In: AIJMER, K.; ALVSTAD, C. (eds.). *New Tendencies in Translationn Studies*. Göteborg: Göteborgs Universitet.

____ (2007a). On History in Formal Conceptualizations of Translation. *Across Languages and Cultures*, v. 8, n. 2.

____ (2007b). On Shlesinger's Proposed Equalizing Universal for Interpreting. In: PÖCHHACKER, F.; JAKOBSEN, A.L.; MEES, I.M. (eds.). *Interpreting Studies and Beyond: A Tribute to Miriam Shlesinger*. Copenhagen: Samfundslitteratur.

____ (2008). On Toury's Laws in How Translator Translates. PYM, A.; SHLESINGER, M.; SIMEONI, D. (eds.). *Beyond Descriptive Translation Studies: Investigations in Homage to Gideon Toury*. Amsterdam/Philadelphia: Benjamins.

____ (2009). Using Process Studies in Translator Training: Self-discovery Through Lousy Experiments. In: GÖPFERICH, S.; ALVES, F.; MEES, I.M. (eds.). *Methodology, Technology and Innovation in Translation Process Research*. Copenhagen: Samfundslitteratur.

____ (2011). Translation Research Terms: A Tentative Glossary for Moments of Perplexity and Dispute. In: PYM, A. (ed.). *Translation Research Projects 3*. Tarragona: Intercultural Studies Group.

_____ (2011). Translation Theory as Historical Problem-Solving. *Intercultural Communications Review*, 9.

_____ (2012). *On Translators Ethics: Principles for Mediations between Cultures*. Amsterdam/Philadelphia: Benjamins.

PYM, A.; SHLESINGER, M.; SIMEONI, D. (eds.) (2008). *Beyond Descriptive Translation Studies: Investigations in Homage to Gideon Toury*. Amsterdam/Philadelphia: Benjamins.

QUINE, W.V.O. (1960). *Word and Object*. Cambridge: MIT Press.

_____ (1969). Linguistics and Philosophy. In: HOOK, S. (ed.). *Language and Philosophy: A Symposium*. New York: New York University Press.

REISS, K. (1971/2000). *Translation Criticism: Potential and Limitations. Categories and Criteria for Translation Quality Assessment*. Trans. E.F. Rhodes. Manchester: St. Jerome.

_____ (1976). Texttypen, Übersetzungstypen und die Beurteilung Von Übersetzungen. *Lebende Sprachen*, v. 22, n. 3.

REISS, K.; VERMEER, H.J. (1984). *Grundlegung einer allgemeinen Translationstheorie*. Tübingen: Niemeyer. (Trad. ing.: *Towards a General Theory of Translational Action: Skopos Theory Explained*. Trans. C. Nord. Manchester: St. Jerome, 2013.)

REMESAL, A. de. (1966). *Historia General de las Indias Occidentales y Particular de la Gobernación de Chiapa y Guatemala*. Ed. C. Saenz de Santa María. Madrid: Atlas.

RENDALL, S. (1997). Notes on Zohn's Translation of Benjamin's "Die Aufgabe des Übersetzers". TTR: *traduction, Terminologie, Rédaction*, v. 10, n. 2, p. 191-206.

RENN, J. (2006a). *Übersetzungsverhältnisse: Perspektiven einer pragmatistischen Gesellschaftstheorie*. Weilerswist: Velbrück.

_____ (2006b). Indirect Access: Complex Settings of Communication and the Translation of Governance". In: PARADA, A.; DÍAZ FOUCES, O. (eds.). *Sociology of Translation*. Vigo: Universidade de Vigo.

RETSKER, Y.I. (1974). *Teoria perevoda i perevodcheskaia praktika*. Moskvá: Mezhdunarodnii otnoshenia.

RICOEUR, P. (2004). *Sur la traduction*. Paris: Bayard, 2004. (Trad. bras.: *Sobre a Tradução*. Trad. Patrícia Lavelle. Belo Horizonte: Editora da UFMG, 2011.)

ROBINSON, D. (2001). *Who Translates? Translator Subjectivities beyond Reason*. Albany: State University of New York Press.

ROSA, A.A. (2003). What about a Section of Translation in that Literary History Volume? Readership, Literary Competence and Translation. *Current Writing*, v. 14, n. 2.

ROSE, M.G. (1997). *Translation and Literary Criticism: Translation as Analysis*. Manchester: St. Jerome.

RUBEL, P.G.; ROSMAN, A. (2003). Introduction: Translation and Anthropology. In: RUBEL, P.G.; ROSMAN, A. (eds.). *Translating Cultures: Perspectives on Translation and Anthropology*. Oxford/New York: Berg.

SALLIS, J. (2002). *On Translation*. Bloomington: Indiana University Press.
SAUSSURE, F. de. (1916/1974). *Course in General Linguistics*. Trans. W. Baskin. Glasgow: Fontana Collins.
SCHÄLER, R. (2006). Reverse Localization. *MultíLingual*, v. 7, n. 3, apr-may.
SCHLEIERMACHER, F. (1813/1963). Ueber die verschiedenen Methoden des Uebersezens. In: STÖRIG, H.J. (ed.). *Das Problem des Übersetzens*. Darmstadt: Wissenschaftliche Buchgesellschaft.
SELESKOVICH, D.; LEDERER, M. (1984). *Interpréter pour traduire*. Paris: Didier.
SERRES, M. (1974). *Hermès III: La Traduction*. Paris: Minuit.
SHLESINGER, M. (1989). *Simultaneous Interpretation as a Factor in Effecting Shifts in the Position of Texts on the Oral-Literate Continuum*. MA thesis. Tel Aviv University.
SHVEITSER, A.D. (1973/1987). *Übersetzung und Linguistik*. Berlin: Akademie.
SIMEONI, D. (1998). The Pivotal Status of the Translator's Habitus. *Target*, v. 10, n. 1.
SIMON, S. (1996). *Gender in Translation: Cultural Identity and the Politics of Transmission*, London and New York: Routledge.
SNELL-HORNBY, M. (1988). *Translation Studies: An Integrated Approach*. Amsterdam/Philadelphia: Benjamins.
____ (1990). Linguistic Transcoding or Cultural Transfer? A Critique of Translation Theory in Germany. In: BASSNETT, S.; LEFEVERE, A. (eds.). *Translation, History and Culture*. London/New York: Pinter.
SPERBER, D.; WILSON, D. (1988). *Relevance: Communication and Cognition*. Cambridge: Harvard University Press.
SPIVAK, G.C. (2007). Translation as Culture. In: ST-PIERRE, P.; KAR, P.C. (eds.). *In Translation: Reflections, Refractions, Transformations*. Amsterdam/Philadelphia: Benjamins.
STECCONI, U. (2004). Interpretive Semiotics and Translation Theory: The Semiotic Conditions to Translation. *Semiotica*, n. 150.
STEINER, G. (1975). *After Babel: Aspects of Language and Translation*. London/Oxford/New York: Oxford University Press.
SWAAN, A. de. (2002). *Words of the World: The Global Language System*. Cambridge: Polity.
TIRKKONEN-CONDIT, S. (1989). Professional versus Non-Professional Translation: A Think-Aloud Protocol Study. In: SÉGUINOT, C. (ed.). *The Translation Process*. Toronto: HG.
____ (1992). The Interaction of World Knowledge and Linguistic Knowledge in the Processes of Translation: A Think-Aloud Protocol Study. LEWANDOWSKA-TOMASZCZYK, B.; THELEN, M. (eds.). *Translation and Meaning, Part 2*. Maastricht: Rijkshogeschool Maastricht.
____ (1997). Who Verbalises What: A Linguistic Analysis of TAP Texts. *Target*, v. 9, n. 1.

_____ (2004). Unique Items: Over- or Under-Represented in Translated Language? In: MAURANEN, A.; KUJAMÄKI, P. (eds.). *Translation Universals: Do they Exist?* Amsterdam/Philadelphia: Benjamins.

TOURY, G. (1980). *In Search of a Theory of Translation*. Tel Aviv: Porter Institute for Poetics and Semiotics.

_____ (1986). Monitoring Discourse Transfer: A Text-Case for a Developmental Model of Translation. In: HOUSE, J.; BLUM-KULKA, S. (eds.). *Interlingual and Intercultural Communication*. Tünbingen: Narr.

_____ (1992) "Everything has its Price": An Alternative to Normative Conditioning in Translator Training. *Interface*, v. 6, n. 2.

_____ (1995) The Notion of "Assumed Translation": An Invitation to a New Discussion. In: BLOEMEN, H.; HERTOG, E.; SEGERS, W. (eds.). *Letterlijkheid, Woordelijkheid/ Literality, Verbality*. Antwerp/Harmelen: Fantom.

_____ (1995/2012). *Descriptive Translation Studies – And Beyond*. Amsterdam/Philadelphia: Benjamins.

_____ (2004). Probabilistic Explanations in Translation Studies: Welcome As They Are, Would They Count As Universals? In: MAURANEN, A.; KUJAMÄKI, P. (eds.). *Translation Universals: Do They Exist?* Amsterdam/Philadelphia: Benjamins.

TRIVEDI, H. (2007). Translating Culture vs. Cultural Translation. In: ST-PIERRE, P.; KAR, P.C. (eds.). *In Translation: Reflections, Refractions, Transformations*. Amsterdam/Philadelphia: Benjamins.

VAN DEN BROECK, R. (1990). Translation Theory After Deconstruction. In: CHAFFEY, P.N. et al. (eds.). *Translation Theory in Scandinavia*. Oslo: University of Oslo.

VÁZQUEZ-AYORA, G. (1977). *Introducción a la Traductologia*. Washington: Georgetown University Press.

VENUTI, L. (1995). *The Translator's Invisibility: A History of Translation*. London/ New York: Routledge.

_____ (1998). *The Scandals of Translation: Towards an Ethics of Translation*. London/New York: Routledge.

_____ (2013). *Translations Changes Everything*. London/New York: Routledge.

VENUTI, L. (ed.) (2012). *The Translation Studies Reader*. 3. ed. London/New York: Routledge.

VERMEER, H.J. (1989a). *Skopos und Translationsauftrag*. Heidelberg: Institut für Übersetzen und Dolmetschen.

_____ (1989b/2012). Skopos and Commission in Translational Action. In: VENUTI, L. (ed.). *The Translation Studies Reader*. 3. ed. London/New York: Routledge.

_____ (1996). *Übersetzen als Utopie: Die Übersetzungstheorie des Walter Bendix Schoenflies Benjamin*. Heidelberg: TEXTCONTEXT.

_____ (1998). Didactics of translation. In: BAKER, M. (ed.). *Routledge Encyclopedia of Translation Studies*. London/New York: Routledge.

VIEIRA, E. (1999). Liberating Calibans: Readings of Antropofagia and Haroldo de Campos' poetics of transcreation. In: BASSNETT, S.; TRIVEDI, H. (eds.). *Post-Colonial Translation: Theory and Practice*. London/New York: Routledge.

____ (2000). Cultural Contacts and Literary Translation. In: CLASSE, O. (ed.). *Encyclopedia of Literary Translation into English*. London/Chicago: Fitzroy Dearborn, v. 1,.

VINAY, J.-P.; DARBELNET, J. (1958/1972). *Stylistique comparée du français et de l'anglais: méthode de traduction*. Paris: Didier.

VON FLOTOW, L. (1997). *Translation and Gender: Translating in the "Era of Feminism"*. Manchester: St. Jerome.

VORDEROBERMEIER, G.; WOLF, M. (eds.). (2008). *Meine Sprache grenzt mich ab... Transkulturalität und kulturelle Übersetzung im Kontext von Migration*. Münster: LIT.

WEST, R. (2002). Teaching Nomadism: Inter/Cultural Studies in the Context of Translation Studies. In: HERBRECHTER, S. (ed.). *Cultural Studies, Interdisciplinarity and Translation*. Amsterdam/New York: Rodopi, p. 161-176.

WILSS, W. (1982). *The Science of Translation: Problems and Methods*. Tübingen: Gunter Narr.

WIRTÉN, E.H. (1998). *Global Infatuation: Explorations in Transnational Publishing and Texts*. Uppsala: Uppsala University.

WITTGENSTEIN, L. (1958). *Philosophical Investigations*. Oxford: Blackwell.

WOLF, M. (1997). Translation as a Process of Power: Aspects of Cultural Anthropology in Translation. In: SNELL-HORNBY, M.; JETTMAROVÁ, Z.; KAINDL, K. (eds.). *Translation as Intercultural Communication*. Amsterdam/Philadelphia: Benjamins.

____ (2007). Introduction: The Emergence of a Sociology of Translation. In: WOLF, M.; FUKARI, A. (eds.). *Constructing a Sociology of Translation*. Amsterdam/Philadelphia: Benjamins, 2007.

____ (2009). The Implications of a Sociological Turn: Methodological and Disciplinary Questions. In: PYM, A.; PEREKRESTENKO, A. (eds.). *Translation Research Projects 2*. Tarragona: Intercultural Studies Group.

ZELLERMAYER, M. (1987). On Comments Made by Shifts in Translation. *Indian Journal of Applied Linguistics*, v. 13, n. 2.

Índice Remissivo

abordagens feministas 14, 168, 213, 222, 272, 300
abordagens prescritivas *vs.* descritivas 146
abordagens sociológicas 168, 294
ação tradutiva 108
acessibilidade 261, 290-291
adaptação 13, 40-41, 157
Agostinho de Hipona 194-195
aletheia (exemplo) 186-187, 189, 294
amplificação 42
análise ascendente *vs.* descendente 135-139
análise componencial 28, 35
análise de rede de escolhas 92
análise de risco 206
Andrade, O. de 299-300
anuvad 19
Apter, E. 292
Arrojo, R. 137, 213, 222, 224, 227;
  e A. Chesterman 218
Asad, T. 283
assimetria 62, 64

Badiou, A. 303
Bascom, B. 37
Bédard, C. 252
Benjamin, A. 289
Benjamin, W. 192, 212, 226, 267
Berman, A. 200, 215, 294, 296
Bhabha, H. 267-275
binarismo 77, 79;
  e julgamentos não binários 203
Blum-Kulka, S. 156
Bourdieu, P. 168, 287
Brislin, R. W. 197
Brodski, B. 291
Bühler, K. 101
Burge, T. 78

Callon, M. 285-288
Catford, J. 36, 47, 57, 67, 135
ceticismo 177, 178
Chesterman, A.,
  sobre a similaridade 64-67, 88-89, 92;
  sobre definições de tradução 153;
  sobre normas 148, 150;
  sobre R. Arrojo 137, 218, 228
  sobre treinamento 165-166;
Chomsky, N. 183
cibernética 205
Cícero 72-73
Clifford, J. 284
compensação, como solução de tradução 65
compreensão *vs.* tradução 228
consenso 196
construtivismo 200-202
contrato social, como tradução 286
Coseriu, E. 35
Crátilo 185
Croce, B. 188-189
Cronin, M. 258, 284
Crowdsourcing 249
culturas de tradução 146, 274

D'hulst, L. 293
decalques 41
Delabastita, D. 142
Delisle, J. 52, 169
Derrida, J. 210-213, 216, 219-221, 270-271, 274
desconstrução 210
desverbalização 48-49
determinismo 179-185
Deus, nomes para 58
direcionalidade 61-62, 66, 72, 93, 259
Duarte, J. F. 292-293

321

Eco, U. 209-210, 219, 227, 280
ecologia, ecotradutologia 208, 222
efeito do observador 180
Eliot, T. S. 188
empréstimos 40
enculturação 302
Englund Dimitrova, B. 163-164
envolvimento em eventos comunicativos 196, 285
equalização, como universal 157
équivalence, em Vinay e Darbelnet 31
equivalência dinâmica 31
equivalência escalonada 47
equivalência formal 30, 73
equivalência 13;
    como crença 301
    como "igual valor" 29-30;
    como ilusão 84;
    direcional 61;
    em localização 231;
    em todas as traduções 131;
    escalonada 47;
    formal *vs.* Dinâmica 30, 73;
    natural 27;
    perdendo força 176-177;
escola de Tel Aviv 131; e universais 155
escopo, teoria do 95;
    como essencialismo 223
    definições 99;
    regra do 96;
espaço intercultural 154, 275
estruturalismo 33, 50
estudo de processos 163
estudos de interpretação 13, 163, 196, 276
Estudos Descritivistas da Tradução 131;
    vs. Abordagens prescritivas 146
ética 172, 260
etnografia 282
Eton (exemplo) 63-64, 111-112, 119
evento, estética do 196, 286
Even-Zohar, I. 144-145, 147;
    e leis 159, 162;
    e teoria da transferência 280-282, 298
explicitação 43,
    como universal 156
falsos cognatos 41
Fedorov, A.V. 44
fidelidade abusiva 216
Folkart, B. 64, 154, 205
formulário de tradução 13
Freud, S. 289
Friday the 13th (exemplo) 29, 34, 41, 64, 70-71, 76, 179
função 30, 48;

linguística 100-102;
    significados de 145-146
funcionalismo 48, 71-72

Gadamer, H. G. 198
gavagai (exemplo) 181-182, 227
globalização 237, 258
Godard, B. 294
Google Tradutor 58
Gouadec, D. 115, 123-125
Grice, H.P. 81-82, 91
Grupo Göttingen 154, 275
Gutt, E.-A. 53, 79-80, 216

habitus (Bordieu) 166
Hatim, B. e I. Mason 49
Hatim, B. 120
Heidegger, M. 189-190
Hermans, T. 168, 170
hermenêutica 198
hibridismo, cultural 271
hierarquia de línguas 54
Hjelmslev, L. 278
Holmes, J. S. 138-140, 159
Holz-Mänttäri, J. 106-109, 113, 205, 276
Höniq, H. e P. Kussmaul; 62, 109
House, J. 75
Humboldt, W. von 187

iluminação 194-195
imperialismo 49, 222
implicatura 81, 92
implicitação 43, 158
imprensa 55
indeterminismo 179-185
instruções, do contratante 115, 122-123
interdisciplinaridade 294
internacionalização 233, 234-237, 250
intraduzibilidade 269, 294, 296
Iser, W. 284
itens únicos, como universal 158

Jääskeläinen, R. 164
Jakobson, R. 102, 187, 209, 211, 278, 279
Jensen, A. 164
julgamentos não binários 202

Kade, O 38, 68, 138, 276
Kamenická, R. 158
Katan, D. 92
Katz, J. 197
Key (exemplo) 37, 57
Kiraly, D. 201

Klaudy, K. 43
Koller, W., 100
Künzli, A. 164
Kussmaul, P. 205

Lakoff, G. 228
Latour, B. 285-286
Laygues, A. 199
lealdade 116
Lefevere, A. 145, 170
leis de tradução 160
Levý, J. 75, 203
Lewis, P. E. 216
Línguas europeias *vs.* Asiáticas 44, 49
linguística, desafiada 106;
 e resíduo 217
Literatura Comparada 292, 299
locale 233, 263
localização reversa 234
localização 229,
 definição de 233;
 e tradução 253
Locke, J. 196
lógica difusa 204-208
lógica não linear 204
Longa, V.M. 205
Luhmann, N. 150, 168, 287
Lutero, M. 195

Malblanc, A. 44
Malmkjaer, K. 119
Marais, K. 207
marcado, característica de ser 33, 50
Mead, M. 227
mediação, linguística 276-278
Mein Kampf (exemplo) 104-105, 113
Meschonnic, H. 53, 87
metáfora do canal de fonte 184, 200
migração 300
modelos de tradução 17-18, 25
modulação 40
Monacelli, C. e R. Punzo 207
Mounin, G. 215
Mudanças 134-139
Munday, J. 13
Muñoz Martín, R. 44

naturalidade 50, 71
Newmark, P. 74, 118, 122
Nida, E.; 31, 57, 66, 73, 109
Nord, C., 75, 116, 121
normas 146, 151

padronização *vs.* diversificação, em localização
 252, 257
pão (exemplo) 191, 193
paradigmas 20
Peirce, C. 208-209
Pöchhacker, F. 13
poesia, tradução de 139-140
polissistemas 144
Popovič, A. 138
pós-colonialismo 266, 300
prioridade ao contexto de chegada 154
propósitos, como paradigma 95
Prunč, E. 275
pseudotraduções 151
Pym, A., 84, 153, 160, 203, 206, 221, 262, 276

Quine, W. V. O. 181-183

Reiss, K. 47, 97, 100
relações de poder 287
Renn, J. 288
retradução 70-71
revisão/correção 251
Ricoeur, P. 200, 215
Robinson, O. 212
Rorty, R. 227
Rosa, A. 172
Rose, M. G. 216, 224

sabedoria 207
Saussure, F. de; 33, 35, 71, 185
Schleiermacher, F. 36, 78, 214-215
Seleskovitch, D. 48
semelhança de família 189
semiose 208-210, 278-279
sentido, teoria do 48
Serres, M. 279, 286
Shlesinger, M. 157
simetria 54,86 (ver também assimetria)
similaridade 64, 189
simplificação, como universal 156
sistema linguístico mundial 258
sistemas de gerenciamento de conteúdo 242
sistemas 141
Snell-Hornby, M. 29, 51, 87, 275
sociologia da tradução 185-186
Spivak, G. C. 289-290, 298
Stecconi, U. 153
Steiner, G. 224

teoria ator-rede 266
teoria da ação 98
teoria da complexidade 206

teoria da experiência 106, 113, 127
teoria da relevância 79
teoria da transferência 280
teoria de rede 146, 287
teoria do canibalismo 300
teoria dos jogos 202-204
teoria, etimologia de 17; como imprecisa 228
teorização 17
tertium comparationis 48-49
texto de partida 17-18;
   fonte instável 177
textos paralelos 37
The first word (exemplo) 78, 91
The Price is Right (exemplo) 31, 71, 203
tipos de solução 39-444
tipos/gêneros textuais 47, 102
Tirkkonen-Condit, S. 158, 163
Tory (exemplo) 17
Toury, G. 75, 84, 133, 142;
   sobre leis 160-161;
   sobre normas 146-147;
   sobre prioridade ao contexto de chegada 154;
   sobre traduções presumidas 151-152;
   sobre treinamento 165-166, 170
tradução adequada *vs.* aceitável (Toury) 75
tradução automática 57, 91, 225;
   estatística/base de dados 245, 250
tradução cultural 265;
   definição 274;
   na antropologia 282
tradução documental *vs.* Instrumental 75
tradução estrangeirizante 73
tradução fluente *vs.* Resistente 75
tradução generalizada 291

tradução ilusória *vs.* Anti-ilusória 75
tradução literal 40
tradução voluntária 248
traduções domesticadoras 73
traduções manifestas *vs.* encobertas 75, 79
traduções presumidas 151-152
traduções resistentes 54, 217
transmissionismo 201
transposição 41
treinamento de tradutor 202
Trivedi, H. 296

universais 155

Van den Broeck, R. 221
Van Leuven-Swart, K. 135-136
Vázquez-Ayora, G. 31, 44, 109
Venuti, L. 53, 75, 169, 217, 228, 303
Vermeer, H. J. 88, 98-100, 106, 115-122
Vinay, J.-P. de J. Darbelnet 38-46, 62, 67
virada cultural 275
visibilidade 169
visualização, em teorização 13;
   em solução de problemas 205

Who Wants to be a Millionaire? (exemplo) 32, 58, 67
Wilss, W. 67
Wittgenstein, L. 189
Wolf, M. 283, 288, 293

XML 243

Zellermayer, M. 157

TRADUÇÃO NA PERSPECTIVA

ReOperação do Texto
Haroldo de Campos (D134)

Tradução, Ato Desmedido
Boris Schnaiderman (D321)

Tradução Como Manipulação
Cyril Aslanov (D338)

Tradução Intersemiótica
Julio Plaza (E093)

Poética do Traduzir
Henri Meschonnic (E257)

Haroldo de Campos – Transcriação
Marcelo Tápia e Thelma Médici da Nóbrega (E315)

Explorando As Teorias da Tradução
Anthony Pym (LSC)

Este livro foi impresso na cidade de Cotia,
nas oficinas da Meta Brasil,
para a Editora Perspectiva.